高职高专新商科系列教材

物流营销
（微课版）

崔菁菁　主　编

崔　竹　王楚楚　副主编

清华大学出版社

北京

内 容 简 介

本书结合高职高专教育特色,按照物流营销的知识体系介绍了物流营销导论、物流营销环境与市场分析、物流营销战略分析、物流营销策略选择、物流营销活动管理5个项目,共设计16个任务模块,每个任务模块均以案例引导项目学习重点内容,文中穿插企业案例,项目后配有课后案例分析、实训操作项目等栏目,实操性强,能较好地锻炼学生的实践能力与创新能力。

本书可作为高职高专院校现代物流管理、市场营销等专业的教材,也可作为广大物流企业员工培训和管理人员自修提高的参考用书。

图书在版编目(CIP)数据

物流营销:微课版/崔菁菁主编.—北京:清华大学出版社,2023.9
高职高专新商科系列教材
ISBN 978-7-302-64272-5

Ⅰ.①物…　Ⅱ.①崔…　Ⅲ.①物资市场-市场营销学-高等职业教育-教材　Ⅳ.①F252.2

中国国家版本馆 CIP 数据核字(2023)第 134128 号

责任编辑:吴梦佳
封面设计:傅瑞学
责任校对:袁　芳
责任印制:刘海龙

出版发行:清华大学出版社
　　　　网　　　址:http://www.tup.com.cn,http://www.wqbook.com
　　　　地　　　址:北京清华大学学研大厦 A 座　　　　邮　　编:100084
　　　　社 总 机:010-83470000　　　　邮　　购:010-62786544
　　　　投稿与读者服务:010-62776969,c-service@tup.tsinghua.edu.cn
　　　　质量反馈:010-62772015,zhiliang@tup.tsinghua.edu.cn
　　　　课件下载:http://www.tup.com.cn,010-83470410
印 装 者:三河市君旺印务有限公司
经　　销:全国新华书店
开　　本:185mm×260mm　　　印　张:12　　　字　数:286 千字
版　　次:2023 年 9 月第 1 版　　　印　次:2023 年 9 月第 1 次印刷
定　　价:39.00 元

产品编号:094433-01

"物流市场营销"作为市场营销学的重要分支,是物流管理、市场营销、电子商务等专业的核心课程之一。伴随全球经济化及国内电子商务产业的崛起,物流行业得到快速发展,由于物流行业区别于传统产业的特殊性,物流市场营销逐渐得以重视及深入研究,物流市场营销在促进物流产业经营、提高核心竞争力、获取客户满意度等方面具有很大的作用,因此,如何科学地控制物流营销成本、提高物流营销质量,不仅关系物流企业的获利问题,也是企业生存与发展的核心问题。为了加强现代物流产业技能应用型人才的培养,提高物流营销的能力与水平,满足新的物流产业环境需求,特组织编写了本书。

本书立足于提高学生综合素质和物流营销知识的综合运用能力,具有以下几大特色。

1. 融入课程思政,立足提升思想素养

党的二十大指出,要坚持对马克思主义的坚定信仰、对中国特色社会主义的坚定信念,要有更加积极的历史担当和创造精神为发展马克思主义作出新的贡献。为深入贯彻党的二十大精神,本书按照物流营销活动逻辑关系,将物流营销知识分解为若干任务,每个项目前面均设置知识目标和能力目标并加入课程思政,使学生更加坚定对马克思主义的信仰,并以此为自己的指路灯塔,在人生的旅途中,照亮自己前进的方向。

2. 结构新颖,立足实践与创新

党的二十大还指出,要增强民族自尊心和自信心,守正与创新相辅相成,坚持继承与发展、原则性与创造性的辩证统一。因此,本书立足学生的实践应用能力和创新能力,充分体现高职高专教育特色,设计内容丰富、深入浅出、易学易懂、教学可操作性强。本书在传统的市场营销学理论基础上,引入大量近年国内民族企业案例,通过启示与讨论引发学生思考,在每个项目或任务结束后也设置了案例分析与实训操作项目,内容具有启发性和趣味性,可操作性强,且有一定的深度与广度,方便学生快速掌握物流营销工作技巧,提高学生实践与创新的主动性。

3. 遵循职业认知规律,构建项目任务模块

全书按照物流营销各部分逻辑关系分为 5 个项目。项目 1 为物流营销导论,包括市场营销认知、物流营销认知、市场营销与物流营销理念、物流营销人员应具备的职业技能与职业素质 4 个任务模块,使学生了解物流营销与市场营销的关系并构建物流营销的基本认知框架。项目 2 为物流营销环境与市场分析,包括物流营销环境分析、物市场流营销信息获得、物流市场购买行为 3 个任务模块,使学生能够对物流市场和物流消费者展开准确的分析与预测。项目 3 为物流营销战略分析,包括物流企业战略规划、物流企业目标市场战略、物

流企业竞争市场分析 3 个任务模块,学习物流企业如何制定有效的物流市场营销战略,把握并利用市场机会。项目 4 为物流营销策略选择,包括物流产品策略分析、物流价格策略分析、物流分销策略分析、物流促销策略分析 4 个任务模块,学习物流企业如何制定适合自己的物流营销策略。项目 5 为物流营销活动管理,包括物流营销计划、组织与控制和物流服务营销 2 个任务模块,学习如何持续有效地开展物流营销活动以达成企业物流服务的营销目标。

4. 数字化教学资源,满足混合教学模式的需要

本书创新采用混合在线教学模式,对关键知识配录丰富的微课视频,通过扫描对应知识点的二维码,即可获取相应的微课视频,方便学习者加深理解,可满足线上线下混合教学模式的需要。同时本书配套 PPT 课件、课后习题答案等资源可供下载与学习。

本书由来自高校的老师们共同编写完成,长春师范大学崔菁菁副教授任主编,长春师范大学崔竹老师、长春师范大学王楚楚老师任副主编。本书具体编写分工如下:项目 1、项目 2 由崔竹编写;项目 3 由王楚楚编写;项目 4、项目 5 由崔菁菁编写。由崔菁菁负责章节设计、组织编写、统稿定稿工作,由崔竹进行书稿的整理工作。

本书在编写的过程中参考了其他相关书籍与研究成果,在此谨向其作者表示衷心的感谢。由于编者的经验和水平有限,书中难免有不足和疏漏之处,敬请广大读者批评、指正。

编　者

2023 年 5 月

CONTENTS

目 录

物流营销导论

知识目标

(1) 了解市场营销学的发展、市场营销的概念及市场营销观念的发展。

(2) 理解物流营销理念。

(3) 熟悉物流营销学的概念、特征、作用与原则。

(4) 熟悉物流营销人员应具备的基本素质。

能力目标

(1) 能够辨别分析现实生活中企业的营销理念。

(2) 能够认识到物流服务产品营销的差异性。

课程思政

(1) 培育社会主义核心价值观。

(2) 引导学生建立民族自豪感。

(3) 结合职业素质培养学生德品先行的意识。

任务 1.1 市场营销认知

 案例导入

从超市的货架上随手取下一瓶洗发水,你能想到这瓶洗发水从走下流水线那一刻起到你拿到手中为止,中间究竟被多少辆卡车运转到多少个物流配送中心吗?历经多少道批发商以及多少人的手才被送上货柜?更重要的是,需要怎样做才能够更经济地将这瓶洗发水送到零售店里去?下面让我们一起揭开物流营销的面纱。

1.1.1 市场营销的主要概念

市场营销的概念是"市场营销之父"——美国西北大学教授菲利普·科特勒(Philip Kotler)在《营销管理》(*Marketing Management*)一书中提出的:市场营销是个人和群体通过创造并同他人交换产品和价值以满足需求和欲望的一种社会过程和管理过程。这一定义包含了一些核心概念:需要、欲望和需求,产品和服务,价值、满足和质量,交换、交易和关系,市场(图 1-1)。

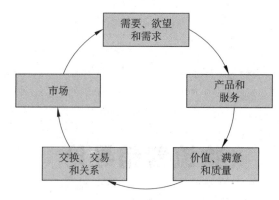

图 1-1　市场营销的核心概念

1. 需要、欲望和需求

需要是指个人感到没有得到某些满足的状态。构成市场营销基础的基本概念就是人类需要。需要既包括物质的、生理的需要,也包括精神的、心理的需要。营销者只能通过营销活动对人的需要施加影响和引导,而不能凭主观臆想创造人的需要。

欲望是指人们想得到某些具体满足上述基本需要的物品和服务的愿望。人的需要是有限的,而人的欲望是无限的,强烈的欲望能激励人的主动购买行为。

需求是指愿意购买并且有能力购买某些具体产品的欲望。人具有购买能力时,欲望便会转换成需求。人们的欲望几乎没有止境,资源是却有限的。因此,人们想用有限的金钱选择那些最大限度地满足需求的商品或服务,当有购买力作后盾时,欲望就变成了需求。

2. 产品和服务

任何能用以满足人类某种需要和欲望的东西都是产品,产品泛指商品和服务。

在考虑实体商品时,其重要性不仅在于拥有它们,更在于使用它们来满足人们的欲望。人们购买汽车并不是为了观赏,而是因为汽车可以提供一种被称为交通的服务,所以,实体产品实际上是向人们传送服务的工具。

服务则是一种无形产品,它是将人力和机械的使用应用于人与物的结果。例如,保健医生的健康指导,儿童钢琴知识教育,汽车驾驶技能的培训,物流的存储、运输、配送服务等。

3. 价值、满意和质量

价值是消费者对产品满足其需要的整体能力的评价,包括人的主观评价和人的自我心理感受。价值最大化是消费者选择产品的首要原则。

满意是一种感觉状态的水平,顾客满意度来源于对产品(或服务)的绩效与顾客的期望所进行的比较。如果效果超过期望,顾客就会高度满意;如果效果与期望相等,顾客也会满意;但如果效果低于期望,顾客就会不满意。

质量这里可以理解为以顾客需求为先导,以提高产品或服务质量为重点,通过全过程的营销努力来提高产品或服务的质量,驱动质量绩效,以实现顾客满意,这是一种新型营销理念,即全面质量营销。

4. 交换、交易和关系

存在需要和欲望只说明市场营销活动开展有潜在可能,只有通过交换,营销活动才会真正发生。交换是指某些个人或组织通过提供某种物品或服务行为作为回报从其他人或另一组织那里取得所要的东西的行为。

交易是交换的基本单元,是指交换双方的价值交换。交换应看作一个过程而不是一个事件。如果双方正在进行谈判,并趋于达成协议,这就意味着他们正在进行交换。一旦达成协议,我们就说发生了交易行为。或者说,如果交换成功,就有了交易。

关系即关系营销,是市场营销者与顾客、分销商、供应商等建立、保持并加强合作关系,通过互利交换及共同履行诺言,使各方实现各自目的的营销方式。

5. 市场

由交换的概念可以引出市场的概念。现代市场的含义不仅包括买卖双方现实的和潜在的交换活动,而且主要是买方的活动,即认为市场由具有现实需求和潜在需求的买方群所组成,是商品需求(图 1-2)。菲利普·科特勒教授对市场的定义是:市场营销研究中的市场是指具有特定需求或欲望,而且愿意并能够通过交换来满足这种需求和欲望的全部潜在顾客。当人们提出"中国是个很大的市场"这一说法时,并不是指地理区域的大小,而是说中国的市场需求量很大,包括现实的需求和潜在的需求。

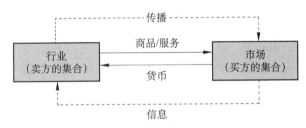

图 1-2   市场与行业的关系

人物介绍

菲利普·科特勒(1931—   ),生于美国,经济学教授,现代营销集大成者,被誉为"现代营销学之父",具有芝加哥大学经济学硕士和麻省理工学院的经济学博士、哈佛大学博士后等其他 8 所大学的荣誉博士学位。他不仅任美国西北大学凯洛格管理学院终身教授,是美国西北大学凯洛格管理学院国际市场学 S.C. 强生荣誉教授,还是美国管理科学联合市场营销学会主席、美国市场营销协会理事、营销科学学会托管人、管理分析中心主任、杨克罗维奇咨询委员会成员、哥白尼咨询委员会成员、中国 GMC 制造商联盟国际营销专家顾问。同时,他还是将近 20 本著作的作者,为《哈佛商业评论》《加州管理杂志》《管理科学》等一流杂志撰写了 100 多篇论文。他也是许多美国和国际大公司营销战略和计划、营销组织、整合营销领域的顾问。这些企业包括 IBM、通用电气(General Electric)、AT&T、默克(Merck)、霍尼韦尔(Honeywell)、美洲银行(Bank of America)、北欧航空(SAS Airline)、米其林(Michelin)、环球市场集团(GMC)等。

他的《营销管理》一书不断再版,如今已出版到第十六版,是世界范围内使用最广泛的营销学教科书,该书成为现代营销学的奠基之作,并入选"全球最佳的 50 本商业书籍",许多海外学者把该书誉为市场营销学的"圣经"。在大多数学校的 MBA 项目中,这本书是市场营销学的核心教材,它改变了以推销、广告和市场研究为主的营销概念,扩充了营销的内涵,将营销上升为科学。

1.1.2 市场营销的形成与发展

1. 初创阶段(1900—1920 年)

19 世纪末 20 世纪初,资本主义国家经过工业革命的洗礼,生产迅速发展,生产效率大大提高,生产能力的增长速度超过市场需求的增长速度,人们对市场的态度开始发生变化。所有这些变化都促进了市场营销思想的产生和市场营销理论的发展。美国一些学者陆续发表了一些有关推销、广告、定价、产品设计、品牌业务、包装、实体分配等方面的论著。少数有远见的企业主在经营管理上重视商品推销和刺激需求,注意研究推销术和广告术。同时,一些学者根据企业销售实践活动的需要,着手从理论上研究商品销售问题。但是应该看到,这一时期的市场营销学研究内容仅限于商品销售和广告业务方面的问题,实际影响不大,尚未引起社会的广泛关注,市场营销的完整体系远未完成。

尽管当时还没有使用"市场营销"这个名称,但它已经作为一门新学科的雏形出现在大学课堂上。1904 年,克鲁希(W. E. Kreus)在宾州大学讲授了名为"产品市场营销"(The Marketing of Products)的课程。1910 年,巴特勒(K. S. Butler)在威斯康星大学讲授了名为"市场营销方法"(Marketing Method)的课程,1912 年赫杰特齐(J. E. Hegertg)出版了第一本名为《市场营销学》(*Marketing*)的教科书,全面论述了推销、分销、广告等方面的问题。它标志着市场营销学成为一门独立的学科。

2. 形成阶段(1921—1945 年)

从 20 世纪 20 年代到第二次世界大战结束这段时期,随着科学技术的进步,美国等西方国家的社会政治经济不断发展变化,特别是 1929—1933 年资本主义国家爆发了严重的经济危机,使各主要资本主义国家大为震惊。由于严重的生产过剩,商品销售困难,工商企业纷纷倒闭。这时企业的首要问题不是怎样扩大生产和降低成本,而是如何把产品卖出去。为了争夺市场,解决产品销售问题,企业开始实施市场销售活动,由此有关市场营销学的研究也大规模开展起来,市场营销学逐渐成为指导市场营销实践活动的一门实用性学科。

在这一时期,美国的高等院校和工商企业建立各种市场营销研究机构,有力地推动了市场营销学的研究和普及。例如,1926 年,美国在"全美广告协会"的基础上成立了"全美市场营销学和广告学教师协会";1937 年,全美各种市场研究机构联合组成了"全美市场营销学会"(America Marketing Association,AMA),不仅有工商企业人士和经济学家、管理学家参加,而且吸收了市场行情、广告、销售、信托等方面的专家入会,极大地促进了营销理论的研究和应用。目前,该学会的成员遍及世界各地,实际上已成为国际性组织,该学会的现任主席为美国西北大学教授菲利普·科特勒。

这一时期的研究以营销功能研究为突出特点,主要包括交换功能、实体分配和辅助功能,这些功能构成了该时期市场营销体系的主体。然而,从总体上来看,这一阶段的研究还是将市场营销等同于销售或推销,研究范围局限于流通领域。

到第二次世界大战结束,市场营销学得到长足的发展,并在企业经营实践中广泛应用。但这一阶段,营销研究主要集中在销售推广方面,应用范围基本上仍局限于商品流通领域。

3. 发展与传播阶段(1945—1980 年)

第二次世界大战以后,特别是 20 世纪 50 年代以来,随着国际政治环境的相对稳定,以美国为代表的一些发达国家将战争期间发展起来的军事工业转向民用。同时,随着第三次科技革命的展开,资本主义国家的社会生产力得到了较快的发展,产品产量剧增,产品品种日趋多样,社会消费能力也有了较大增长,人们的消费需求和消费欲望不断加深,市场竞争日益激烈,政府对经济的干预明显增强,营销环境复杂多变。这时企业所面对的是一个需求状况更复杂、竞争更激烈的买方市场。在这种情况下,企业要想求得生存与发展,就必须从总体上进行规划,不能在产品生产出来后,而是要在产品生产之前就考虑市场问题,要按照市场需求安排生产,组织营销活动;企业不能仅考虑当前的盈利,还要考虑到未来的长远发展;企业的市场营销不应局限于产品推销问题,应该包括企业与市场以及整个营销环境保持衔接关系的整体性经营活动。

在这种情况下,市场营销的理论研究从对产品生产出来以后的流通过程的研究,发展到从生产前的市场调研和产品创意开始,到销售后的顾客服务和信息反馈为止的营销过程的研究;从对营销实施的研究,发展到对市场营销问题的分析、计划、实施、控制等营销管理过程的研究。市场营销学逐步从经济学中独立出来,吸收了行为科学、心理学、社会学、管理学等学科的若干理论,形成了自身完整的理论体系。

1960 年,杰罗姆·麦卡锡(Jerome McCarthy)提出了 4P 理论,即产品、价格、渠道、促销。1964 年,哈佛大学教授尼尔·鲍敦(Neil Borden)提出了市场营销组合新概念。20 世纪50 年代中期,温德尔·史密斯(Wendell Smith)提出了市场细分概念。与此同时,市场营销学也开始广为传播。一方面,在应用领域里,市场营销学理论不仅广泛应用于以营利为目标的企业运作中,还逐渐应用到行政机构以及其他非营利组织,涉及社会经济生活的各个方面,如军队、法院、宗教团体、慈善机构和学校都公开或非公开地引进了营销观念和方法。另一方面,在应用区域里,市场营销学不断从起源国——美国向其他国家传播。20 世纪 50 年代以来,美国的市场营销学先后传入日本、西欧以及东欧和苏联等国家和地区,20 世纪 70 年代末市场营销学开始传入中国。一般来说,商品经济愈发达的地方,市场营销学也愈盛行。

4. 拓展与创新阶段(1980 年以后)

随着经济全球化趋势的加强,参与国际竞争的企业急剧增加,市场竞争的范围不断扩大,程度不断加深。

1) 6P 理论

20 世纪 80 年代中期,科特勒进一步发展了市场营销理论,提出了大市场营销(magemarketing)的观念,突破了传统营销理论中企业可控制的市场营销组合因素与外界不可控的环境因素之间简单相适应的观点,把企业市场营销组合所包括的 4P 策略扩大到 6P策略,即产品、价格、分销、促销、政治权力和公共关系六大策略。这一思想对跨国企业开展国际营销活动具有重要的指导意义。

2) 4C 理论

虽然 4P 策略横扫近半个世纪,但到 20 世纪 90 年代,随着消费者个性化日益突出,加之媒体分化,信息过载,传统的 4P 策略不再适用。从本质上讲,4P 策略思考的出发点是企业中心,是企业经营者要生产什么产品,期望获得怎样的利润而制定相应的价格,要对产品进行怎样的卖点传播和促销,并以怎样的路径选择来销售产品。这其中忽略了顾客作为购买者的利益特征,忽略了顾客是整个营销服务的真正对象。以客户为中心的新型营销思路的出现,使顾客为导向的 4C 说应运而生。1990 年,美国学者罗伯特·劳特朋(Robert Lauteborn)教授提出了与 4P 策略相对应的 4C 理论,即顾客(consumer)、成本(cost)、方便(convenience)、沟通(communication)。

4C 理论的核心是顾客战略。而顾客战略也是许多成功企业的基本战略原则,比如,沃尔玛"顾客永远是对的"的基本企业价值观。4C 理论的基本原则是以顾客为中心进行企业营销活动规划设计,从产品到如何实现顾客需求(consumers needs)的满足,从价格到综合权衡顾客购买所愿意支付的成本(cost),从促销的单向信息传递到实现与顾客的双向交流与沟通(communication),从通路的产品流动到实现顾客购买的便利性(convenience)。

3)4R 理论

以顾客战略为核心的 4C 理论,随着时代的发展,也显现了其局限性。当顾客需求与社会原则相冲突时,顾客战略也是不适应的。例如,在倡导节约型社会的背景下,部分顾客的奢侈需求是否要被满足。这不仅是企业营销问题,更成为社会道德范畴问题。于是 2001 年,美国的唐·E. 舒尔茨(Don E. Schultz)提出了关系(relationship)、节省(retrenchment)、关联(relevancy)和报酬(rewards)的 4R 新说,"侧重于用更有效的方式在企业和客户之间建立起有别于传统的新型关系"。

4)4I 理论

网络时代,传统的营销经典已经难以适用。消费者们"君"临天下,媒体是传统传播时代的"帝王",而"YOU"才是网络传播时代的"新君"! 在传统媒体时代,信息传播是"教堂式"的,信息自上而下单向线性流动,消费者只能被动接受。而在网络媒体时代,信息传播是"集市式"的,信息多向、互动式流动。声音多元、嘈杂、互有不同。网络媒体带来了多种"自媒体"的爆炸性增长,微信、微博、论坛、短视频……借助此,每位消费者都有了自己的"嘴巴"和"耳朵"。面对这些"起义的长尾",传统营销方式由"狩猎"变成"垂钓":营销人需要学会运用"创意真火"煨炖出诱人的"香饵",而品牌信息作为"鱼钩"巧妙地包裹在其中。如何才能完成这一转变? 奥美的网络整合营销 4I 原则给出了最好的指引。

网络整合营销 4I 原则:趣味(interesting)原则、利益(interests)原则、互动(interaction)原则、个性(individuality)原则。

任务 1.2　物流营销认知

 案例导入

安得物流营销诀窍

安得物流股份有限公司(以下简称"安得物流")是国内最早开展现代化物流集成化管理、以现代化物流理念运作的第三方物流企业之一。安得物流创建于 2000 年 1 月,主要依托中国美的集团进行业务拓展,也对外提供物流服务。经过几年的发展,安得物流以专业化、规模化的第三方物流公司形象跻身行业前列,并拥有国内首家由具有实际业务与运作实

力的第三方物流公司孵化的第四方物流公司。

安得物流秉承"以客户为中心、科技为主力、品质开创未来"的企业经营理念,多年来已在传统物流仓、干、支、配及冷链产品上形成核心竞争优势,在家电、快消品、通信等行业与世界 500 强企业形成长期物流合作关系。随着互联网经济的快速发展,安得物流推动新的发展战略和探索创新,布局电商物流最后一公里、采购物流和海外市场开拓,构建企业物流大平台,推出基于车货匹配的直通宝和供应链金融的直融宝,建设物流生态链系统,公司已经形成国内、海外、线上和线下综合一体化的产品解决方案能力,致力于成为供应链物流领航者。安得物流的营销团队吃苦耐劳,年轻而富有活力,搭配高端营销人才支持,在物流解决方案编制、大项目团队营销、目标客户搜索、商务谈判等方面有所提高;同时建立了客户黏度管理体系,加强服务质量和投诉管理,有效提升了客户满意度。

➡ 营销启示

安得物流的几次变革,次次为行业之先,定位准确且不失前瞻,这些创新举措源于安得物流对市场趋势与客户需求的把握。安得物流实行全方位的服务策略,全面覆盖物流市场不同客户的需求一直是安得物流发展策略的重要组成部分,而这也是安得物流为何在信息化上不惜重金的原因。物流企业是以提供物流服务为主的一种企业类型,由于物流企业提供的主要是服务,所以不能像传统企业那样围绕实体产品开展市场营销活动,需要物流企业从不同方面着手宣传,以系统化的理念将运输、仓储、装卸搬运、流通、加工、配送和信息分析等功能环节集成整合,一体化运作,提高流通的效率与效益,从而有效降低服务总成本,增强产品和需方企业的竞争力。

1.2.1 物流营销的概念

物流营销就是物品从供给方向需求方实体流动过程中,物流企业为了有效满足客户的物流需求,通过系统地提供服务、价值、价格、沟通的行为组合,以谋求最佳经济效益及社会效益的活动过程。

物流营销的概念

物流企业提供的产品是服务,具有以下特性。

1. 无形性

无形性是物流服务的主要特征。物流服务不同于普通商品,在购买服务之前,顾客无法听到、看见、感觉、触摸到服务。在购买之前,顾客依赖以前的消费经历和别人的意见及态度。

2. 不可分离性

物流服务的生产与消费是同时进行的,二者在时空上是不可分割的。

3. 不可存储性

由于物流服务的无形性、生产与消费的同时性,物流服务无法存储,无法应对将来之需。

4. 差异性

供给方面,在相同的硬件设施条件下,不同的服务人员所提供的服务质量可能大不相同,甚至相同的服务人员在不同的时间提供的服务也可能不同。需求方面,由于个性化需求和心理预期,顾客对类似的服务产生不同的消费感受。

5. 替代性

由于物流行业的进入壁垒低、物流服务的同质性强,客户可以较轻易地从一个物流企业转向另一个物流企业。

由于物流服务的生产与消费是同时进行的,物流企业提供给客户企业的个性化物流服务不仅要保证技术质量,还要满足服务质量。物流的技术质量指顾客所获得的服务结果。例如,商品的保管是否完好,货物送达是否准时。因此,技术质量是可以用某种形式来度量的,评价起来也较为客观。物流企业为了向客户证明其技术质量,可以通过有形资产(如设备、设施、员工等)向客户传达有效信息。而对客户企业来说,由于不同的产品有不同的属性,在不同环节对物流服务就会有不同的要求。例如,高科技产品在实物形态上具有体积小、重量轻的特点,在市场环节上,其生命周期短,产品更新换代快,用户供货要求时间紧;在流通环节上,由于本身性能的原因,其对储存、包装、运输有特殊的要求,电脑产品和生物医药类产品就是这方面的典型。高科技企业产品的这种特点,对物流服务的技术质量提出了更高的要求。所谓服务质量,是指对客户来说,除感受到服务的结果及技术质量外,还对其消费过程非常敏感,如果发生不愉快的事情,即使客户所获得的技术质量是一样的,客户对服务质量的整体评价也会存在较大的差异。这是物流企业进行差异化营销时必须充分重视的因素。

因此,根据物流营销的产品特点和用户的个性化需求,物流企业就是要开发适销对路的产品,以满足客户的个性化需求。例如,物流企业可以在选择运输方式,决定发运的批量、时间及最经济的运输路线,仓储管理,支付条件等方面提供不同的服务,以获得竞争力。

营销物流是一个全新的概念,也是市场需求链和企业供应链的交集中最具活力的环节。它的使命是围绕市场需求,计划最可能的供应,在最有效和最经济的成本前提下,为顾客提供满意的产品和服务。物流营销是价值链系统的新表现形式,它整合了企业内外部后勤,协调控制生产与输出,执行和优化营销活动的产品服务,最终使企业以客户需求为第一动力,持续而健康地推动企业的良性发展,使企业不断降低成本、扩大利润。

1.2.2　物流营销的特征

1. 物流企业为客户提供的就是服务(服务具有无形性)

物流企业与客户之间交易往来的重点也从直接的交易转向关系的协调。物流营销的产品是与物流活动过程相统一和紧密联系的过程,也就是说,物流营销的对象——服务产品不可能在服务活动开始前像其他有形产品那样提前放置在商场的货架上向消费者展示,而只能随着物流服务活动的开始、进行和结束一步步地向顾客展示。所以,物流营销更具有不可预见性和不可捉摸性,其难度更大,对营销者的要求更高。

2. 物流服务的质量由客户的感受决定(顾客感受的多样性)

顾客的感受需要通过场所规模、物流人员素质、物流服务价格水平、设备的先进程度、信息管理及供应链整合能力等方面来反映,物流企业要通过顾客的感受来评价自身服务质量的优劣。

3. 物流营销的对象广泛,市场差异程度大

物流营销的对象既有团体客户,又有个体消费者;既有国内客户,又有国际客户;既有大客户,又有小客户;既有一次性客户,又有长久性客户,市场的差异性更大。物流服务对象的多样化意味着物流需求的多样化,所以物流营销的产品更应强调"一一对应"制和"量身定

制"化,应根据不同的客户设计不同的物流服务项目组合和产品来满足其差别化的需求。

此外,物流营销与产品营销有着很大的差别。服务性就是物流企业的本质特征,物流营销的一个重要特点就是物流企业所提供的物流服务的质量水平并不完全由企业决定,而同顾客的感受有很大的关系。即使是企业自认为符合高标准的质量,也可能不为顾客喜爱和接受。另外,物流市场是一个差别化程度很大的市场,物流企业进行营销工作时,已经根据目标客户企业的特点,为其量身定制建立了一套高效合理的物流方案。这是物流营销与产品营销的又一个重要差别。

1.2.3　物流营销的作用

物流营销的主要作用如下。

(1) 通过物流营销活动,使客户了解物流企业的服务项目,增强物流企业与客户的信息和业务联系,增强客户对物流企业的信任感,以获得提供物流服务项目的机会。

(2) 通过物流营销活动,促进客户企业了解和接受物流企业创造的新形势、新内容和物流服务项目,使物流企业与客户共享物流服务创造价值。

(3) 通过物流营销活动,扩大物流企业在物流市场上的份额,增强物流企业的知名度、企业声誉和物流服务品牌,提高物流企业在市场上的竞争地位。

总之,就是要通过营销活动达成交易或交换,体现为物流服务作为产品销售的实现。

1.2.4　物流营销的原则

1. 注重规模原则

物流业有多少效益取决于它的规模,进行市场营销时,首先要确定某个客户或某几个客户的物流需求具有一定的规模,才去为他们设计有特色的物流服务。

2. 注重合作原则

现代物流的特点要求在更大的范围内进行资源的合理配置,因此物流企业本身并不一定必须拥有完成物流业的所有功能。物流企业只有做好自身的核心物流业务,而将其他业务交给别的物流企业去完成,才能取得更大的物流效益。所以,物流营销除了推广自己企业的服务项目外,还应该寻求与其他物流企业的合作、合资和联合,以及寻求与国内外客户建立战略性的合作关系。

3. 注重回报原则

对企业来说,市场营销的真正价值在于为企业带来短期或长期的收入和利润的能力。一方面,追求回报是营销发展的动力;另一方面,回报是维持市场关系的必要条件。物流企业要满足客户的物流需求,为客户提供价值。因此,物流营销目标必须注重产出,注重物流企业在营销活动中的回报。

任务 1.3　市场营销与物流营销理念

　案例导入

像送鲜花一样送啤酒

"像送鲜花一样送啤酒,把最新鲜的啤酒以最快的速度、最低的成本送给消费者品尝。"

青啤人如是说。为了实现这一目标,青岛啤酒股份有限公司与香港招商局共同出资组建了青岛啤酒招商物流有限公司,双方开始了物流领域的全面合作。自合作以来,青岛啤酒运往外地的速度比以往了提高30%以上,山东省内300千米以内区域的消费者都能喝到当天的啤酒,300千米以外区域的消费者也能喝到出厂一天的啤酒,而原来喝到青岛啤酒需要3天左右。

➡ 营销启示

正是因为青岛啤酒树立了正确的营销理念,从消费者角度出发,才制定出"像送鲜花一样送啤酒"的一系列物流管理办法,通过提高物流效率,大大提升了产品的口感和顾客满意度。所以,树立正确的物流营销观念,不仅可以提升物流效率,还可以对公司的整体发展起到正向带动作用。

1.3.1 市场营销观念的发展

企业的营销观念是在一定的社会经济环境下形成的,并随着环境的变化而变化。随着经济社会及市场环境的发展,企业的市场营销观念由企业利益导向发展到社会利益导向。当然,企业营销观念的变化会促使企业的组织结构以及业务经营程序和方法的调整和改变。一个世纪以来,西方企业的市场营销观念经历了一个漫长的演变过程,可分为生产观念、产品观念、推销观念、市场营销观念和社会营销观念五种不同的观念(图1-3)。

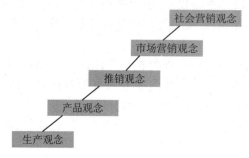

图 1-3　市场营销观念的发展

1. 以企业为中心的观念

以企业为中心的观念,就是以企业利益为根本取向和最高目标来处理营销问题的观念。以企业为中心的观念包括生产观念、产品观念、推销观念。

1) 生产观念

生产观念也称生产中心论,是一种古老的经营思想。生产观念的产生背景是20世纪20年代以前,由于社会生产力水平比较低,整个西方国家的国民收入很低,生产落后,许多商品的供应不能充分满足人们的需要,生产企业在市场中占主导地位(卖方市场状态)。

正是这种市场状态,导致了生产观念的流行。表现为企业生产什么产品,市场上就销售什么产品。生产观念认为,消费者或用户欢迎的是那些买得到而且买得起的产品。因此,企业应组织自身所有资源、集中一切力量提高生产效率和分销效率,扩大生产,降低成本,以拓展市场,生产出让消费者买得到和买得起的产品,企业很少或根本不考虑消费者的需求情况。显然,生产观念是一种重生产、轻市场营销的企业经营思想。

生产观念盛行于 19 世纪末 20 世纪初的西方初期资本主义阶段,当时市场需求旺盛,而物资又极度匮乏,企业认为只要能把产品生产出来,消费者就会购买。因此,当时的企业尽全力提高产品产量,降低成本,福特汽车公司、张裕集团都曾经采用过生产观念,并在当时的背景下取得了一定的成功。

生产观念是一种"以产定销"的经营指导思想,它在以下两种情况下仍显得有效。

第一,市场商品需求超过供给,卖方竞争较弱,买方争购,选择余地不大。

第二,产品成本和售价太高,只有提高效率,降低成本,从而降低售价,才能扩大销路。

在产品供不应求的卖方市场时代,这种大量生产、降低价格的思想尚有其生命力。如今大多数商品已经供过于求,厂商竞争激烈,这种经营导向无疑已经过时了。

企业失败案例

张裕集团创办于 1892 年,其前身为著名侨领张弼士于清光绪十八年(1892 年)在烟台创办的张裕酿酒公司。1915 年,在世界产品展会——巴拿马太平洋万国博览会上,张裕的白兰地、红葡萄等一举荣获四枚金质奖章和最优等奖状,中国葡萄酒因此为世界所公认。

但是,过分狭隘地注重自己的生产经营,忽视顾客真正需要的东西,会使公司面临困境。改革开放后,市场发展迅速,张裕集团原有的优势并没有发挥出来,由于企业市场观念差,没有及时适应市场竞争,盲目生产,等客上门,1989 年,张裕集团 6 条生产线停了 4 条,1/4 的职工没有活干,近一半的酒积压在仓库里,累计亏损 400 多万元,生存和发展都面临着严峻的挑战。

资料来源:汤定娜. 中国企业营销案例[M].北京:高等教育出版社,2007.

2) 产品观念

产品观念认为,消费者会欢迎质量最优、性能最好、特点最多的产品,因此,企业应把精力集中在创造最优良的产品上,并不断精益求精。

产品观念是在这样的背景下产生的,相较于上一阶段,此时社会生活水平已有了较大幅度的提高,消费者已不再满足于产品的基本功能,而是开始追求产品在功能、质量和特点等方面的差异性。因此,如何比其他竞争对手在上述方面为消费者提供更优质的产品就成了企业的当务之急。在产品供给不太紧张或稍微宽裕的情况下,这种观念常常成为一些企业经营的指导思想。20 世纪 30 年代以前,不少西方企业奉行这一观念。

传统上我国有不少企业奉行产品观念,"酒香不怕巷子深""一招鲜,吃遍天"等都是产品观念的反映。我国还有很多企业不同程度地奉行产品观念,这些企业把提高产品功能与质量作为企业的首要任务,提出了"企业竞争就是质量竞争""质量是企业的生命线"等口号,这无疑有助于推动我国企业产品的升级换代,缩短与国外同类产品的差距,一些企业也由此取得了较好的经济效益。

企业成功案例

　　香港金利来集团是爱国人士曾宪梓先生于1968年在香港创立的,当年曾宪梓先生目睹香港领带市场充斥着欧美品牌,而本地领带用料低廉、样式陈旧,便决定创立华人名牌领带。现在,金利来的产品热销欧、美、澳、亚洲近百个国家和地区,业务从手工制作领带扩展到成衣、鞋履、皮具等男士高级服饰全系列产品。金利来产品的市场定位,以成功的、成熟的男士和上班族中的白领阶层为主要消费对象,从创立品牌到品牌推广,一直秉承着生产优良产品的理念。金利来也曾遇到产品销售不畅的时候,但曾宪梓认为,领带的降价只是受香港经济不景气的影响,由于香港人普遍穿西装、系领带,还很追求品牌,所以领带市场的需求仍然很大,曾宪梓又马上派人到欧洲市场挑选样品,选购更新的花色款式、设计更新的品种投放市场,结果金利来的领带销量并未比以前下降,在一片低迷的领带市场上反而光彩夺目。

　　然而,这种观念也容易导致公司在设计产品时过分相信自己的工程师知道应该怎样设计和改进产品,他们很少深入市场,不了解顾客的需求意愿,不考察竞争者的产品情况。他们假设购买者会喜欢精心制作的产品,能够鉴别产品的质量和功能,并且愿意付出更多的钱来购买质量上乘的产品。正如科特勒所言:某些企业的管理者深深迷恋上了自己的产品,以至于没有意识到其产品在市场上可能并不那么迎合时尚,甚至市场正朝着不同的方向发展。

　　企业总是在生产更好的产品上下功夫,却常常出现顾客"不识货""不买账"的情况。企业抱怨自己的服装、洗衣机或其他高级家用电器本来是质量最好的,但奇怪的是,市场为何并不欣赏自己的产品。企业失败,就是因为这种观念仍是从自我出发,孤芳自赏,使产品改良和创新处于"闭门造车"的状态。

企业失败案例

美特斯邦威潮流不再

　　说起潮流品牌,在不少80后、90后的学生时代,美特斯邦威一定榜上有名。不过,这一曾经火遍大街小巷的品牌,如今却悄然消失在各大城市商圈。美邦服饰披露的半年度业绩报告显示,2022年上半年实现营业收入约7.23亿元,同比下滑47.49%,亏损6.89亿元。据统计,从2019年开始,美邦服饰已累计关闭超2 000家线下门店。

　　美特斯邦威是1995年创立于浙江省温州市的自主品牌,立足于休闲系列服饰,以"不走寻常路"的精神面向16~25岁活力和时尚的年轻人群。曾经大小城市的商业街上遍布美特斯邦威专卖店,通过在一二线城市开直营店、三四线城市介绍加盟的形式,企业最高时坐拥5 220家店,盈利近百亿元,公司运用品牌代言人、极具创意的品牌推广公关活动和全方位品牌形象广告投放,结合开设大型品牌形象店铺的策略,迅速提升了品牌知名度和美誉度。

　　那么,初代国潮服饰为何风光不再?除了大量铺货造成存货占总资产的三成之高外(这是大多数加盟代理店铺的通病),另一个问题则来自它的"大店"执念,所谓"成也萧何,败也萧何",曾经的美特斯邦威正是以其吸引眼球的大店铺、知名的品牌效应而获得营销优势。以上海南京东路美邦旗舰店为例,五层楼高,实际经营面积达 7 000 多平方米,曾经的地标性门店,从店铺里人头攒动到只有一楼在营业,上面四层都是歇业状态,最终在开了 15 年之后于 2022 年 3 月黯然撤出。即便产品质量再好、再知名,企业门店设计、运营能力、线上渠道转型能力、新媒体运营能力等其他方面存在问题,企业也是难以为继。

部分资料选自楚天都市报,2022-09-15.

这种产品观念还会引起美国营销学专家西奥多·李维特(Theodore Leavitt)教授所讲的"营销近视症"(market myopia)的现象,即不适当地把注意力放在产品上,而不是放在需求上,也扼制了创新。出现问题只知责怪顾客不识货,而不反省自己是否根据需求提供了顾客真正想要的产品。例如计算尺制造商认为工程师需要的是计算尺,而不是计算能力,以致忽略了袖珍计算器的挑战。

3) 推销观念

推销观念是一种以推销为中心内容的经营指导思想。推销观念强调企业要将主要精力用于抓推销工作,企业只要努力推销,消费者或用户就会多购买。这一观念认为,消费者通常表现出一种购买惰性或者抵触心理,故需用好话去劝说他们多买一些,企业可以利用一系列有效的推销和促销工具去刺激消费者大量购买。在这种观念的指导下,企业十分注重运用推销术和广告术,雇佣大量推销人员,向现实和潜在买主大肆兜售产品,以期压倒竞争者,提高市场占有率,获取更多的利润。

推销观念产生于现代工业高度发展从卖方市场向买方市场转变的时期,从 1920 年到 1945 年,西方社会从生产不足开始进入生产过剩,企业之间的竞争日益激烈。特别是 1929 年爆发的严重经济危机,大量商品卖不出去,许多工商企业和银行倒闭,大量工人失业,市场萧条。残酷的事实使许多企业家认为即使物美价廉的产品,也未必能卖出去,必须重视和加强商品销售工作,如组建推销组织、培训推销人员、研究推销术、大力进行广告宣传等,以诱导消费者购买产品。这种营销观念是"我们会做什么,就努力去推销什么"。自从产品供过于求、卖方市场转变为买方市场以后,推销观念就被企业普遍采用,尤其是生产能力过剩和产品大量积压时期,企业常常本能地采纳这种理念。

应当说,推销观念有其合理性的地方,一般而言,消费者的购买行为是有惰性的,尤其是在产品丰富和销售网点健全的情况下,人们已不再需要像战时状态那样储存大量的产品,也没有必要担心商品涨价。买商品只求"够用就行"已成为主导性的消费观念。另外,在买方市场条件下,过多的产品追逐过少的消费者也是事实。因此,加强推销工作以宣传本企业的产品信息,劝说消费者选择购买本企业的产品,都是非常必要的。

然而,推销观念注重的仍是企业的产品和利润,不注重市场需求的研究和满足,不注重消费者的利益和社会利益。强行推销不仅会引起消费者的反感,还可能使消费者在不自愿的情况下购买了不需要的商品,严重损害了消费者的利益,这样,反过来又给企业造成不良的后果。正如科特勒所指出的,感到不满意的顾客不会再次购买该产品,更糟糕的情况是,感到满意的普通顾客仅会告诉另外三个人有关其美好的购物经历,而感到不满意的普通顾客会将其糟糕的经历告诉另外十个人。

课间小故事

一段推销人员与顾客的对话

推销人员:"先生,这是刚刚上市的新产品,质量好,款式新,而且我们这里是独家经营的。您看是否让我帮您挑选?包您满意。"

顾客:"我也知道,产品是不错的,就是价格太贵了。"

推销人员:"您看我们这里的产品是相当不错的,别的地方也买不到,像您这样身份的人,我看这种价格一定是承受得了的。我帮您挑选一下,您先看看,看看又不要紧的。"

顾客:"这……"一边犹豫一边不由自主地跟着推销人员去挑选商品。

你觉得推销人员的推销会成功吗?

由生产观念、产品观念转变为推销观念,是企业经营指导思想上的一大变化。但这种变化没有摆脱"以生产为中心""以产定销"的范畴。前者强调生产产品,后者强调推销产品。不同的是,生产观念是等顾客上门,而推销观念是加强对产品的宣传。

在我国,推销观念也曾泛滥一时,潜在的顾客受到电视广告、报刊广告、推销访问等的围攻,到处都有人试图推销某种东西。这反而招致顾客的反感和抵触,往往使推销活动事倍功半——推销也就进入了"怪圈"。

2. 以消费者为中心的观念

以消费者为中心的观念又称市场营销观念(marketing concept)。这种观念认为,企业的一切计划与策略应以消费者为中心,正确确定目标市场的需要与欲望,相比竞争者更有效地为目标市场提供满足其需求的产品和服务。

即以市场为中心、以消费者为中心的营销观念,其基本内容是把满足消费者的需求作为企业一切活动的中心和最高准则,贯彻到生产经营的全部活动中。

20世纪50年代以后,资本主义发达国家的市场已经变成名副其实的供过于求,卖主间竞争激烈,买主处于主导地位的买方市场。同时,科学技术的发展,社会生产力得到迅速提高,人们的收入水平和物质文化生活水平也在不断提高,消费者的需求向多样化发展并且变化频繁。在这种背景下,企业意识到传统的经营观念已不能有效指导新形势下的企业营销管理工作,于是市场营销观念形成了。

市场营销观念认为,实现企业营销目标的关键在于正确掌握市场的需求,然后调整整体市场营销组织,使公司比竞争者更有效地满足消费者的需求。市场营销观念与推销观念的根本区别在于:推销观念以现有产品(即卖主)为中心,以推销和销售促进为手段,刺激销售,从而达到扩大销售、取得利润的目的。市场营销观念是以企业的目标顾客(即买主)及其需要为中心,并且以集中企业的一切资源和力量、适当安排市场营销组合为手段,从而达到满足目标顾客的需要、扩大销售、实现企业目标的目的。

可见,市场营销观念把推销观念的逻辑彻底颠倒过来了,不是生产出什么就卖什么,而是首先发现和了解消费者的需要,消费者需要什么就生产什么、销售什么。消费者需求在整个市场营销中始终处于中心地位。市场营销观念是一种以顾客的需要和欲望为导向的经营哲学,是企业经营思想的一次重大飞跃。表1-1表示了市场营销观念与推销观念的本质区别。

表 1-1 市场营销观念与推销观念的区别

营销观念	出发点	中　心	手　段	目　　的
市场营销观念	目标市场	顾客需求	协调市场营销	通过满足消费者需求来创造利润
推销观念	工厂	产品	推销和促销	通过扩大消费者需求来创造利润

在这种观念的指导下,"顾客至上""顾客是上帝""顾客永远是正确的""爱你的顾客而非产品""顾客才是企业的真正主人"等成为企业家的口号和座右铭。市场营销观念的形成,不仅从形式上,更从本质上改变了企业营销活动的指导原则,使企业经营指导思想从以产定销转变为以销定产,第一次摆正了企业与顾客的位置,所以是市场观念的一次重大革命,其意义可与工业革命相提并论。

市场营销观念的意义具体体现为以下几点。

第一,企业的市场营销工作由以生产者为中心转向了以目标市场的顾客需要为中心,推动了"顾客至上"思想的实现。

第二,改变了企业的组织结构,提高了市场营销部门在企业中的地位,建立了以市场营销为中心的新的管理体制。

第三,改变了企业的经营程序和方法,企业的市场营销转化为整体性的营销活动过程,营销管理工作占据了重要的地位。

第四,销售工作由过去的"高压"或"硬卖"转变为诱导式的"软卖",通过满足顾客的需求来获取利润。

市场营销观念符合"生产是为了消费"的基本原理,既能较好地满足市场需要,同时也提高了企业的环境适应能力和生存发展能力,因而自从被提出后便引起了人们的广泛注意,为众多企业所追捧,并成为当代市场营销学研究的主体。

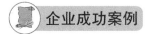 **企业成功案例**

泡泡玛特为什么这么火

随着人们可支配收入的增加及消费力的提升,消费者正追求精致的生活方式和情感满足,很多年轻人不再满足于解决基本温饱、基本刚需的东西,他们需要更丰富的精神生活产品。继抓娃娃机后,盲盒作为一种贩卖好奇和不确定性的玩具产品,开始在国内走红,盲盒经济的代表——泡泡玛特也成为年轻人的新宠,仅靠卖盲盒就一年狂赚 5.2 亿元。泡泡玛特为什么这么火?

泡泡玛特的创始人认为,人的需求是可以不断被挖掘的,有些是人们自己都不知道的内在需求。以前的潮流玩具多数是以解决男生需求为主的,比如一些很机甲的、超级英雄的、怪兽类的等都是男生喜欢的类型。但企业通过调研发现女生的需求在市场上是空白的状态,是非常有潜力的市场。另外,随着盲盒经济在国内流行起来,越来越多的年轻人主动地为盲盒埋单。根据 Mob 研究院的分析报告显示:当下盲盒经济的市场规模约为 150 亿元,预计到 2024 年可突破 300 亿元。

互联网时代萌生了新零售理念,将零售娱乐化,把卖点从销售商品变成销售情感。

20世纪80年代,人们对零售的理解是:我从来没见过牛仔裤,很多人跑广州背一包牛仔裤过来,然后往地上一摆,就有很多人过来抢,然后再去广州,去背音响过来,背各种东西过来,因为大家从来没见过,有需求没有被满足。但现在的问题是,你已经有很多条牛仔裤,有很多个品牌还在卖牛仔裤,怎么才能让你再买一条他的牛仔裤呢?泡泡玛特解开这个问题的方式就是将零售娱乐化。顾客打开盲盒,要么惊喜,要么沮丧,要么开心,要么失落,其实她买的是一种心情。有人说泡泡玛特填补了人们内心的孤独感,这正表明了泡泡玛特抓住了年轻用户的心理因素和情感需求,这是它成功的重要原因。

3. 以社会为中心的观念

这是以社会长远利益为中心的观念。从20世纪70年代起,西方市场营销学界提出了一系列新的观念,如人类观念(human concept)、理智消费观念(intelligent consumption concept)、生态准则观念(ecological imperative concept)。其共同点是认为企业生产经营,不仅要考虑消费者的需要,而且要考虑消费者和整个社会的长远利益,这类观念可统称为社会营销观念。

4. 社会营销观念

进入20世纪60年代,市场营销理念在西方国家受到质疑。首先,不少企业为了最大限度地获取利润,迎合消费者,采用各种方式扩大生产和经营,而不顾对消费者以及社会整体利益的损害。只顾生产而忽视环境保护,环境恶化、资源短缺等问题变得相当突出。如清洁剂工业满足了人们洗涤衣服的需要,同时却严重污染了江河,杀伤大量鱼类,危及生态平衡。其次,某些标榜奉行市场营销理念的企业以次充好、大搞虚假广告、牟取暴利,损害了消费者的权益。最后,某些企业只注重消费者的眼前需要,而不考虑长远需要。如化妆品,虽然短期内能美容,但有害元素含量过高;汉堡包、炸鸡等快餐食品虽然快捷、方便、可口,但由于脂肪与食糖含量过高而不利于顾客的长期健康。

单纯的市场营销观念虽然提高了人们对需求满足的期望和满足感,却导致了满足眼前消费需要与长远的社会福利之间的矛盾,由此带来产品过早淘汰,环境污染更加严重,也损害和浪费了一部分物质资源。正是在这种背景下,人们提出了社会营销观念。

社会营销观念认为,企业的任务是确定目标市场的需要、欲望和利益,比竞争者更有效地使顾客满意,同时维护与增进消费者利益和社会福利。对于市场营销观念的四个重点(顾客导向、整体营销、顾客满意和盈利率),社会营销观念都做了修正。一是以消费者为中心,采取积极的措施,如供给消费者更多、更快、更准确的信息,改进广告与包装,增进产品的安全感和减少环境污染,增进和保护消费者的利益。二是整体营销活动,即视企业为一个整体,全部资源统一运用,更有效地满足消费者的需要。三是求得顾客真正满意,即视利润为顾客满意的一种报酬,视企业的满意利润为顾客满意的副产品,不是把利润摆在首位。上述修正同时要求企业改变决策程序。

社会营销观念强调企业向市场提供的产品和劳务,不仅满足消费者的个别的、眼前的需要,而且要符合消费者总体和整个社会的长远利益,要求企业在确定营销决策时要权衡三方面的利益,即企业利润、消费者需要的满足和社会利益。具体来说,社会营销观念希望摆正企业、顾客和社会三者之间的利益关系,使企业既发挥特长,在满足消费者需求的基础上获取经济效益,又能符合社会利益,从而使企业具有强大的生命力。许多公司通过采用和实践社会营销观念,已获得了引人注目的销售业绩。

应当说,社会营销观念只是市场营销的进一步扩展,在本质上并没有多大的突破。但是,许多企业主动采纳它,主要原因是把它看作改善企业名声、提升品牌知名度、提高顾客忠诚度、提高企业产品销售额以及增加新闻报道的一个机会。企业认为,随着环境与资源保护、健康意识的深入人心,顾客将逐渐寻找在提供理性和情感利益上均具有良好形象的企业。

📜 企业成功案例

内蒙古伊利实业集团股份有限公司的品牌价值空前大涨,伊利集团取得了中国乳业在品牌价值上的巨大突破,它是国家520家重点工业企业和国家八部委首批确定的全国151家农业产业化龙头企业之一。伊利的服务也是备受好评,其服务理念是:行行都是服务业,环环都是服务链,人人都是服务者,并设立了服务"四维度"和服务的"五心"标准。

伊利集团年均纳税额10多亿元,是乳品行业公认的纳税状元。截至2014年伊利集团已经累计投入近8亿元用于各项公益事业,这在行业内也是排在第一位的。此外,伊利的发展为社会创造了几十万个就业岗位,带动了基地周边地区相关产业的发展和经济腾飞,产生了巨大的社会效益。

从伊利为消费者所提供的服务情况与消费者的反馈来看,伊利在坚持市场营销的导向下,充分满足了消费者的需求。此外,伊利在取得品牌价值的巨大突破之下积极参与各类公益活动,取得了巨大的社会效益,带动了基地周边相关产业的发展和经济腾飞,均体现了社会营销观念中的要点。

📜 企业成功案例

北京李宁体育用品有限公司由"体操王子"李宁先生始创于1990年。三十余年来,李宁公司由最初单一的运动服装发展到拥有运动服装、运动鞋、运动器材等多个产品系列的专业化体育用品公司。目前,"李宁"产品结构日趋完善,销售额稳步增长,"李宁"在中国体育用品行业中已位居举足轻重的领先地位,已在广大消费者心目中树立起"时尚、亲和、魅力"的运动品牌形象。

"源于体育、用于体育"是李宁公司一贯坚持的宗旨。从1990年亚运会斥巨资支持中国体育代表团以来,李宁公司相继赞助了世界大学生运动会、奥运会等多项大型国际性体育赛事,公司支持体育事业发展的各项投入累计已超亿元。从1999年起,李宁公司就将"品牌国际化"提到了战略议程上。李宁人把"国际化"看作一种有明确方向的内在行为过程,而非一个简简单单的目标或标志性的符号。相信潜能无限,"一切皆有可能",这就是李宁人永恒的信念。

"李宁"树立的"时尚、亲和、魅力"的运动品牌现象很符合现代年轻一代对时尚的追求以及品牌效应所产生的利益,其品牌形象深入人心,可知李宁对目标顾客群研究之深。"源于体育、用于体育"是李宁公司一贯坚持的宗旨,李宁坚持了营销导向并做到持之以恒是他成功的要诀之一。同时,李宁一直关注和支持着世界尤其是中国体育事业发展的行为更是让

"李宁"这个品牌为世人所熟知,其"品牌国际化"战略方向非常注重企业自身在社会中的长远利益。

【测一测】判断以下观点分别属于哪种营销观念?

1. 皇帝的女儿不愁嫁

2. 没有卖不出去的产品,只有不懂推销的伙计

3. 我生产什么,顾客就买什么

4. 顾客需要什么,我就卖什么

5. 只要产品质量好,就不愁没销路

6. 顾客是上帝

7. 关注社会的长远利益

8. "企业利益""消费者利益""社会利益"三者平衡

1.3.2 物流营销理念

物流营销理念

正如市场营销观念经历过生产观念、产品观念、推销观念、市场营销观念、社会营销观念等的转变一样,物流管理的观念也在不断变化。传统的物流观念是以企业的产品为出发点,局限于仓储和运输,这种以现有产品为中心的供应观念,已经落后于时代的发展。随着供应链技术的不断完善,现代物流观更加强调和倡导物流管理,以市场需求为起点系统思考问题,因此新的物流营销观将逐渐为人们所接受。

物流营销具有一般产品市场营销的一些特征,然而,由于物流所具有的特点,物流营销与有形产品以及其他服务产品的营销有着不同的特点。传统的4P(产品、价格、渠道、促销)营销策略自20世纪50年代末提出以来,对市场营销理论和实践产生了深刻的影响,被营销经理们奉为营销理论中的经典。而且,如何在4P理论指导下实现营销组合,实际上也是企业市场营销的基本营运方法,因此物流营销不能脱离4P的理论框架基础。然而,随着市场竞争的变化,以及物流服务的特殊性,完全以4P理论来指导物流企业的营销实践已经不能适应迅速发展的物流市场的要求。美国劳特朋提出的4C营销理论更适合于目前的物流企业的营销组合策略。

1. 瞄准客户需求(consumption)

物流企业首先要了解、研究、分析客户的需要与需求,而不是先考虑企业能提供什么样的物流服务。现在有许多企业开始大规模兴建自己的物流中心、配送中心等,然而一些较成功的物流企业不愿意过多地把资金和精力放在物流设施的建设上,他们主要致力于物流市场的分析和开发,争取做到有的放矢。

2. 消费者愿意支付的成本(cost)

这就是要求物流企业首先了解物流需求主体满足物流需要而愿意付出多少钱(成本),而不是先给自己的物流服务定价,即向消费者要多少钱。该策略指出物流的价格与客户的支付意愿密切相关,当客户对物流的支付意愿很低时,即使某物流企业能够为其提供非常实惠但高于这个支付意愿的服务时,物流企业与客户之间的物流服务交易也无法实现。因此只有在分析目标客户需求的基础上,为目标客户量体裁衣,实行一套个性化的物流方案才能

为客户所接受。

3. 消费者的便利性(convenience)

此策略要求物流企业要始终从客户的角度出发,考虑为客户提供的物流服务能给客户带来什么样的效益。如节约时间,减少资金占用,加强核心工作能力,增强市场竞争能力等。只有物流的消费为物流消费者带来效益和便利,他们才会接受物流企业提供的服务。

4. 与消费者沟通(communication)

指以客户为中心,实施营销策略,通过互动、沟通等方式,将物流企业的服务与客户的物流需求进行整合,从而把客户和物流企业的利益无形整合在一起,为用户提供一体化、系统化的物流解决方案,建立有机联系,形成互相需求、利益共享的关系,共同发展。在良好的客户服务的基础上,物流企业可以争取到更多的物流市场份额,形成一定的物流服务规模,取得规模效益。

4C物流营销重点考虑顾客愿意付出的成本,实现成本的最小化。物流企业的利润是客户效益中的一部分,只有客户的效益提高了,才能促进物流需求的增加和质量的提高;反过来,物流企业服务质量的提高又会促进客户效益的提高,形成良性循环,否则物流企业的所有努力都将是徒劳的。所以物流企业在从事物流活动时,应该把本企业最擅长的一面(核心竞争能力)充分展示给客户,让他们充分相信物流企业的能力能为其带来满意的效益,最终将物流业务交付给专业物流企业来完成。

4C营销组合策略以客户对物流的需求为导向,积极适应客户的需求,运用优化和系统的思想去整合营销,着眼于企业与客户之间的互动,通过与客户建立长期、稳定的合作关系,把企业与客户联系在一起,形成竞争优势,与目前我国的物流供求现状相适应,达到物流企业、客户以及最终客户都能获利的三赢局面。因此,该营销组合将成为我国物流企业目前和今后很长一段时间内主要运用的营销策略。

企业只有不断创新营销理念和优化营销活动,以客户为核心,以物流资源链为服务手段,以市场占有率和建立客户忠诚度为导向,开展有针对性的营销策略,注重客户的保有与开发,才能实现客户的系列化、个性化物流服务。要注重客户关系的维护,提高物流服务质量,根据客户的行为来预测客户的物流需求,并为其设计物流服务,才能建立长期的、双赢的客户关系。良好的营销策略可以使物流企业获得长期的、稳定的客户,增强物流企业的市场竞争力。

5. 物流营销应是"营销企业"为主的营销

物流市场营销产品的不可事前展示性,决定了物流企业在市场营销过程中要积极主动、有计划地向各个客户和营销对象推广和推介自己的企业和品牌活动。在向客户推广物流企业的同时,要增强客户对物流企业的信心和吸引力,进而促使客户放心大胆地同自己签订业务合同,达到市场营销的目的。物流企业的市场营销应是"营销企业"为主的营销,其最终目的在于实现物流优势资源的整合,实现物流企业的长久化、经济化发展。

任务 1.4 物流营销人员应具备的职业技能与职业素质

一个合格的物流人才,要具备以下六个方面的基本素质和能力。

1. 严谨周密的思维方式

物流服务是动态的、连续的服务,服务质量的持续提高是企业生存和发展的基础。要保证货物在规定的时间内以约定的方式送到目的地过程的设计必须是严谨的、科学的、合规合法的。一体化物流过程中存在多个环节,任何一个环节出现问题,少则可能增加企业不必要的费用支出,给企业造成经济损失,重则可能导致物流服务中断,给客户造成更大的损失,引起法律纠纷和大数额的索赔。所以在这个链状服务中,从业人员设计物流方案时,不但要有全面的综合性知识,而且要有严谨的思维模式。

2. 团队合作和奉献精神

物流作业的物理特性表现为一种网状的结构,在这个网中存在着多条线,每条线上又存在着多个作业点,任何一个作业点出现问题,又没有得到及时妥善地解决,就有可能造成网络的瘫痪。所以物流人员应具备强烈的团队合作和奉献精神,在作业过程中,不仅能够做好本职工作,同时能够为周边相关岗位多想一点和多做一点,使上下游协调一致。如果没有团队协作和奉献精神,就不可能将整个线上的作业点有机结合在一起,就无法实现物流目标系统化和业务操作无缝化,也不可能有效准确地完成繁杂程度较高的物流服务。

3. 信息技术的学习和应用能力

现代物流企业核心竞争力的提高在很大程度上取决于信息技术的开发和应用。物流过程同时也是一个信息流的过程,在这个过程中,货物的供需双方要随时发出各种货物供需信息,及时了解货物在途、在库状态,实时监控物流作业的执行情况,而提供服务的物流企业也必定要有这种准确及时地处理各种信息和提供各种信息服务的能力。目前,信息技术已受到物流企业的广泛重视,并被应用在订单处理、仓库管理、货物跟踪等各个环节。作为一名合格的物流从业人员,必须熟悉现代信息技术在物流作业中的应用状况,能够综合使用这一技术提高劳动效率,并且能够在使用的过程中提出建设性、可操作性的建议。

4. 组织管理和协调能力

物流的灵魂在于系统化方案设计、系统化资源整合和系统化组织管理,包括客户资源、信息资源和能力资源的整合和管理。在目前物流行业没有形成统一标准的情况下,物流从业人员更需要具备较强的组织管理能力,在整合客户资源的前提下有效地贯彻企业的经营理念,充分利用设备、技术和人力等企业内部资源来满足外部客户的需求。

5. 异常事故的处理能力

能够很好地执行作业指令、完成常规作业,只能说明员工具备了基本的业务操作能力,异常事故的处理能力是衡量其综合素质的重要指标之一。在市场瞬息万变的情况下,市场对物流服务的需求呈现出一定的波动性,物流企业作为供需双方的服务提供者,对信息的采集又有相对的滞后性,同时物流作业环节多、程序杂、缺乏行业标准,异常事故时有发生。在可利用资源有限的情况下,既能保证常规作业的执行,又能从容面对突发事件的处理和突如其来的附加任务的执行,就需要从业人员具备较强的处理异常事故的能力,具备随时开展应急作业的意识以及对资源、时间的合理分配和充分使用的能力。

6. 物流质量的持续改进能力

一个企业是否有生命力,主要取决于其创新的能力,一个从业人员是否能够确保业务能力不断提高、服务水平连续稳定,主要体现在其对作业质量和效率持续改进的能力。随着科技的发展、社会的进步,市场对物流服务水平的期望将会越来越高,这也就要求各级从业人员有能力不断发现潜在问题,及时采取措施,优化作业流程,持续改进作业方式,提高作业效率和服务水平。

作为专门从事物流营销活动的人员,除了需要具备上述基本技能之外,还需要具备一些特定的职业技能与素质(表 1-2)。

表 1-2 物流营销人员职业技能、职业素质与职业道德要求

职业领域	职业岗位群	工作内容	职业技能要求	职业素质要求	职业道德要求
物流营销	基层操作	执行销售计划	1. 能够按照营销计划执行营销作业; 2. 能够运用推销技巧; 3. 能够与客户签订销售合同	1. 严格履行岗位职责,具有良好的沟通能力; 2. 及时执行信息收集、访问与接待客户、宣传推广等营销活动	1. 具有高度的责任感,忠于职守,廉洁奉公,具有敬业精神; 2. 具有一定的宽容心和忍耐力; 3. 具有合作精神,树立为客户、为生产服务的观点; 4. 树立讲效率、讲效益的思想,关心企业的经营
		售后服务	能够受理客户投诉		
	职能管理	物流市场调查与宣传	1. 能够制订市场调查方案; 2. 能够制订宣传方案,组织市场宣传; 3. 能够对市场调查信息进行整理、汇总、加工、分析	1. 具有一定的组织协调能力、评估能力、策划能力、控制能力,制订营销方案,实施营销经营业务绩效管理; 2. 及时掌握市场的价格行情变化及竞争情况,能有针对性地实施营销策略; 3. 严格管理营销活动过程,具备营销谈判技巧、客户关系管理技巧,组织与设计能力,进行物流服务市场调查、产品分析、目标市场选择、产品定位等营销工作; 4. 具有一定的财务管理能力,掌握市场行情信息,进行成本管理、价格管理和控制决策	
		组织实施销售方案	1. 能够根据市场调查信息合理制定营销策略; 2. 能够跟踪销售进程,组织实施销售方案; 3. 能够进行销售谈判; 4. 能够制订销售计划和销售预算		
		客户服务	1. 能够积极配合销售部门开展工作; 2. 能够建立客户服务档案; 3. 能够跟踪及反馈售后服务质量; 4. 能够妥善处理客户投诉; 5. 能够与质量部门沟通产品质量信息并提出改善意见		
		营销成本管理	能够对营销作业成本进行正确的计算、分析和控制		

课后案例分析

珠海格力电器股份有限公司(以下简称"格力电器")成立于 1991 年,是一家多元化、科技型的全球工业制造集团,产业包括家用消费品和工业装备两大领域,拥有格力、TOSOT、晶弘三大消费品牌及凌达、凯邦、新元等工业品牌,产品远销 180 多个国家和地区。消费领域产品包括家用空调、暖通空调、冰箱、洗衣机、热水器、厨房电器、环境电器等;工业领域产品包括高端装备、精密模具、压缩机、电机、工业储能、新能源客车、新能源专用车等。格力电器自主研发、自主生产、自主销售、自主人才培养,创造具有中国特色的中国制造业企业发展

模式。从小企业演变成空调界的航母,从无人问津到纵横捭阖,格力电器以其不凡的市场业绩向世界证明自己的成功。蒙牛只是对定位进行了一定程度的有意识运用,就创造了近乎神话的高速增长奇迹;王老吉在短短的五六年间销售额从最初的 1 亿多元增长到 70 亿元。格力电器的发展尽管不能像蒙牛、王老吉那么神速,但格力电器稳扎稳打,求真务实,几十年如一日地将自己的品牌定位在空调领域,将自己打造成为"空调专家"的代名词。格力电器的成功源于自身对市场的正确认知和企业长期成功的市场营销。

从创办以来,格力电器一直致力于空调的研发,他们始终如一地将空调研发作为企业的核心科技,让竞争对手望其项背。在中国,以空调起家的企业不在少数,诸如春兰、夏普、上菱等几十家企业,但始终如一地把空调作为企业核心的唯有格力电器!如今的空调市场竞争越来越激烈,利益不断被进入该市场的竞争者瓜分,但是为什么格力电器在如此激烈的市场竞争中仍然能够保持如此稳健的步伐,并成为中国最大的空调销售企业?广告与推销对消费者的影响是十分明显的,"好空调,格力造"这句经典广告词营造了格力空调的卓越品质和简单时尚的强势品牌形象,高度的品牌化和专业化深入消费者的脑海。相对于格力电器,海尔、春兰等企业同样也是制造空调,但它们都呈现出自身的多元化发展趋势,没有将自己的绝大部分精力投入于空调的研发。现在的消费者更看重品牌与传播力,从心理学的角度来说,消费者心理也趋向于对品牌的认可,格力电器成功地打造了自身的品牌形象。2005 年,公司家用空调销量突破 1 000 万台/套,实现销售世界第一的目标。格力电器在成功实现"世界冠军"的目标后,又提出"打造精品企业、制造精品产品、创立精品品牌"战略,努力实践"弘扬工业精神,追求完美质量,提供专业服务,创造舒适环境"的崇高使命。

格力电器作为中国空调的领跑者,始终将质量放在第一位,这不是格力成为品牌后就开始做到的,而是在早期的市场竞争中为了提高产品自身形象所种下的种子。早在 1999 年,我国出现了"凉夏",这对于空调企业来说是一次极大的冲击。很多厂商为了提高产品的销售量,不得不打起价格战,使空调价格一路下跌,产品的质量和售后服务无法得到切实有效的保证。然而,格力电器并没有盲且地跟风,格力电器的领导层做出一个极其重要的决定:宁可失去市场,也要保证产品的质量。这一举措很快就得到了市场的认可,并在广大消费者的心中形成了良好的口碑。

格力空调非常注重空调核心技术的研发,把新型高效节能环保家用空调和中央空调产品作为重点研发对象。作为制冷设备研发制造的先行者,格力电器一直以国家"节能环保"政策为导向,致力于国内制冷行业节能环保技术的发展,在制冷设备环保制冷剂替代技术、新型换热器研究、变频控制技术等方面取得了大批成果。在节能环保制冷设备共性技术研究上推进了上下游产业链的一体化,为我国节能环保制冷技术的进步和推广应用发挥了重要的作用。

【讨论分析】

1. 格力电器在发展过程中采用了哪种营销观念?这些营销观念对格力电器的发展有什么影响?

2. 说说你对营销观念的理解,企业掌握营销观念有什么意义?

实训操作项目

实训操作 1　物流企业初调查

查找两家国内知名的物流企业,对其物流服务项目做对比分析,形成文字分析报告,并在班级中介绍分析结论。

图 1-4 中的物流企业可供参考(不限于以下企业)。

图 1-4　物流企业

实训操作 2　自我心理突破——跨越难堪

【实训目标】

(1) 培养在众人面前敢于讲话的能力。

(2) 克服心理障碍,增强自信和勇气。

【实训内容与组织】

(1) 按照实训目标要求,结合学生的特点,选择设计在众多陌生人面前做宣讲或表演的训练项目,注意所选行为要有积极意义。

注意:必须是在众多陌生人面前做宣讲或表演的。

建议采用的训练项目如下。

① 在人流较多的教学楼大厅,组织同学进行公开宣讲,如自我推销。

② 在校园中选择陌生人较多的场所组织公开宣讲或需要每个人独立表现的公益或文艺活动。

③ 同企业联系,站在商场大厅向消费者宣传消费知识或推销一种产品等。

④ 到社会上组织一些能够使每位同学获得心理训练的公益活动等。

（2）注重思想发动，在统一认识的基础上，实地践行。

【具体做法】

（1）组织研讨。先让同学深切认识到心理训练的必要性，通过潜能开发等形式实现认识上的突破，使同学产生强烈的参与欲望。

（2）明确组织形式。既可以小组为单位，每组 6～8 人，由小组成员推荐的组长主持，也可以全班集中进行，但每个人都必须当着陌生人公开宣讲。

（3）具体实施。教师协助班级主持人或组长做好策划与设计，训练一定要注重实效，切实可行，由班级主持人或组长组织进行心理突破实地践行，并做好详细记录(有条件的可采用录像的形式)。

（4）要指导学生认真实施，并注意能够实行有效考核。教师与主持者一定要注意现场氛围的营造，使每一位同学都能产生强烈的参与意识、表现冲动，以克服畏惧、怯场心理，真正实现自我突破。

【成果与检测】

（1）每位同学都要写一份简要的训练报告。

（2）教师对每位同学的表现进行评议，并分析成功与不足。

（3）教师给各位同学与小组打分，也可小组间互评。

物流营销环境与市场分析

知识目标

(1) 明确物流市场营销环境的含义，了解物流市场营销环境的构成。

(2) 了解物流微观营销环境与物流宏观营销环境对物流营销活动的影响。

(3) 了解市场营销信息的功能、含义和类型。

(4) 掌握营销信息系统的含义和构成。

(5) 理解市场营销调查的含义、类型和作用。

(6) 了解市场营销预测与决策的含义、过程和类型。

(7) 明确物流市场的主要需求情况。

(8) 掌握物流消费者购买过程。

(9) 了解影响物流消费者购买行为的主要因素。

能力目标

(1) 学会运用 SWOT 分析法，知晓如何应对物流市场环境的变化。

(2) 明确物流企业如何制定营销组合去适应物流营销环境。

(3) 提高综合分析能力，在生活中可以运用市场营销信息分析现象。

(4) 能够进行物流消费者购买决策过程剖析，并能够给出各阶段应采取的营销对策。

(5) 能够分析物流消费者的购买行为及购买心理。

课程思政

(1) 培育社会主义核心价值观。

(2) 使学生学会运用辩证思维把握社会现象与本质。

(3) 培养学生的家国情怀、国际视野和民族使命担当精神。

任务 2.1　物流营销环境分析

案例导入

亚马孙曾经是全球最大规模的电子商务网站，2004 年亚马孙收购中国卓越网，开始进入中国。但是多年来，亚马孙在中国一直不温不火，知名度赶不上京东这些本土电商。

综合来讲，亚马孙被人诟病的主要有这样几点：埋头技术，营销赢弱，对中国电子商务市场判断后知后觉;页面设置照搬西方模式,产品分类、显示不符合中国消费者页面阅读习惯;物流速度慢,赶不上京东等网站,在竞争中再度落后;启用外籍高管,中国团队与外籍管理层存在不信任,沟通效率低下的情况;在大数据、云竞争等传统技术强项上,面临阿里等本土电商的强力竞争。

与此类似的还有很多,如雅虎、谷歌、eBay、Uber等,无一不是灰头土脸地退出中国。

➡ 营销启示

为何国外的互联网企业总是在中国遭遇"滑铁卢"?总体来说主要是对互联网在中国的发展情况估计不足,对市场环境研究不足,导致"水土不服",究其原因主要如下。

(1)对中国市场研究不够深入。中国消费者大多钟情于免费的互联网模式,而国外盛行的收费模式在中国很难打开市场。另外,中国消费者对物流要求很高,外国人总也想不明白,为什么中国人总是那么急躁,总是希望上午下单,下午就收到货。外国企业对中国政策的研究也不够深入,某些企业屡屡触犯中国政策红线。

(2)文化和习惯格格不入。比如,中国用户最纠结的要算是这些外国企业最引以为豪的页面了,但这不符合中国人的使用习惯,用户在使用时往往这个功能找不到,那个功能也找不到,需要的功能没有,用不到的功能一大堆,导致用户流失。

2.1.1 物流营销环境基本认知

1. 物流营销环境的概念

环境是企业的生存空间,对环境的侦察是制定企业战略的关键一步。侦测环境的目的是"知彼",即商机、需求在哪里?威胁问题有哪些?这样才能"成竹"在胸,"胜券"在握,所以物流环境同样也是企业生存发展的土壤和条件。从系统论的角度看,企业是一个开放系统,是从属于某个特定的社会乃至世界这一更大系统的子系统,影响和制约企业物流生产经营活动的外部诸种因素的集合为物流环境。

企业的各种活动都是在不断变化的环境中进行的。对于从事物流活动的企业而言,物流企业营销活动既受外部环境的制约,也受物流企业内部环境的影响,因此,关注企业物流营销环境尤为重要。识别外部物流环境中的机会与威胁,内部物流环境中的优势与劣势,是合格的物流营销人员必须掌握的知识。作为专业的物流营销人员,应能够利用外部机会与内部优势,合理规避外部威胁与内部劣势,为物流企业未来的物流营销战略与营销策略的选择提供合理的理论依据。

菲利普·科特勒认为:"营销环境由营销以外的那些能够影响与目标顾客建立和维持成功关系的营销管理能力的参与者和各种力量所组成。营销环境同时提供机会和威胁。"

基于不同的标准,我们可以将物流营销环境进行分类。菲利普·科特勒认为,营销环境包括宏观环境和微观环境,宏观环境与微观环境之间是主从关系,微观环境受制于宏观环境。企业宏观环境是间接影响和制约企业营销活动的参与者和影响力,微观环境是直接影响和制约企业营销活动的参与者和影响力。企业所面对的物流营销环境,同样也可以分为宏观环境和微观环境,物流营销环境中宏观环境与微观环境的关系与菲利普·科特勒的观点相一致,如图 2-1 所示。

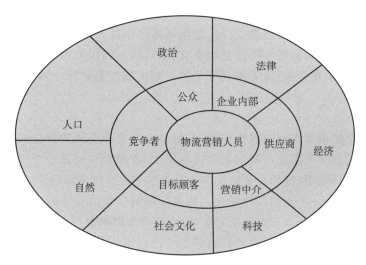

图 2-1　物流营销环境

按照现代系统论,环境是指系统边界以外所有因素的组合。故本书认为,物流营销环境包括企业外部物流环境和企业内部物流环境。外部物流环境包括宏观物流环境和中观物流环境,内部物流环境为企业微观物流环境,如图 2-2 所示。

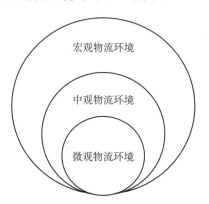

图 2-2　企业物流营销环境构架图

按照物流营销环境对企业物流营销活动的影响,可以分为有利的物流环境和不利的物流环境。按照物流营销环境对企业物流营销活动影响时间的长短,分为长期物流环境与短期物流环境。

2. 物流营销环境的特征

1) 客观性

物流营销环境是不以物流营销人员的意志为转移的,物流营销活动虽能认识、利用物流营销环境,但无法摆脱环境的制约,也无法控制物流营销环境。特别是企业的宏观物流环境,对于国家的相关物流政策和法规,不会因为某一个企业而改变,企业只能主动适应物流环境的变化和要求,不断调整企业物流营销战略与策略。例如,随着"限塑令"的出台,企业需要对物流包装的材料进行改良,如若不然,企业将面临巨额的罚款甚至影响企业的经营业绩。

2）差异性

不同的国家或地域，人口、经济、政治、文化环境存在很大的差异性，企业物流营销活动必然制定不同的物流营销策略。特别是社会文化环境，不同国家的发展历程孕育出不同的社会文化和习俗，对于企业而言，需要充分了解不同区域的差异性，进而进行相应的物流营销活动。

3）动态性

物流营销环境是由多方面的因素构成的，每一个因素都会随着社会经济的发展而不断变化。有的企业处在一个变化不确定的物流环境中，有的企业处在一个持续变化但变化本身比较平稳的物流环境中，有的企业则处在一个急剧变化的物流环境中。但无论如何，有一句话永远正确——"唯一不变的就是变化。"物流环境的变化给企业带来威胁，也带来机会。对企业而言，物流环境变化本身无所谓好坏，给企业带来影响的往往不是物流环境变化本身而是企业应对变化的方式。企业必须积极调整自己以适应物流环境的变化，否则就会非常被动。

4）相关性

各环境因素间是相互影响和相互制约的，某一环境因素的变化会引起其他因素的互动变化。企业的物流营销活动受多种环境因素的共同制约，对于竞争者而言，国家某项物流政策的出台会直接影响物流行业竞争者的多少，当更严格的政策出现，经营不佳的企业会选择退出市场，进而竞争减弱。例如，2009 年小排量汽车购置税减半优惠，导致汽车行业内生产小排量汽车的企业收益不断增加。由于小排量汽车税费的减免，有些企业在购置货运汽车时也在考虑小排量货车，但货车排量小也意味着货车载重吨数减少，装载量的减少与企业追求运输经济、车队整体运载量等一系列问题相矛盾。

2.1.2　物流营销宏观环境解读

物流营销宏观环境又称间接物流营销环境，是指对企业物流营销活动造成市场机会和环境威胁的因素，这些因素包括政治法律因素、经济因素、自然因素、科学技术因素、社会文化因素。分析物流营销宏观环境的目的在于更好地认识物流环境，通过企业物流营销活动来适应社会环境及变化，达到企业的营销目标。

1. 政治环境

政治环境是指企业从事物流营销活动的外部政治形势。一个国家的政局稳定与否，会给企业营销活动带来重大的影响。如果政局稳定，人民安居乐业，就会给企业物流营销营造良好的环境。相反，如果政局不稳、社会矛盾尖锐、秩序混乱，就会影响经济发展和市场的稳定。企业在物流营销中，特别是涉及对外贸易的物流活动中，一定要考虑东道国的政局变动和社会稳定情况可能造成的影响。

政治环境对企业物流营销活动的影响主要表现为国家政府所制定的方针政策，如人口政策、能源政策、物价政策、财政政策、货币政策等，都会对企业物流营销活动带来影响。例如，通过征收个人所得税调节消费者收入的差异，从而影响人们的购买行为；通过增加产品税，来抑制人们对某些商品的消费需求（如对香烟、酒等商品的增税）。

在国际贸易中，不同的国家也会制定一些相应的政策来干预外国企业在本国的物流营销活动，这些措施主要有：进口关税限制、税收政策、价格管制、外汇管制、国有化政策等。

法律环境是指国家或地方政府所颁布的各项法规、法令和条例等,它是企业物流营销活动的准则,企业只有依法进行各种营销活动,才能受到国家法律的有效保护。与企业相关的主要物流法律法规有:《中华人民共和国海商法》《水路货物运输规则》《铁路集装箱运输规则》《集装箱汽车运输规则》《中华人民共和国公路法》《汽车货物运输规则》《中华人民共和国铁路法》《铁路货物运输管理规则》《中华人民共和国航空法》《中国民用航空货物国际运输规则》《中华人民共和国合同法》《中华人民共和国商标法》《中华人民共和国专利法》《中华人民共和国广告法》《中华人民共和国食品卫生法》《中华人民共和国环境保护法》《中华人民共和国反不正当竞争法》《中华人民共和国消费者权益保护法》《中华人民共和国进出口商品检验法实施条例》等。企业物流营销的管理者只有熟悉相关法律条文,才能保证企业物流活动经营的合法性,才能运用法律武器来保护企业的合法权益。

另外,对从事国际营销活动的企业来说,不仅要遵守本国的法律制度,还要了解和遵守国外的法律制度及有关的国际法规、惯例和准则。与企业关系密切的国际物流法律法规有:《1924 年关于统一提单若干法律规定的国际公约》(简称《海牙规则》)、《联合国海上货物运输公约》(简称《汉堡规则》)、《国际公路货物运输合同公约》《国际公路车辆运输公约》《国际铁路货物联运协定》《国际铁路货物运输公约》《关于统一国际航空运输某些规则的公约》(简称《华沙公约》)、《修改 1929 年 10 月 12 日在华沙签订的统一国际航空运输某些规则的公约的议定书》(简称《海牙议定书》)、《统一非缔约承运人所办国际航空运输某些规则以补充体沙公约的公约》(简称《瓜达拉哈拉公约》)、《联合国国际货物多式联运公约》等。只有了解并掌握了不同国家的有关贸易政策及国际公约,才能制定有效的物流营销对策,在国际物流营销中争取主动。

2. 经济环境

经济环境是影响企业物流营销活动的主要环境因素,包括收入因素、消费支出、产业结构、经济增长率、货币供应量、银行利率、政府支出等因素,其中收入因素、消费支出对企业物流营销活动的影响较大。

1) 消费者收入分析

收入是构成市场的重要因素,因为市场规模的大小归根结底取决于消费者的购买力,而消费者的购买力取决于他们的收入。营销管理者研究消费者的收入,通常可以从以下五个方面进行分析。

(1) 国内生产总值。国内生产总值(GDP)是衡量一个国家经济实力与购买力的重要指标。国内生产总值增长越快,对商品的需求和购买力就越大;国内生产总值增长越慢,对商品的需求的购买力就越小。

(2) 人均收入。人均收入是用国内收入总量除以总人口的比值。这个指标大体反映了一个国家人民生活水平的高低,也在一定程度上决定了商品需求的构成。一般来说,人均收入增长,对商品的需求和购买力就大;人均收入降低,对商品的需求和购买力就小。

(3) 个人可支配收入。个人可支配收入是指在个人收入中扣除消费者个人缴纳的各种税款和交给政府的非商业性开支后剩余的部分。可用于消费或储蓄的那部分个人收入,构成实际购买力。个人可支配收入是影响消费者购买生活必需品的决定性因素。

(4) 个人可任意支配收入。个人可任意支配收入是指在个人可支配收入中减去消费者用于购买生活必需品的费用支出（如房租、贷款、食物、水电、交通、通信等项开支）后剩余的部分。这部分收入是消费需求变化中最活跃的因素，也是企业开展营销活动时所要考虑的主要对象。这部分收入一般用于购买高档耐用消费品、娱乐、教育、旅游等。

（5）家庭收入。家庭收入的高低会影响很多产品的市场需求。一般来讲，家庭收入高，对消费品需求大，购买力也大；反之，需求小，购买力也小。另外，要注意分析消费者实际收入的变化。在通货膨胀条件下，货币收入和实际收入会不一致，货币收入增加，实际收入可能下降。

2）消费者支出分析

随着消费者收入的变化，消费者支出模式也会发生相应变化，致使一个国家或地区的消费结构发生变化。西方经济学通常用恩格尔系数来反映这种变化。

19世纪德国统计学家恩格尔根据统计资料得出消费结构变化之间的规律。恩格尔所揭示的这种消费结构的变化通常用恩格尔系数来表示，即

$$恩格尔系数＝食品支出金额÷家庭消费支出总金额$$

恩格尔系数越小，食品支出所占比重越小，表明生活富裕，生活质量高；恩格尔系数越大，食品支出所占比重越高，表明生活贫困，生活质量低。

恩格尔系数是衡量一个国家、地区、城市、家庭生活水平高低的重要参数。根据联合国粮农组织提出的标准，恩格尔系数在59％以上为贫困，50％～59％为温饱，40％～50％为小康，30％～40％为富裕，低于30％为最富裕。企业由恩格尔系数可以了解目前市场的消费水平，也可以推知今后消费变化的趋势及对企业营销活动的影响（表2-1）。

表 2-1 我国近年恩格尔系数情况

年度	城镇系数	城镇水平	农村系数	农村水平
2017	28.6	最富裕	31.2	富裕
2018	27.7	最富裕	30.1	富裕
2019	27.6	最富裕	30.0	富裕
2020	29.2	最富裕	32.7	富裕

3）消费者储蓄分析

消费者的储蓄行为直接制约着市场消费量购买的大小。当收入一定时，如果储蓄增多，现实购买量就减少；如果用于储蓄的收入减少，现实购买量就增加。

居民储蓄倾向会受利率、物价等因素变化的影响。人们的储蓄目的是不同的，有的是为了养老，有的是为未来的购买而积累，当然储蓄的最终目的主要也是为了消费。企业应关注居民储蓄的增减变化，了解居民储蓄的不同动机，制定相应的营销策略，获取更多的商机。

4）消费者信贷分析

消费者信贷也称信用消费，是指消费者凭信用先取得商品的使用权，然后按期归还贷款，完成商品购买的一种方式，比如银行按揭购房或银行按揭购车。

信用消费允许人们购买超过自己现实购买力的商品，创造了更多的消费需求。随着我国商品经济的日益发达，人们的消费观念大为改变，信贷消费方式在我国也逐步开展起来。值得注意的是，过度消费信贷也会带来风险，美国次贷风波就是信贷危机导致的。

3. 自然环境

自然环境是指自然界提供给人类各种形式的资源,如阳光、空气、水、森林、土地等。随着人类社会的进步和科学技术的发展,工业化进程加速,一方面创造了丰富的物质财富,满足了人们日益增长的物质需求;另一方面也造成资源短缺、环境污染等问题。从 20 世纪 60 年代起,世界各国开始关注经济发展对自然环境的影响,成立了许多环境保护组织,促使国家政府加强环境保护的立法。这些问题都对企业物流营销提出了挑战。对从事物流营销的管理者来说,应该关注自然环境变化的趋势,并从中分析企业物流营销的机会和威胁,制定相应的对策。

1) 自然资源分析

自然资源可分为两类,一类为可再生资源,如森林、农作物等,可以被再次生产出来,但必须防止过度采伐森林和侵占耕地。另一类为不可再生资源,如石油、煤炭、银、锡、铀等,这种资源蕴藏量有限,由于人类的大量开采,有的矿产已处于枯竭的边缘。自然资源短缺,使企业原材料价格大涨、生产成本大幅度上升,这又迫使企业研究更合理地利用资源的方法,开发新的资源和代用品,这些又为企业提供了新的资源和营销机会。

2) 环境污染分析

工业化、城镇化的发展导致环境污染问题日趋严重。环境污染问题已引起各国政府和公众的密切关注,这对企业的发展是一种压力和约束,要求企业为治理环境污染付出一定的代价,但同时也为企业提供了新的营销机会,促使企业研究控制污染技术,兴建绿色工程,生产绿色产品,开发环保包装。

3) 政府干预分析

自然资源短缺和环境污染加重的问题,使各国政府加强了对环境保护的干预,颁布了一系列有关环保的政策法规。政府对自然资源加强干预,往往与企业的经营效益相矛盾。例如,为了控制污染,政府要求企业购置昂贵的控制污染的设备,这势必会影响企业的经营效益,但企业必须以大局为重,要对社会负责,对子孙后代负责,加强环保意识,在物流营销过程中自觉遵守环保法令,担负起环境保护的社会责任。企业可以通过产业结构调整与合理布局,发展高新技术,实行清洁生产和文明消费,协调环境与发展的关系,注重发展绿色物流、绿色营销。

4. 科学技术环境

科技环境是社会生产力中最活跃的因素,它影响着人类社会的历史进程和社会生活的方方面面,对企业营销活动的影响也比较明显。现代科学技术突飞猛进,科技发展对企业营销活动的影响表现在以下几个方面。

1) 科技发展促进社会经济结构的调整

有人说,技术是一种"创造性的毁灭力量"。因为每一种新技术的出现、推广都会给有些企业带来新的市场机会,导致新行业的出现,同时,也会给某些行业、企业造成威胁,使这些行业、企业受到冲击甚至被淘汰。例如,塑料业的发展在一度上对钢铁业造成了威胁,许多塑料制品成为钢铁产品的代用品;激光唱片技术的出现,夺走了磁带的市场;大量起用自动化设备,导致出现了许多新行业,包括新工具维修、电脑教育、信息处理、自动化控制、光导通信、遗传工程等。

2）新技术影响零售商业结构和消费习惯

新技术会影响零售商业结构和购物人的消费习惯。随着多媒体和网络技术的发展，"网上购物"等新型购买方式逐步流行。人们可以在家中通过网络订购车票、预订宾馆房间、订花，甚至订餐。企业也可以利用网络进行广告宣传、网络调研和网络营销。网络直接影响着零售商业结构，电子商务已成为商业活动的主要交易方式，企业为网络营销活动配套的物流服务便成为企业与买家交易的标配。

3）科技发展影响企业营销组合策略的创新

科技发展使新产品不断涌现，产品寿命周期明显缩短，要求企业必须关注新产品的开发，加速产品的更新换代。科技的发展和运用降低了产品成本，使产品价格下降，要求企业快速掌握价格信息，及时做好价格调整工作。科技发展促进流通方式的现代化，要求企业采用顾客自我服务和各种直销方式。科技发展使广告媒体多样化，信息传播快速化，市场范围更加广阔，促销方式更加灵活。为此，要求企业不断分析科技发展趋势，创新营销组合策略，适应市场营销的新变化。

4）科技发展促进企业营销管理的现代化

科技发展为企业营销管理现代化提供了必要的技术与装备，如电脑网络、网络办公、传真机、射频扫描设备、光纤通信等设备的广泛运用，对改善企业营销管理、实现企业现代化发挥了重要的作用。同时，科技发展对企业营销管理人员也提出了更高的要求，促使其更新观念，掌握现代化管理理论和方法，不断提高营销管理水平。

5. 社会文化环境

社会文化环境是指一个国家或地区长期形成的价值观、宗教信仰、风俗习惯、道德规范等的总和。企业总是处于一定的社会文化环境中，企业物流营销活动必然受到所在社会文化环境的影响和制约。为此，企业营销管理者应了解和分析社会文化环境，针对不同的文化环境制定不同的物流营销策略，开展不同的营销活动。社会文化环境分析包括以下几个方面。

1）教育状况分析

消费者受教育程度的高低，影响消费者对商品功能、款式、包装和服务要求的差异性。通常文化教育水平高的国家或地区的消费者要求商品包装典雅华贵，对附加功能也有一定的要求。因此企业开展的市场开发、产品定价和促销等活动都要考虑到消费者所受教育程度的高低，采取不同的物流营销策略。

2）宗教信仰分析

宗教是构成社会文化的重要因素，也是影响人们消费行为的重要因素之一。不同宗教在思想观念、生活方式、宗教活动、禁忌等方面各有其特殊的传统，某些宗教组织甚至在教徒购买决策中有着决定性的影响，这将直接影响宗教人群的消费习惯和消费需求。企业在物流营销活动中要注意不同的宗教信仰，尊重宗教信仰，以避免由于矛盾和冲突给企业营销活动带来的损失。

3）价值观念分析

价值观念是指人们对社会生活中各种事物的态度和看法。不同文化背景下，人们的价值观念往往有着很大的差异，消费者对商品的色彩、标识、式样以及促销方式都有自己褒贬不同的意见和态度。企业物流营销必须根据消费者不同的价值观念来设计与提供服务。

4) 消费习俗分析

消费习俗是指人们在长期经济与社会活动中所形成的一种消费方式与习惯。不同的国家、不同的民族有着不同的社会习俗和道德观念,从而影响人们的消费方式和购买偏好,进而影响企业的经营方式。如西方国家的人们以超前性、享受性消费为主流,而我国人民长期以来形成储蓄的习惯,注重商品的实用性。另外,每个国家或地区都有自己的禁忌,营销管理者应做到"入国问禁"、入乡随俗。因此,企业物流营销人员应考虑不同国家不同民族的传统习俗与禁忌,做出有针对性的营销决策。

5) 人口因素

人口是构成市场的首要因素。市场是由有购买欲望同时又有购买能力的人构成的,人口的多少直接影响市场的潜在容量。从影响消费需求的角度来看,人口分析的内容主要包括:人口总量、年龄结构、地理分布、家庭组成、性别比例等。

目前我国人口的特点主要表现在:人口数量总体增长趋缓;人口出生率逐步下降,儿童数量减少;人口趋于老龄化,逐渐进入老龄社会;家庭结构趋于小型化;人口集中分布在东南沿海区域,人口流动方向由北向南、由农村向城市;大龄未婚青年增多,导致非家庭住户增多。

2.1.3　营销中观环境解读

1. 行业竞争状况

行业环境是根据企业所处的行业来思考的环境。行业泛指由于产品类似而相互竞争、满足同类的购买需求的一组企业。行业环境分析的任务是:探究某行业长期利润潜力的来源及状况,发现影响该行业吸引力的相关因素,以确定企业进行行业选择的范围和风险。

波特的《竞争战略》一书,从产业组织理论的角度出发,认为在每一个产业中都存在五种基本竞争力量,即潜在进入者、替代品、购买者、供应者与现有竞争者之间的抗衡。

在一个产业中,这五种力量共同决定产业竞争的强度以及产业利润率,最强的一种或几种力量占据着统治地位,并且从战略形成角度来看其起着关键性作用。

2. 供应商

供应商是指为企业生产提供所需原材料、辅助材料、设备、能源、劳务、资金等资源的供货单位。这些资源的变化直接影响到企业产品的产量、质量以及利润,进而影响企业营销计划和营销目标的完成。供应商分析的内容主要包括以下几个方面。

1) 供货的及时性和稳定性

原材料、零部件、能源及机器设备等货源保证供应,是企业所有营销活动顺利进行的前提。如汽车制造公司不仅需要发动机、变速箱、底盘等零配件来进行装配,还需要设备、能源作为生产手段与要素,任何一个环节在供应上出现了问题,都会导致企业的生产活动无法正常开展。为此,企业为了在时间上和连续性上保证得到货源的供应,就必须和供应商保持良好的关系,必须及时了解和掌握供应商的情况,分析其状况和变化。

2) 供货的价格变化

供应价格变化会直接影响企业整体的生产成本。如果上游供应商提高原材料或服务价格,必然会导致生产企业整体成本的上升,生产企业如果提高产品价格或服务价格,可能会影响销售业绩。如果价格不变，企业的利润则会减少。因此，企业应密切关注和分析供应商货物及服务价格变化趋势，以便积极应对。

3）供货的质量保证

供应商能否供应质量可靠的生产资料及服务，将直接影响企业产品的质量，从而进一步影响产品的销售量、企业利润及信誉。例如，劣质液晶屏不能生产出图像清晰、亮丽的电视，劣质水泥同样不能建成坚实的高楼大厦，物流供应商提供的物流服务不及时会影响企业正常生产的进度。因此，企业应了解供应商所提供的产品或服务，分析其质量标准是否符合自己的生产质量要求。

3. 竞争者

在商品经济条件下，任何企业在目标市场进行营销活动时，不可避免地会遇到竞争对手的挑战。即使在某个市场上没有直接竞争对手，也会有潜在竞争对手的存在。竞争对手的营销策略及营销活动的变化，如产品价格、广告宣传、促销手段的变化，以及产品的开发、销售服务的加强等都会直接影响企业的营销状况。因此，企业在制定营销策略前必须先弄清竞争对手，特别是同行业竞争对手的生产经营状况，做到知己知彼，有效地开展营销活动。

竞争者分析的内容主要包括：行业内竞争企业的数量，竞争企业的规模和能力，竞争企业对竞争产品的依赖程度，竞争企业所采取的营销策略，竞争企业供应渠道及销售渠道等。

4. 顾客

顾客是指使用或接受企业最终产品或服务的消费者或用户，是企业营销活动的最终目标市场，也是营销活动的出发点和归宿。顾客是市场的主体，任何企业的产品或服务，只有得到了顾客的认可，才能赢得这个市场，现代营销强调把满足顾客需求作为企业营销管理的核心。

为便于深入研究各类市场的特点，国内顾客市场按购买动机可分为四种类型，即消费者市场、生产者市场、中间商市场和政府市场。消费者市场是指为满足个人或家庭消费需求购买产品或服务的个人和家庭；生产者市场是指为生产其他产品或服务，以赚取利润而购买产品或服务的组织；中间商市场是指购买产品或服务以转售，从中盈利的组织；政府市场是指购买产品或服务，以提供公共服务或把这些产品及服务转让给其他需要的人的政府机构。

各类市场都有其独特的顾客，他们有不同的需求，要求企业以不同的方式提供相应的产品或服务，从而影响企业营销决策的制定和服务能力的形成。为此，企业要注重对顾客进行研究，分析顾客的需求规模、需求结构、需求心理以及购买特点，这是企业营销活动的起点和前提。

5. 公众

社会公众是指对企业营销活动有实际或潜在利害关系的团体或个人，如媒体公众、政府公众、社团公众、社区公众、一般公众及企业内部公众等。企业面对广大公众的态度，会帮助或妨碍企业营销活动的正常开展。因此，企业应采取积极措施，树立良好的企业形象，力求保持和主要公众之间的良好关系。

2.1.4 物流营销微观环境解读

物流微观环境重点是衡量企业的五大能力。企业能力是指企业配置资源,发挥其生产和竞争作用的能力。企业能力来源于企业有形资源、无形资源和组织资源的整合,是企业各种资源有机组合的结果。

1. 生产能力

生产能力是指在计划期内,企业参与生产的全部固定资产,在既定的组织技术条件下,所能生产的最大产品数量,或者能够处理的原材料数量。生产能力是反映企业所拥有的加工能力的一个技术参数,它也可以反映企业的生产规模。总之,生产能力是反映企业生产可能性的一个重要指标。

生产能力涉及五个方面,即生产过程、生产能力、库存管理、人力管理和质量管理。

2. 组织管理能力

组织管理能力主要从以下几个方面进行衡量。

(1) 职能管理体系的任务分工。

(2) 岗位责任。

(3) 集权和分权的情况。

(4) 组织结构(直线职能、事业部等)。

(5) 管理层次和管理范围的匹配。

3. 市场营销能力

市场营销能力是适应市场变化,引导消费,争取竞争优势,实现经营目标的能力,是企业的决策能力、应变能力、竞争能力和销售能力的综合体现。市场营销能力是决定企业经营成果优劣的关键。

企业的市场营销能力可分为以下三种能力:产品竞争能力、销售活动能力和市场决策能力。三种能力自成系统,又紧密联系、相互影响。

4. 财务能力

企业的财务能力是企业施加于财务可控资源的作用力,指企业所拥有的财务资源和所积累的财务学识的有机组合体,是企业综合实力的反映和企业活力的价值体现。同时,企业财务能力是企业能力系统的有机组成部分,它是由各种与财务有关的能力所构成的一个企业能力子系统。

企业的财务能力主要涉及两个方面:一是筹集资金的能力;二是使用和管理所筹集资金的能力。

5. 研发能力

所谓企业的研发能力,是指企业能否在掌握现有科学技术知识的基础上,把握市场需求,找到问题,确定选题,并组织人力、物力解决问题的能力。研发能力是创新资源投入积累的结果。

对于引进技术而言,可以把消化吸收后的创新活动视为研发活动,相应的,把消化吸收后的再创新能力作为研发能力的衡量指标之一。

企业的研发能力主要从研发计划、研发组织、研发过程和研发效果几个方面进行衡量。

6. 核心能力

核心能力理论是美国战略学家普拉哈拉德(C. K. Frahalad)和加里·哈默尔(Gary Hamel)等人于1990年提出的,他们在《哈佛商业评论》上发表了《公司核心能力》一文,于是"核心能力说"在企业界得到广泛应用。核心能力是所有能力中最核心、最根本的部分,它可以通过向外辐射并作用于其他能力,影响着其他能力的发挥和效果。所谓核心能力,就是企业在具有重要竞争意义的经营活动中能够比其竞争对手做得更好的能力。

企业的核心能力可以是优秀技能,也可以是技术诀窍、生产技能的组合。从总体上讲,核心能力的产生是企业中各个不同部分有效合作的结果,也就是各种资源整合的结果。

企业的能力应同时满足以下三个关键测试才可称为核心能力。

(1) 它对顾客是否有价值?

(2) 它与企业竞争对手相比是否有优势?

(3) 它是否很难被模仿或复制?

2.1.5　物流营销环境分析应用

物流营销环境
分析应用

1. SWOT 基本原理

SWOT 分析是一种综合考虑企业内部条件和外部环境的各种因素,进行系统评价,从而选择最佳经营战略的方法。S(strengths)、W(weaknesses)、O(opportunities)、T(threats),这种方法同样适用于对企业物流营销环境展开分析。

所谓 SWOT 分析,就是将与研究对象密切相关的各种主要内部优势、劣势和外部的机会和威胁等,通过调查列举出来,并依照矩阵形式排列,然后用系统分析的思想,把各种因素相互匹配起来加以分析,从中得出相应的结论。SWOT 分析法常常被用于制定集团发展战略和分析竞争对手情况。在战略分析中,SWOT 是常用的方法之一。S、W 是内部因素,O、T 是外部因素。按照企业竞争战略的完整概念,战略应是一个企业"能够做的"(即企业的优势与劣势)和"可能做的"(即环境的机会和威胁)之间的有机组合。

从整体上看,SWOT 可以分为两部分:第一部分为 S、W,主要用来分析内部条件;第二部分为 O、T,主要用来分析外部条件。利用这种方法可以从中找出对自己有利的、值得发扬的因素,以及对自己不利的、要避开的因素,发现存在的问题,找出解决的办法,并明确以后的发展方向,为领导者和管理者做决策和规划提供依据(图 2-3)。

优势	劣势
■……	■……
■……	■……
■……	■……
机会	威胁
■……	■……
■……	■……
■……	■……

图 2-3　SWOT 分析

2. SWOT 分析的应用

SWOT 分析中最核心的部分是评价企业的优势和劣势,判断企业所面临的机会和威胁并做出决策,即在企业现有的内外部环境下,如何最优地运用自己的资源,并且考虑建立公司未来的资源(图 2-4)。

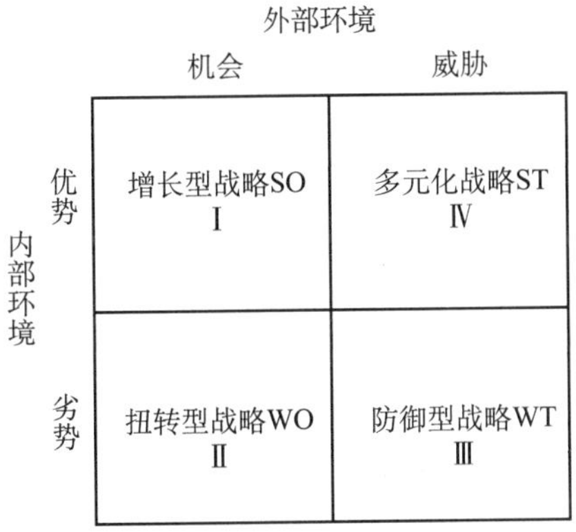

外部环境

	机会	威胁
优势	增长型战略SO Ⅰ	多元化战略ST Ⅳ
劣势	扭转型战略WO Ⅱ	防御型战略WT Ⅲ

内部环境

图 2-4　SWOT 战略选择

第Ⅰ类型的企业具有很好的内部优势以及众多的外部机会,应当采取增长型战略,如开发市场、增加产量等。

第Ⅱ类型的企业面临着巨大的外部机会,却受到内部劣势的限制,应采用扭转型战略,充分利用环境带来的机会,设法清除劣势。

第Ⅲ类型的企业内部存在劣势,外部面临强大威胁,应采用防御型战略,进行业务调整,设法避开威胁和消除劣势。

第Ⅳ类型的企业具有一定的内部优势,但外部环境存在威胁,应采取多种经营战略,利用自己的优势,在多样化经营上寻找长期发展的机会,或进一步增强自身竞争优势,以对抗竞争对手的威胁。

课后案例分析

德邦物流的 SWOT 分析

随着我国经济发展进入新常态,物流业作为重要的服务产业,将面临从追求规模速度增长向追求质量效益提升的转变,做优存量、推动行业提质增效的要求使信息化、智能化、平台化、一体化、自动化成为现代物流行业发展的必然趋势。世界已进入到全球连接的时代,全球物流体系是中国连接各国、各地区的物流服务体系。未来,更应牢牢把握全球化和国际格局变化的新特点,以"一带一路"建设为契机,构建全球物流和供应链服务体系。中国物流市场规模逐渐扩大,供应链的成熟与否决定着社会生产制造的运营成本,是实现物流业降本增效的一个重点。

新时代下,传统物流企业必须深入端到端的供应链运营与管理,要以供应链服务模式形成新型组织模式,调整传统的商业模式,对供应链各环节进行优化,这样才能为用户持续带来价值。随着物流企业、无人驾驶技术企业、主机厂三方的有力合作,无人驾驶技术将助力智慧物流的智能化、无人化转型,解决目前行业普遍的司机作业环境待改善、提高交通安全系数,大幅降低成本等问题,进而重塑干线物流运输的市场业态。未来几年,数字化将成为每一个中大型国际供应链物流企业的标配,成为企业创新突破的着力点。

网络信息技术升级带动行业新技术、新业态不断涌现。随着信息技术和供应链管理不断发展并在物流业得到广泛运用,通过物联网、云计算等现代信息技术,实现货物运输过程的自动化运作和高效化管理,提高物流行业的智能化,降低成本、减少自然资源和市场资源的消耗、实现智能物流,成为行业的普遍共识。

德邦物流创建于1996年,以大件快递为核心业务,是涉及快运、整车、仓储与供应链等多元业务的综合性快递、物流供应商,为跨行业的客户提供综合性的快递、物流选择。截至2020年上半年末,德邦股份共有网点30 081个,其中公司直营网点数量达到7 207个,合伙人网点数量达到2 629个,服务店数量20 245个,目前已经基本实现全国县级及以上城市的全部覆盖,乡镇覆盖率达到94.10%。另外,德邦股份还致力于打造前瞻性的信息平台以促进管理和业务的持续优化,并使之成为公司核心竞争力之一。

另外,在"小、散、乱"的快运市场,德邦物流凭借精准快运产品抢占中高端市场,依托全国性的直营网络向客户提供标准化的产品和高品质的服务。2004年,公司推出行业内第一个精准产品"卡车航班",凭借"空运速度,汽运价格"的显著优势迅速占领零担物流中高端市场,奠定了公司在国内公路零担领域的强者地位。

2019年8月19日,《中国消费者报》以标题"15万元包裹被当垃圾销毁只赔300元? 德邦快递回应"进行报道:8月5日,辽宁的李女士花费400多元,通过德邦快递寄出一个总重量超过27千克的包裹,可等到8月14日包裹也一直没到。李女士赶紧上网查询,却发现包裹已经被签收了,并送至回收厂处理。针对该事件德邦快递没有任何道歉,并且告诉李女士,只能按保价赔付300元。2021年6月22日,国家邮政局市场监管司就违法收寄危险违禁物品对德邦物流股份有限公司进行监管约谈。约谈要求,德邦快递要举一反三,深刻吸取教训,严格责任,坚守底线,全力保障人民群众生命和财产安全。

资料来源:2022—2026年中国物流行业竞争格局及发展趋势预测报告.

【讨论分析】

1. 结合以上信息并查阅相关资料,分析德邦物流企业的优势因素、劣势因素、环境机会、威胁因素。

2. 根据SWOT分析提出德邦物流的发展对策。

实训操作项目

SWOT分析能力训练

【实训目标】

(1) 培养认识企业SWOT环境的能力。

(2) 培养能运用SWOT分析方法评价企业的能力。

【实训内容】

运用所学理论方法,对所选产品或企业的经营环境进行评价分析,并用SWOT分析方法,对环境威胁与机会进行分析描述。

【实训要求】

(1) 将班级每五位同学分成一组,并确定一名负责人。

(2) 调查本地产品、企业、市场,搜集资料,寻找某产品或某企业的 SWOT 环境。

(3) 针对一家产品或企业进行 SWOT 分析评价。

【成果与检测】

(1) 各组撰写 SWOT 分析报告并提交给指导老师。

(2) 在班上进行现场交流讨论,分享各组的分析报告。

任务 2.2　物流市场营销信息获得

 案例导入

可口可乐的"新可乐"风波

1985 年,在美国可口可乐公司诞生百年纪念的前一年,可口可乐宣称改变了经典配方,推出"新可乐",从而引发轩然大波。这一切得从他们最大的竞争对手——百事可乐说起。

百事可乐比可口可乐晚出现 12 年。自诞生之初,就将可口可乐作为对标,有针对性地实施一系列的举措。百事可乐坚持陈列在可口可乐旁边,永远比可口可乐的量略大一些、永远比可口可乐低 5 美分……尤其是 20 世纪 30 年代,百事可乐推出同样价格但容量是可口可乐两倍的商品。此时正逢美国经济大萧条,百事可乐这款"加量不加价"的商品推出后大受欢迎,迅速抢占市场。1975 年,百事可乐在电视上直播一档节目"百事挑战",在盲眼测试的情况下,绝大多数的消费者认定百事可乐要比可口可乐味道更好。

这导致 20 世纪 80 年代初期的可乐战争里,可口可乐在输给百事可乐的边缘徘徊。百事可乐的市场份额持续攀升,而可口可乐的市场份额却不断缩减,从第二次世界大战后的 60% 跌落至 1983 年不足 24%。这个数据足以令可口可乐公司感到心痛和焦灼,也促使他们思索:更甜、更柔和的口感,真的更受消费者欢迎吗? 这个问题似乎很快就有了答案,当公司为 1982 年推出的健怡可乐(Diet Coca)开发独特配方时,在绝密的味觉测试中发现,甜味版本的可乐受欢迎的程度击败了可口可乐的经典版本,甚至还击败了百事可乐。这一测试震动了高管们,他们决定做一点冒险的尝试。

可口可乐高层在 1982 年启动了秘密项目"勘萨斯计划",出动超过 2 000 名市场调查员在美国超过 10 个城市进行调查,更改经典可乐的配方是否可行。在得到超过 85% 的支持后,可口可乐的高层仍然谨慎,投资 400 万美元,在全美范围进行超过 200 000 次的巨大规模味道测试,最终得到了一个令人欣喜的数据:新配方的受欢迎程度不仅比旧可乐要高,甚至一举打败了百事可乐。研究结果显示,在盲眼测试的前提下,新配方的受欢迎程度超过原配方 10%~15%,超过百事可乐 8%;在露出品牌的前提下,新可乐和百事可乐的受欢迎比甚

至达到了 61%比 39%。

这其中的确有反对的声音。有 10%～12%的人感到不安,其中一部分人声称,如果可口可乐改变配方,他们就再也不喝可乐了。同组被测试者们似乎也受到影响,出现这样评价的测试组,对新可乐的好评率都不约而同地降低。但这样微小的不和谐,在新配方优异的味觉测试数据面前不足以引起警觉。当时,可口可乐的首席执行官在可口可乐的职业生涯初期,曾通过略微调整饮料的口味提高了销售量。因此,他不仅坚定地支持可乐需要改变配方的想法,而且认为这场转变已经迫在眉睫。

1985 年 4 月 23 日,新可口可乐正式上市,并且宣布停产原配方的可乐,同时新可口可乐的容器带有"NEW!"的标签。但是新可口可乐上架后,公司每天开始接到 1 500 个愤怒的投诉电话,是以前的四倍,而且越演越烈。随着时间流逝,情况非但没有好转,反而越发严重。消费者们囤积旧可乐,导致旧可乐价格飞涨。在西雅图,愤怒的人们成立了"美国旧可乐爱好者联盟",将新可乐倒入下水道。联盟发起人甚至向可口可乐公司提起诉讼,打算以法律的手段逼迫其提供经典的可口可乐。

毫无疑问,实际情况与可口可乐高层之前笃信的口味测试数据也大不相同。调研时的那一丝不和谐被放大,支持者跌落至 13%。还受到巨大的舆论压力。人们几乎还没喝就打定主意"讨厌"新可乐。竞争对手的这一招坏棋对百事可乐来说宛如天降之喜,百事可乐在新可口可乐上市的当天给全体员工放了一天的假来庆祝自己的胜利"今天的事件表明,可口可乐承认自己不是真正的可乐",迅速发布了一系列以一个女孩为主角的商业广告并不断发问"有没有人告诉我为什么可乐要做这样的事? 为什么可乐变了",添油加醋地渲染着人们的愤怒。

为了及时止损,1985 年 7 月 11 日下午,可口可乐公司高管宣布,重新引入了可口可乐的原始配方,并将其更名为"经典可乐"。消费者们的情绪由愤怒转为宽恕,并立刻转为欢庆。公司热线再一次被打爆,两天就达到了 31 600 这个惊人的数字,但表达的情绪由愤怒和沮丧一举转变为赞美和感谢——在一次彻底的失去之后,人们发现了对经典可口可乐深刻的爱意。

资料来源:根据可口可乐公司官方新闻 The Story of One of the Most Memorable Marketing Blunders Ever 及 BBC 纪录片 The People vs. Coke(2002)整理.

➡ 营销启示

(1) 在现代市场经济的大潮中,任何企业的决策都离不开大量的市场营销信息的获得与分析。市场营销信息的获得与分析,是通过市场营销信息系统功能的发挥来实现的。

(2) 市场营销调查、市场营销预测与决策是搜集、整理和分析市场营销信息、做出营销决策的基础和依据。

(3) 市场营销调查、预测和决策的开展需要经过科学的步骤和程序,采用科学的方法。尽管如此,市场营销调查、预测与决策仍然具有不确定性,只能为营销决策提供参考,不能代替营销决策。

【思考】

1. 可口可乐为什么要开展"新可乐"的调查与测试,他们是如何开展的?

2. 可口可乐的"新可乐"测试为什么没有能够实现公司预期的目标?

2.2.1　物流市场营销信息认知

1. 市场营销信息的含义

市场营销信息属于经济信息范畴,是指在一定时间和条件下,与企业的市场营销有关的各种事物的存在方式、运动状态及其对接收者效用的综合反映。如年度市场营销环境的变化趋势、企业销售额的变化、企业的广告效果等。市场营销信息一般通过语言、文字、数据、符号等形式表现出来。

2. 物流市场营销信息的概念

物流市场营销信息,泛指与物流企业市场营销活动有关的各种内外环境的状态、特征以及发展变化的各种消息、情况、资料和数据的总称。物流市场营销信息涉及物流企业的各个层面和社会的各个方面。

3. 物流市场营销信息的功能

1) 物流市场营销信息是物流企业经营决策的前提和基础

物流企业营销过程中,无论是对于企业的营销目标、发展方向等战略问题的决策,还是对于物流企业的产品、定价、销售渠道、促销措施等战术问题的决策,都必须在准确地获取市场营销信息的基础上,才可能做出正确的决策。

2) 物流市场营销信息是制订企业营销计划的依据

在市场营销中,物流企业必须根据市场需求的变化,在营销决策的基础上,制订具体的营销计划,以确定实现营销目标的具体措施和途径。市场营销信息是物流企业制订计划的重要依据,不了解市场信息,就无法制订出符合实际需要的营销计划。

3) 物流市场营销信息是实现营销控制的必要条件

营销控制是指按照既定的营销目标,对物流企业的营销活动进行监督、检查,以保证营销目标实现的管理活动。由于市场环境的不断变化,物流企业在营销中必须随时注意市场的变化,进行信息反馈,以此为依据来修订营销计划,对物流企业的活动进行有效控制,使物流企业的营销活动能按照预期目标进行。

4) 市场营销信息是进行内外协调的依据

物流企业在营销活动中就是要不断收集市场营销信息,根据市场的变化和内部条件的变化,来协调内部条件、外部环境和企业营销目标之间的关系,使企业物流营销系统与外部环境系统之间、与各要素系统之间都能保持协调发展,以达到企业营销的最佳效果。

4. 物流市场营销信息的类型

1) 依据物流信息产生领域划分

依据物流信息产生领域的不同,物流市场营销信息可分为外部信息和内部信息。企业是市场环境的子系统,物流企业的外部信息来自市场环境的其他子系统的信息。与物流市场营销有关的外部信息主要包括政治信息、经济信息、科技信息、人口信息、社会信息、法律信息、文化信息、心理信息、生态信息、竞争信息等。物流企业的内部信息是指来自物流企业的各种报表、计划、记录、档案中有关营销方面的信息。

2) 依据决策的级别划分

依据决策的级别从高到低,物流市场营销信息可以分为战略信息、管理信息和作业信息。战略信息是指用于物流企业最高层领导对经营方针、目标等方面做出决策的有关信息。

管理信息是指物流企业一般管理人员在决策中所需要的信息。作业信息是指物流企业日常业务活动的信息,主要包括商品的生产和供应信息、商品的需求和销售信息、竞争者动态信息等。

3）依据物流信息的作用划分

依据物流信息产生的作用不同,物流市场营销信息可以分为计划信息、控制及作业信息、统计信息和支持信息。计划信息是指尚未实现的但已当作目标确认的一类信息。控制及作业信息指物流活动过程中发生的信息。统计信息是指在物流营销活动结束后,对整个物流活动进行总结、归纳的信息。支持信息是指能对物流营销计划、业务、操作有影响或有关文化、科技、产品、法律、教育、民俗等方面的信息。

4）依据物流信息发生的时间顺序划分

依据物流信息发生的时间顺序不同,物流市场营销信息可以分为先导信息、实时信息和滞后信息。先导信息是指信息产生的时间先于物流过程的信息。实时信息是指与物流活动同时发生的信息,现代信息技术可保证对运输的物品做到实时跟踪。滞后信息一般是指物流活动过程中反馈的信息。

此外,物流市场营销信息还可以根据信息表示方式的不同,分为文字信息和数据信息;根据信息的处理程度分为原始信息与加工信息;根据其稳定性分为固定信息和流动信息等。

2.2.2 物流营销信息系统认知

1. 营销信息系统的含义

企业的营销信息系统是一种由人员、设备、程序构成的,通过相互作用提供企业盈利所需信息的综合系统。它通过对信息的收集、分类、分析、评价和分配,为企业营销决策提供依据。营销信息系统分为传统的人工信息系统和以计算机为中心的现代信息系统两种。

传统的人工信息系统通过人工运用计算器、打字机、复印机、电话等工具来收集、处理、传递信息。它往往借助资料、报表、报告、账簿等物质载体来传递信息,通过企业人员组成营销信息系统。以计算机为中心的营销信息系统是由人使用计算机对输入的信息进行分析处理,以输出有用的信息。它通过计算机的相互连接来传递信息,形成营销信息系统。

2. 物流营销信息系统的含义

结合企业营销信息系统的概念,我们可以将物流营销信息系统理解为一个以人为主导,利用计算机硬件、软件、网络通信设备以及其他办公设备,对物流营销信息进行收集、传输、加工、存储、更新和维护,支持物流企业高层决策、中层控制、基层操作的集成化的人机系统。

3. 物流营销信息系统的构成

企业的物流营销信息系统由内部报告系统、市场情报系统、市场调研系统和市场分析系统四个子系统组成,通过四个运行要素的运作,完成信息的沟通。

1）内部报告系统

内部报告系统是反映物流企业内部目前经营状况的信息源。该系统主要提供有关物流企业经营结果的信息,包括销售额、现金流动、应收应付账款等方面的瞬时信息和动态信息。内部报告系统为企业进行科学的销售管理和客户管理,提高销售服务水平,降低销售成本,缩短销售服务周期提供依据。

2）市场情报系统

市场情报信息系统是有关企业外部宏观营销环境的发展变化的最新动态的提供者。该系统可以通过互联网及各种出版物、广告、资料等取得信息,也可以通过消费者、供应商、经销商、竞争者、内部员工等方面的反应来取得有关信息。

3)市场调研系统

市场调研系统是针对企业某一时期所出现的问题,或制定决策、计划的需要而对某些特定问题组织调查,提供所需信息资料的系统。市场调研系统主要包括:市场潜力调查、市场份额调查、市场特征调查、短期预测、长期预测、市场趋势研究等。

4)市场分析系统

市场分析系统属于决策支持系统的一部分,是通过对以上三个子系统所提供的信息资料的科学分析,根据一定的决策目的,为决策者提供量化分析结论,进而提出多种决策建议,供决策者参考、选择的系统。该系统借助统计库和模型库中一系列统计分析模型和营销决策模型进行运作,属于高级处理系统。

4. 物流营销系统的技术支持

目前已在物流领域得到广泛应用的技术主要包括互联网技术、电子数据交换(EDI)、条形码扫描技术、RFID 射频识别技术、人工智能专家系统、大数据技术、物联网技术等。

2.2.3 物流市场调查认知

1. 物流市场调查的含义和作用

1)物流市场调查的含义

物流市场调查是物流市场营销调查研究的简称,也被称为物流市场营销调研、物流市场调研、市场研究等。简而言之,物流市场调查的根本任务就是通过寻找和提供准确的信息来减少决策的不确定性。

物流市场调研一般从物流资源和物流市场需求两方面着手。物流资源调查主要考察企业所处的市场环境、市场上提供的物流基础设施设备、从事物流活动的相关从业人员、企业对信息技术资源的需求等。物流市场需求调查主要考察企业所处市场的需求、企业所需的客户资源、市场的产品服务类型及供应价格、市场总的物流流量与流向,以及竞争对手情报的调查与收集。

2)物流市场调查的作用

(1)及时了解市场,掌握市场信息。充实和完善物流营销信息系统,为企业编制经营计划、制定科学的经营决策提供依据。做任何一个决定,必须有事先的准备和调查。对于物流企业来说,要占领市场,把握市场,就要获得大量的市场信息。只有这样,企业才能科学决策,制定经营和发展目标。而实现这一切的手段就是要对物流市场展开调查。

(2)通过物流市场调查,可以更好地了解消费者,以便提供更好的产品和服务,从而更好地适应市场。物流企业的经营对象是广大的消费者,拥有广大的顾客是物流企业获利的关键。物流市场调查给消费者提供了一个表达自己意见的机会,他们能够把对产品或服务的意见、想法及时反馈给企业,企业由此加以改进,生产出让消费者满意的产品,让顾客获得更好的服务。可见,物流市场调查具有双向性,不仅有利于商家,更有利于顾客。

(3)促使物流企业改善经营管理,提高经济效益,进而占领市场。物流市场变化莫测,企业经营的风险性很高。由于消费者需求的多样性,物流市场日趋国际化、快速化,使市场不确定性增加,凭直觉和经验做出的分析缺乏可行性。物流企业要提高经济效益,必须进行物流市场研究，使企业的经营活动符合消费者的需求，以扩大市场占有率和经营利润。同时，对企业经营状况及物流市场环境展开调查，能够对企业的经营活动起到监测和预警作用，促进企业进一步提高经济效益。

（4）有利于企业开拓物流市场。企业要发展，仅立足于现有的市场是不够的，通过物流市场调查，去了解不同国家和地区的消费状况，是进入这些国家和地区的前提条件。企业要通过了解不同地区消费者的特点，提供针对特定地区消费人群的服务，开辟一片新的物流市场。这样，企业不会只局限于一个区域，经营规模将不断扩大，获利也就越来越多。

总之，搞好物流市场调查就是要使企业了解物流市场、适应物流市场、占领物流市场、开拓新的物流市场，使其在激烈的市场竞争中立于不败之地。

2. 物流市场调查的类型

从不同的角度，物流市场调查可以进行不同的划分。

1）按照调查对象的不同划分

按照调查对象的不同，物流市场调查可以分为全面调查和非全面调查两类。

全面调查是指对符合要求的调查对象进行逐一的、无遗漏的专门的调查，又称普查。全面调查的目的是了解市场一些重要的基本情况，以便对市场状况做出全面、准确的描述，从而为企业制订切实可行并且可靠的计划提供详细的信息。

非全面调查是从符合条件的调查对象中选择一部分来进行调查，选出的这一部分应该具有充分的代表性。非全面调查又可以分为典型调查、重点调查和抽样调查。

典型调查是指调查者为了某一特定目的从调查对象中选择具有典型意义或有代表性的样本所进行的一种专门性的非全面调查。典型调查的目的不是停留在对典型样本的认知上，而是通过典型样本来认识整体，由具有代表性的少数类推多数，通过对典型样本的调查来认识同类市场现象的总体规律及其本质。重点调查是指在调查总体中，针对选出的部分重点单位进行非全面调查。重点单位是指在总体中处于十分重要地位的单位，或者在调查总体中占绝大比重的单位。抽样调查是按照某种原则和程序，从总体中抽取一部分单位，通过对这一部分单位进行调查得到的信息，达到对总体情况的了解，或者对总体的有关参数进行估计。抽样调查具有工作量少、方法科学有效、调查结果可信度高等特点。

2）按照资料收集阶段采取的方法不同划分

按照资料收集时采取的方法不同，物流市场调查可以分为文案调查、实地调查和网络调查三种形式。

文案调查法是对现有的资料，包括历史的和现实的动态资料进行收集、整理，从而得出结论的一种调查方法，所收集的是已经加工过的二手资料。

实地调查法是运用科学的方法，实地收集资料数据，整理和分析有关数据的方法。实地调查法具体包括观察法、实验法和访问座谈法等。实地调查法收集的是原始的一手资料。

网络调查法是指调查人员通过互联网针对调查问题进行资料的搜集、整理与分析的方法。网络调查法既可以获得一手资料，也可以获得二手资料。

随着市场调查方法体系的发展，现代网络调查方法和传统的市场调查方法之间的界限变得越来越模糊，呈现出各类方法相互融合、共同发展的趋势。

3）按照调查的目的不同划分

按照调查的目的不同，物流市场调查可以分为探测性市场调查、描述性市场调查、因果性市场调查和预测性市场调查。

探测性市场调查是指企业对所要调查的问题不太清楚,无法确定需要调查哪些具体内容时实行的小规模试探性调查,是一种非正式调查。其主要目的是缩小问题范围,界定问题的性质并找出问题的症结。

描述性市场调查是比较深入、具体地反映调查对象全貌的调查。它需要回答出"是什么",因此调查前需要拟订调查方案,详细记录调查数据,统计分析得出调查结论。

因果性市场调查是指为了了解市场上出现的有关现象之间的因果关系而进行的调查。它所要回答的问题是"为什么",即为什么会有这种关系。通过因果性市场调查,可以弄清楚调查变量之间的关系和变化规律。

预测性市场调查是收集研究事物过去和现在的各种市场情报,对未来可能出现的变动趋势进行预测的市场调查,是一种推断性的调查。它是在描述性和因果性调查的基础上,对市场的未来形势做出的推断和预测。

以上四种调查形式,既可以根据调查目的不同独立开展,也可以看成同一调查活动在不同阶段采取的具体形式。

此外,物流市场调查还可以按照调查范围的不同分为国内市场调查和国际市场调查;按照调查内容的不同分为消费品市场调查、生产者市场调查以及服务市场调查;按照调查时间间隔的不同分为一次性市场调查、定期市场调查和经常性调查等。

3. 物流市场调查的步骤

一般而言,物流市场调查可以分为调查准备阶段、调查实施阶段和调查结束阶段。每个阶段又可以分为几个重要的步骤。

1) 调查准备阶段

调查准备阶段是物流市场调查工作的开始,准备工作是否充分,对后面实际调查工作的开展影响很大。该阶段可以分为以下几个步骤。

(1) 明确调查目的和内容。调查目的是整个调查活动的指导思想,调查的一切活动都围绕着目的而展开。确定调查目的之后,就要确定调查内容和调查范围,调查内容必须满足以下要求:①调查必须切实可行;②调查可以在短期内完成;③该调查能够获得客观的资料,并能解决所提出的问题。

(2) 调查方案策划。调查方案是对某项调查本身的具体设计,主要包括调查的目的要求、调查的具体对象、调查的内容、调查表格、调查的具体范围、调查资料收集整理的方法等内容。调查方案是指导调查工作具体实施的依据。制订调查方案,其中最重要的是调查方式方法的选择,用得最多的是非全面调查中的抽样调查方式。

(3) 问卷设计和抽样设计。多数情况下,问卷设计和抽样设计在顺序上可以交换,但在某些特定的情况下,有严格的先后顺序。一般来说,抽样设计放在前一步比较好,因为问卷设计中的问题都是针对事先确定的那部分对象而设定的。如果抽样设计要考虑到问卷的内容,那么问卷设计就应该放在前面。

2) 调查实施阶段

调查实施阶段是着手收集信息资料的过程。这一阶段是按照方案策划内容进行的,是整个调查活动的核心。在调查实施过程中,应该遵循调查活动的原则并保证调查资料的真实、准确、科学、有效。

3）调查结束阶段

调查结束阶段包括资料的整理与分析阶段。调查资料收集完成后，需要对资料进行校核，并进行分类整理；如有错误或遗漏，应及时更正或补充调查，以获得准确完备的信息。然后，将资料进行统计汇总、分析处理，以调查报告的形式反映给上级部门。

4. 物流市场调查的方法

物流市场调查方法的选择和运用贯穿物流市场调查活动的始终。在调查活动的不同阶段，所需选择和使用的方法在性质和特点上也有所不同。物流市场营销调查的方法是市场调查、预测与决策理论体系中的主要内容，是市场调查活动具有科学性的重要体现。

1）在调查准备阶段涉及的方法

（1）形成市场调查策划方案所需要的方法。这些方法包括确定调查时间和期限的方法、估算调查费用的方法、对调查方案进行可行性分析的方法等。

（2）抽样设计需要确定的方法。这些方法包括对随机抽样方法或非随机抽样方法的选择、确定样本容量的方法、计算抽样误差的方法、估算总体目标量的方法等。

（3）问卷设计中涉及的方法。这些方法包括选择问题形式（开放式问题或封闭式问题）的方法、确定问题数量的方法、选择提问顺序和提问方式的方法、问题或问卷的编码方法等。

2）在调查实施阶段涉及的方法

（1）实地调查方法。实地调查方法具体包括直接访问法、小组座谈法、电话访问法、邮寄调查法、留置问卷调查法、日记调查法、固定样本调查法、投影技术方法、观察法、实验法等。

（2）文案调查方法。文案调查方法具体包括参考文献筛选法、报刊剪辑分析法、情报联络网法等。

（3）网络调查方法。网络调查方法具体包括搜索引擎法、网站跟踪法、电子邮件调查、邮件列表调查等。

3）在调查结束阶段涉及的方法

（1）资料处理的方法。资料处理的方法主要包括资料审核的方法、资料整理的方法、对数据资料制表绘图的方法等。

（2）资料分析的方法。资料分析的方法包括定性分析方法和定量分析方法。

（3）市场调查报告的写作方法。市场调查报告要根据表现内容的需要来安排结构，主要包括前言、正文和结尾三个部分。

前言部分，文字要简明扼要，写出调查的时间、地点、对象、范围、目的，说明调查的主旨和采用的调查方法。要介绍全文的主要内容和观点。有些市场调查报告也可以不写前言，直接写正文。

正文部分，主要是根据调查中所获得的资料的性质和内在联系，按照人们认识的规律和习惯安排层次。正文一般包括以下三部分。

① 情况部分。一般情况可以用叙述法加以介绍，具体情况也可以用数字、图表和图像加以说明。

② 预测部分。通过对资料的分析研究，预测市场今后的发展变化趋势。预测是否准

确,取决于领导者或调查者的市场知识、经验、分析能力和判断能力。决策者或领导者应尽量依据大量、具体的资料、运用科学的预测方法,经过归纳推理、对市场前景做出判断。为了便于眉目清晰,也可以拟定若干个小标题。

③ 建议或决策部分。这部分是在市场预测之后准备采取的行动计划、措施。这是市场调查的落脚点。

结尾部分,是全文的结束部分,凡是写有前言的调查报告,结尾都应照应开头,起归纳、收束的作用,或者重申观点,以加深认识。

市场调查报告必须客观、如实地介绍情况、说明问题,反映出被调查事实的本来面目,不掺入自己的感情,不夸大、不缩小,写出真实情况。语言要准确、简练、朴实,不需要华丽的辞藻、精巧的修辞,要清楚明白地表达内容。

市场调查报告事实要确凿,数字要精确,观点要鲜明,重点要突出,才可能充分发挥市场调查的作用,使委托调查者或企业决策人易于了解情况,并做出相应的决策。

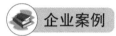 **企业案例**

微服私访——脑白金成功上市

产品是卖给消费者的,如果消费者不认可、不接受,最后承担损失的还是企业。所以,企业在决定投资、生产某种产品之前,必须先对消费者和市场做一番调查,做到心中有数。从产品的成本到产品的价格,从消费者是否愿意购买到产品的利润有多少,要有一番透彻的了解。

史玉柱东山再起,是从江苏江阴起步的。在决定以脑白金启动江阴市场之前,史玉柱先做了一次"江阴调查"。他戴上墨镜,走街串巷,逢人便问:如果有一种保健品,可以改善你的睡眠,可以通便,价格又便宜,你愿不愿意使用它?

就这样,史玉柱走访了上百位普通市民,对产品营销中可能出现的各种问题摸了个通透。为了进一步了解消费者对产品本身的使用感受,史玉柱又向一些社区的老人免费赠送脑白金,然后开座谈会,史玉柱以脑白金技术员的身份出现,听取了老人们对产品的意见。

根据这些反馈意见和调查得来的一手资料,在综合比较了各种售价之后,史玉柱心里有了底,他说:"脑白金这个产品很快就可以做到10个亿的年销售额。"很快他制定了一系列的具体推广策略,比如价格策略、目标消费者定位、功能诉求点等。

1998年,有了充分准备的史玉柱决定将脑白金正式推向市场。到1999年年初,脑白金已经打开了全国1/3的市场,年底时基本打开了全国市场,实现了12亿元的年销售额。"今年过年不收礼,收礼只收脑白金"这句广告语也是家喻户晓、妇孺皆知。

史玉柱可以说是营销上的奇才,但就是这样一个能人,在推出脑白金之前,还要对市场进行详细的调查,可见任何销售的成功,首先都得是产品的成功,要确保产品成功,必须在产品进入市场之前就对市场做到透彻了解。

有了产品先做调查,不仅可以做到心中有数,提高产品进入市场的成功率,还可以避免企业的决策失误,减少企业的损失。如果某项产品并不符合消费者的需要,那就应该果断放弃,这总比在投入大量资金后才发现失败要好得多。

2.2.4　物流市场预测认知

1. 物流市场预测的含义

物流市场预测就是物流企业根据历史统计资料和市场调查获得的市场信息,对市场供求变化等因素进行细致的分析研究,运用科学的方法或技术,对市场营销活动及其影响因素的未来发展状况和变化趋势进行预计和推测。

课间小故事

诸葛亮借东风火烧赤壁

火烧赤壁是三国时期以少胜多、以弱胜强的著名战役之一,诸葛亮借东风火烧曹军战船,使孙刘联军大败曹军,三国鼎立的局面自此形成。但人们一直有个疑问,这东风究竟是诸葛亮借来的还是巧合?

《三国演义》中描述诸葛亮设坛做法借来东南风三日,帮助东吴火攻大获全胜,击溃曹操的军队,他究竟是如何在西北风遍起的冬季借来东风的呢? 其实是诸葛亮掌握了天气变化的规律,借助历法预测出十一月二十日那天会有东南风,帮助东吴火攻大获全胜。通常农历十一月十五日是二十四节气中的倒数第三个——冬至,冬至是已经临近冬季末尾的一个节气,冬至之后太阳将开始向北回归线运动,气温开始逐渐回升,日照时间变长。诸葛亮选在冬至之日附近,就是为了依赖节气中的冬至之后气温回升的特点,借助气候规律,实现自己借东风的目的。另外,诸葛亮由于家住在赤壁不远的南阳,对赤壁一带的气候规律的认识比曹操、周瑜更加深刻、具体。其实早在借东风之前,就已经有迹象表明气候回暖,草船借箭时江上有大雾,而冬季水面有大雾只有在气温回升时才会发生,如果仅仅是干冷的北风呼啸,是不可能看到江上大雾这种景象的,所以说诸葛亮是借助了自己对地理历法知识的娴熟应用,预测出了东南风的时间,策划并赢得了这场战役。

2. 物流市场预测的作用

1) 物流市场预测是制订计划、确定政策和进行物流营销决策的依据

计划与政策、物流营销决策都是对未来物流营销活动的指导,以使其达到预定的目标。如果脱离实际来制订计划、确定政策或进行决策,必然难以实现目标。因此,需要对未来物流市场的发展进行预测,并以此为依据进行决策。

2) 科学的物流市场预测可以提高企业的经济效益

法国展望与预测中心学者马赛尔·巴扬指出:“在任何时候,我们都要先于竞争对手捕捉到未来技术的发展前景和消费者的要求。同时,要有足够勇气利用预测成果做出决策。许多企业家遭受失败……是没有进行预测或预测错误。”企业只有对所处的市场需求、企业自身的经营能力、环境等各方面的发展变化进行正确的预测,了解物流市场的供求状况,及时掌握物流市场的发展方向和趋势,才能根据物流市场的发展调整自己的经营策略与服务质量,从而在激烈的市场竞争中获得比较好的经济效益。

3）物流市场预测是企业经营管理的重要环节

正如人们通常所说的："管理的关键在于经营,经营的关键在于决策,决策的关键在于预测。"物流市场预测已经成为当前企业经营管理的重要环节。只有做到"心中有数",才能更好地对经济活动进行计划、调节、指挥、协调、控制和决策。

 课间小故事

范 蠡 经 商

越国灭亡吴国后,范蠡看出越王勾践心胸狭窄,只能共患难,不能同富贵,于是他急流勇退,弃官来到齐国开始从事经商活动。"十九年之中,三致千金",成为远近闻名的商业巨富,被誉为华夏商人的圣祖。范蠡可以说是从政能强国、经商能大富。那么,范蠡的经商之道究竟是什么呢？其中最重要的就是范蠡经商从不盲目从事,必须先做市场调查,掌握市场上的各种情况,然后通过掌握的市场信息分析人们的需求,并据此预测市场、开发市场,经营适销对路的产品。

范蠡离开越国来到齐国不久,便带领家人及奴仆到附近的蓬莱及齐鲁以东各地考察年景和商贸情况。每到一处,他都要了解那里的社会现状、风俗、人情、物价、商品产地及供需情况等。同时他根据调查的信息,对未来的市场做出预测,他还根据市场的供求关系,提出"积贮之理",在物价便宜时大量收进,待涨价后尽量卖出。他主张"夏则资皮,冬则资絺(细麻布),旱则资舟,水则资车,以待乏也",意思就是在夏天投资皮草生意,冬天投资布匹生意,发生水灾时造车,发生旱灾时造船。这种超前的市场观念,没有人竞争,成本比较低,而机遇来到时,收益往往比较高,因为,人们冬天要买皮草,夏天要买布匹,水灾来临时要用船,水灾过后人就会用到车,必然导致这些商品的稀缺和价格上涨。范蠡正是通过这种市场预测来超前经营,从而取得了丰厚的收益。

3. 物流市场预测的类型

1）按预测结果的属性,可以分为定性预测和定量预测

定性预测主要是对预测对象未来表现的性质和未来的发展方向、趋势及造成的影响等所做出的判断性预测。例如,股票市场中大盘的未来短期走势预测,某新产品的市场销售前景预测等。定性预测主要依赖预测者自身的业务理论水平和经验、对预测对象的调查研究及分析判断能力。因此,不同的人可能会有不同的预测结果。定性预测往往是在数据资料缺乏或无法定量研究的情况下进行。

定量预测是对预测对象未来的数量所进行的预测。例如国民经济增长速度预测,某产品的产量、销量预测等。定量预测是利用经济统计方法和数学模型,根据有关统计数据对预测对象的未来数量进行的推算。定量预测按预测结果的数字表现形式分为点预测和区间预测。定量预测的准确性主要取决于预测者所掌握的统计资料的全面性和准确性、所建立的模型的适宜性以及预测对象发展的稳定性。

2）按预测期限的长短,可以分为长期、中期、近期和短期预测

一般情况下,长期预测是指对五年以上市场发展前景的预测,是制定企业长期发展任

务、愿景规划的依据。一年以上、五年以下的预测为中期预测。三个月以上、一年以下的预测为近期预测。三个月以下的预测为短期预测。

对于不同的领域，长期、中期、近期、短期的划分也是有所不同的。例如，对于产品销量的预测，长期预测的期限为两年左右，而技术进步预测的短期预测期限为三年到五年。

4. 物流市场预测的过程

对于不同的预测目标和不同的预测方法，物流市场预测的步骤是不完全相同的。一般来说，预测基本过程或步骤如下。

（1）确定预测的目标。

（2）确定预测目标的影响因子。

（3）收集、整理所需的资料。

（4）选择预测的方法。

（5）建立预测模型。

（6）利用模型进行预测。

（7）分析和评价预测结果。

（8）提出预测报告。

5. 物流市场预测的方法

根据预测结果的属性，物流市场预测的方法可以分为定性预测方法和定量预测方法。定性预测方法主要包括头脑风暴法、德尔菲法、销售人员意见法、管理人员预测法、群众评议法等。定量预测方法主要包括时间序列法、回归分析预测法等。

物流市场预测
的方法

1）定性预测方法

（1）专家会议法（头脑风暴法）。专家会议法的特点是采用调查会的方式，将有关专家召集在一起，向他们提出要预测的题目，让他们通过讨论做出判断。"头脑风暴法"就是专家会议法的具体运用。

企业案例

头脑风暴法

有一年，北方天气严寒，大雪纷飞，电线上积满冰雪，大跨度的电线常被积雪压断，严重影响了通信。过去，许多人试图解决这个问题，但都未能如愿。电信公司经理召开了一场特殊的座谈会，参加会议的是不同专业的技术人员，要求他们必须遵守以下原则：第一，自由思考；第二，延迟评判；第三，以量求质；第四，结合改善。

会后，公司组织专家对设想进行分类论证。专家们认为设计专用清雪机，采用电热或电磁振荡等方法清除电线上的积雪，在技术上虽然可行，但研制费用大，周期长，一时难以见效。那种因"坐飞机扫雪"激发出来的设想，倒是一种大胆的新方案，如果可行，将是一种既简单又高效的好办法。经过现场试验，发现用直升机扫雪真能奏效，一个久悬未决的难题，终于在头脑风暴会中得到了巧妙的解决。

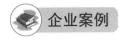 **企业案例**

风暴怎么刮

世界某著名牙膏生产厂家由于销量下滑决定开一次会,目的是通过集思广益来获得新的启发和灵感,而使牙膏的整体销量上升。领导层让该公司内的一些管理者、工人、销售人员参加了这次"头脑风暴",遗憾的是,虽然大家发言踊跃,但没有实质性的方案被提出,于是董事会宣布:如果谁能够想出有效的办法,公司将给他丰厚的奖励。话音刚落,一名员工应声答道:"我有办法! 将牙膏的管口加粗点就可以了,因为每个消费者每天使用牙膏时挤出的长度总是接近的,管口加粗的情况下我们的牙膏用量自然增加了。"最后这名员工拿到了这笔奖励。

(2)德尔菲法。德尔菲法的特点是通过寄发调查表的形式征求专家的意见。专家在提出意见后以不记名的方式反馈回来,组织者将得到的初步结果进行综合整理,然后随表格反馈给各位专家,请他们重新考虑后再次提出建议。经过几轮的匿名反馈过程,专家意见基本趋向一致,并依此得出预测结果。

(3)销售人员意见法。销售人员意见法即预测者召集有经验的销售人员对顾客的购买量、市场变化的趋势、竞争对手动向等问题进行预测,然后对预测结果进行综合的预测方法。

(4)管理人员预测法。管理人员预测法可有两种形式:一种形式是管理人员根据自己的知识、经验和已掌握的信息,凭借逻辑推理或直觉进行预测;另一种形式是高级管理者召集下级有关管理人员举行会议,听取他们对预测问题的看法,在此基础上,高级管理人员对大家提出的意见进行综合、分析,然后进行预测。

(5)群众评议法。群众评议法就是将要预测的问题告知有关的人员、部门,甚至告知间接相关的人员、部门或者顾客,请他们根据自己所掌握的资料和经验发表意见。然后将大家的意见综合起来,采用平均法或加权平均法进行处理,得到预测结果。

2)定量预测方法

定量预测法是通过分析事物各项因素、属性的数量关系进行预测的方法。定量预测的主要特点是根据历史数据找出其内在规律,运用连贯性原则和类推性原则,通过数学模型对事物未来的状况进行数量预测。

(1)时间序列预测法。时间序列预测法是根据历史统计资料的时间序列,预测事物发展趋势的方法。

① 简单平均法。简单平均法即依据简单平均数的原理,把预测对象各个时期的实际值相加后平均,以平均数作为预测值。

$$y_{n+1} = \frac{y_1 + y_2 + \cdots + y_n}{n} = \frac{\sum\limits_{i=1}^{n} y_i}{n}$$

式中:y_{n+1} 表示下一期预测值;y_i 表示第 i 期的实际值;n 表示期数。

② 移动平均法。

一次移动平均法:

$$y'_t = \frac{\sum\limits_{i=1}^{n} y_{t-i+1}}{n}$$

式中：y'_t 表示第 t 期的移动平均值，该值可作为下一期的预测值；y_{t-i+1} 表示移动跨越期内各期的实际值；n 表示移动平均的跨越期数，即参加移动平均的历史数据的个数；t 表示时序数。

二次移动平均法：在一次移动平均的基础上再次进行移动平均。

③ 指数平滑法。

$$S_t = \alpha y_t + (1-\alpha)S_{t-1}$$

式中：α 表示平滑系数，$0 \leqslant \alpha \leqslant 1$，一般在 $0.01 \sim 0.03$；S_t 表示第 t 期的指数平滑值。

在确定初始值时，最简便且常用的方法是，令 $s_0 = y_1$。

(2) 回归分析预测法。回归分析预测法就是利用预测对象与影响因素之间的因果关系，通过建立回归方程式来进行预测的方法。

① 回归分析法的基本步骤。进行定性分析，以确定与预测对象有因果关系的因素；收集、整理有关因素的资料；计算变量间的相关系数并确定回归方程；利用回归方程进行预测。

② 回归分析法的种类。

一元线性回归预测法：

$$y_t = a + b\,x_t + e_t$$

式中：x 表示自变量；y 表示因变量(即预测变量)；a、b 表示回归系数。

通过最小平方法可以计算回归系数 a、b：

$$b = \frac{\sum\limits_{i=1}^{n} x_i y_i - \overline{x}\sum\limits_{i=1}^{n} y_i}{\sum\limits_{i=1}^{n} x_i^2 - \overline{x}\sum\limits_{i=1}^{n} x_i}$$

$$a = \overline{y} - b\overline{x}$$

式中：x_i 表示自变量第 i 期的实际值；y_i 表示因变量第 i 期的实际值；n 表示时间序列的项数；$\overline{x}$、$\overline{y}$ 分别是 x_i、y_i 的平均数。

多元线性回归预测法：如果预测对象 y 与一组相关变量 $x_1, x_2, \cdots, x_m$ 之间存在线性关系，那么这种关系可以用以下公式表示：

$$Y = a + b_1 x_1 + b_2 x_2 + \cdots + b_m x_m + e$$

式中：e 表示随误差项；a、b_i 表示未知数；m 表示自变量的个数。

公式中的参数可用最小二乘法求得。以二元回归方程为例，将公式中的 m 取 2，就有：

$$y = a + b_1 x_1 + b_2 x_2$$

运用最小二乘法，可求得如下标准方程：

$$\sum y = na + b_1 \sum x_1 + b_2 \sum x_2$$

$$\sum x_1 y = a \sum x_1 + b_1 \sum x_1^2 + b_2 \sum x_1 x_2$$

$$\sum x_2 y = a \sum x_2 + b_1 \sum x_1 x_2 + b_2 \sum x_2^2$$

解此方程组，就可求得 a、b_1、b_2，进而就可以写预测方程进行预测了。

2.2.5　物流营销决策认知

1. 物流营销决策的含义

物流营销决策就是以经济和管理理论为基础,以过去和现在的各种信息为依据,在定性分析和定量分析的基础上,结合既定目标,对研究对象的运行方向和变化过程做出决定,并在这一决定实施过程中通过反馈不断加以调整的过程。物流营销决策的一般原则包括最优化原则、系统原则、信息准确性原则、可行性原则、集体决策原则等。

2. 物流营销决策的类型

1）战略决策与战术决策

战略决策是指对市场发展方向和愿景规划,对市场发展的长远战略目标、战略重点、战略措施做出的重大决策。例如,企业未来五年主要投资方向、公司治理方面的改革、是否引入战略投资者等重大决策。战术决策是指为了实现战略目标而对一些带有局部性、暂时性或其他执行性质的问题所做的决策。例如,对产品某零部件实行对外招标采购的决策就属于战术决策。

2）确定型决策与非确定型决策

按照决策信息的完备程度,物流营销决策可以分为确定型决策和非确定型决策两类。

确定型决策是在决策时所需的各种信息完全确定的条件下做出的一种决策,每一个决策方案都有一个确定的结果,便于选择。例如,在企业产品成本和市场价格不变的情况下,可以确定性地得到企业盈亏平衡点的产量,根据实际需求量可以对企业是否投产、是否引进新设备、是否进行固定资产更新等进行决策。

非确定型决策是指决策是在信息不完全确定的情况下进行的,其所处理的未来事件的各种自然状态的发生具有不确定性。例如,企业产品未来在市场上可能面临畅销、平销、滞销三种不同的状况,每一种销售情况的出现都有一定的概率,因此企业在该产品产量的决策上需要考虑未知的风险因素。非确定型决策又可以分为两类:一类是可预测各种自然状态发生的概率,但不管如何决策,该决策都会面临一定的风险,故称为风险型决策;另一类是指对未来自然状态有一定的了解,但无法确定其各种状态发生的概率,不确定因素更多,因而称为不确定型决策。

3. 物流营销决策的程序

人们在决策过程中,要遵循科学决策的原则,严格按照科学决策的程序执行,使思维和行为规范化、条理化。物流营销决策的一般步骤如下。

(1) 通过调研发现问题。

(2) 确定目标。

(3) 收集分析有关决策目标的信息。

(4) 预测未来。

(5) 拟定各种可供选择的方案。

(6) 评估和选择方案。

(7) 实施、监督和反馈。

4. 物流营销决策的方法

在确定型决策方法中,经常被使用的方法包括线性和非线性盈亏平衡分析决策、微分极值决策、线性规划决策、经济批量决策等。在非确定型决策方法中,乐观决策准则、悲观决策

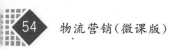

准则、赫威兹准则、等概率准则、最小最大后悔值法等是常用的不确定型决策方法。期望值法和决策树法等是常用的风险型决策方法。

课后案例分析

佳华连锁公司经过若干年的努力,已成为省内区域最大的连锁超市企业,有各种超市业态的大小门店 300 多家,并且有一个大型的配送中心。虽然公司发展势头强劲,但一些问题也已经开始显露出来。

首先是缺货或胀库的问题,如 2022 年 5 月有 200 多种商品断货达一个月以上,有的基至断货达数月,严重影响门店的销售。同时还有许多商品经常出现积压,形成胀库。

其次是采购部门对不同地区和不同门店的需求并不能很好地把握。特别是新的商品引进方面,为满足不同地区、不同消费者的各种需求,公司需要引进大量的商品,但商品总量的增加并不代表销售数量的增加。如 2021 年公司引入的新品成活率只有约 30%,近 70%被淘汰。

最后是在与供应商的合作方面,公司的员工报怨供应商没有给予足够的支持,比如多次发生送货延迟、送货的品种和数量与订单不符等情况。采购部门为了防止缺货总是加大订货量,销售不出去的那部分可以退回供应商。退回的商品经常凌乱不堪,还有包装破损,供应商的意见很大。配送中心也需要投入大量的精力来处理这些商品,给配送中心的运营造成不小的影响。而门店对配送中心也有意见,认为配送中心经常断货、送货不及时、有破损。

此外,公司的门店虽都有 POS 系统,但与公司的衔接不好,公司不能及时得到门店的销售信息。而配送中心的库存数据通过电子表格的方式报给采购部门,门店看不到这些数据,并且数据的准确性总难以令人信服。

佳华公司的高层管理者已经认识到必须采取一些行动,否则公司的成长与壮大就是一纸空谈。

【讨论分析】

请根据佳华公司目前的情况分析企业在管理方面存在的主要问题。

实训操作项目

市场营销的信息调查方法

【实训目标】

掌握物流营销信息调查的方法。

【实训内容】

选择当地一家物流企业,按照问卷设计顺序与问卷设计原则,设计某物流企业客户满意度调查问卷。

【实训要求】

(1)班级每五位同学分成一组,并确定一名组长,每组设计一份调查问卷。

(2)可选择本校的合作企业,也可以选择其他物流企业。

（3）要求问卷格式齐全，具有标题、问卷说明、调查项目、被调查者项目以及调查者项目。

（4）要求调查问题类型包括开放式问题、封闭式问题和量表式问题三类。封闭式问题答案应符合客观实际，包含所有可能出现的情况，单选答案之间不能包含或重叠。

【成果与检测】

设计完成后，每组上交调查问卷（Word 文档一份）。

任务 2.3　物流市场购买行为

 案例导入

美的的物流需求及解决方案

美的集团自 1968 年成立以来一直是国内外家电领导品牌之一。随着互联网、大数据以及物流行业的不断发展，美的集团也面临着物流运作无法实时满足实际应用的需求，出现信息量巨大、数据共享低、安全保障少以及高耗时高成本等问题。但是面对物流需求的迅速升级，就需要具体问题具体分析，对美的集团的实际问题进行剖析，才能提出合适的解决方案。

一、物流管理现状

目前美的的物流业务正在迅速发展，传统的物流管理已无法满足巨幅增加的用户量和快速配送的需求，具体表现在以下方面。

（1）集团内部无统一的地图平台，无法统一展示业务空间和属性信息。

（2）物流系统与 GIS 脱节，欠缺物流 GIS 基础平台，与同行业存在着一些差距。

（3）物流网点服务范围模糊、边界不明确，导致分工不明确，效率降低。

（4）缺乏智能化的物流分单系统，自动化能力差，导致分单效率、准确性偏低。

二、物流解决方案

上述现状都是美的集团物流管理中出现的不足之处，这些不足如不及时修正与完善，势必影响美的集团的品牌度及客户满意度。地图慧根据美的物流管理中的不足提出了针对性的解决方案。

（1）建立一套物流自动分单系统，能完成物流自动分单，且系统具备持续改进能力，如地址纠错等功能。

（2）建立一套统一的地理信息平台。为美的集团各部门提供统一的地图和地理信息服务，平台包含 API 供美的实现业务定制开发；平台应具备分布式服务能力，以满足业务量快速增长的需要。

（3）建立一套区划管理平台。方便业务人员绘制/管理网点、自定义绘制/管理配送业务区域。

三、解决方案配置

根据对需求的全面阐释，对于美的集团的问题制订相应的解决方案——"一张图"管理

思路,将美的 LMS 大物流相关的业务数据包括网点信息、业务区域、车辆信息、配送路线信息等与电子地图进行无缝整合,结合地理展现和分析技术手段,从地理空间的角度实现业务的一体化管理。建设地图慧 GIS 物流服务平台,以"一张图"的思路管理物流业务,并为网点管理、区划管理、分单配送、车辆管理等提供基础。

四、应用效果展现

2016 年,美的集团启用地图慧企业服务的物流管理平台产品,以其高效便捷的运作令美的集团的物流难题迎刃而解,成本支出也明显减少,物流管理更加规范便捷,在节省成本的同时,又提升了客户信赖度和忠诚度。

（1）网点、区域管理更加高效规范。将美的仓库、网点的地图进行可视化处理,结合实际经营与地理位置相关的数据,通过各种地图形式进行展示,包括分段设色、等级符号、热度图等,同时实现与柱状图、饼图等仪表盘的互动,为监控、管理及决策者提供全局情况的直观展示。

（2）数据可视化及时更新,工作效率显著提高。能快速对海量数据进行实时更新,保证了信息的时效性,提高了工作效率。

（3）高效率使服务水平更上一层楼。除了技术服务人员应具备优良的服务态度和专业的服务技术之外,服务的响应速度也是令其客户满意的一点。通过 GIS 的空间分析、查询、定位等技术可以极大地缩短人工处理的时间,实现智能化的空间信息处理。方便了服务中心的工作,提高了服务的整体效率和服务水平。

（4）实现物流分单自动化,企业运营成本降低。美的订单通过解析落入相应区域网格并可自动关联网点,从而实现订单的自动派工。同时结合订单数量、产品属性、配送区域、仓储数据、车辆实时信息等数据,可实现订单与配送车辆的快速匹配定位。

同时,通过对地图慧 GIS 物流服务平台的使用,让管理者能更灵活地访问和管理业务数据,大大降低了企业运营成本。

五、用户满意评价

2013 年"中国最有价值品牌"评价中,美的品牌价值达到 653.36 亿元,名列全国最有价值品牌第五。未来三年美的将以"成为中国家电行业领导者、世界白电行业前三强"为战略愿景,进一步深化转型,推动经营质量持续提升,以消费者为中心,通过技术创新、品质提升与精品工程,实现产品领先、战略领先,获得公司的重新增长。

"在使用地图慧 GIS 物流服务平台后,客户需求得到了快速响应,服务质量也逐步提升,减少了不合理消耗、提高了提送货效率、降低了运营成本、提高了客户对美的集团的满意度,给集团带来的不仅是经济上的效益,更是品牌的影响力。"美的集团对地图慧的充分肯定,更是对地图慧产品的肯定与支持。物流是国民经济的重要产业之一,一个高效的物流服务平台带来的是低成本、高效率的物流时代。

资料来源:搜狐网,《物流集结号·只为高效发声 美的集团配送案例解析》,https://www.sohu.com.

➡ 营销启示

美的通过采用先进的信息技术成功地解决了现有物流运作能力与物流需求不匹配的问

题,在美的的案例中我们发现,正确认识物流市场需求,并做出准确分析,才能有助于企业提出合适的解决方案。

2.3.1 物流市场需求

物流营销的本质在于提高客户(消费者)的满意程度,而客户满意度的提高依赖于物流企业能够准确把握物流消费者的需求。

1. 物流市场需求的概念

物流市场需求是指一定时期内社会经济活动对生产、流通、消费领域的原材料、成品和半成品、商品以及废旧物品、废旧材料等的配置作用而产生的对物流在空间、时间方面的具有支付能力的需要,涉及运输、储存、包装、装卸搬运、流通加工、配送以及与之相关的信息需求等物流活动的诸多方面。物流市场需求是一种引致需求,社会经济活动是产生物流需求的原因。

2. 物流市场需求产生的原因

物流市场需求形成的原因有很多,主要包括以下几个方面。

(1) 自然资源地区分布不均衡,生产力布局与资源产地的分离。

(2) 生产和消费的时间和空间上的不一致。

(3) 地区间商品种类、质量、性能、价格上的差异。

3. 物流需求的特征

(1) 派生性。物流需求不是直接需求,而是由社会经济活动特别是制造与经营活动所派生出来的一种次生需求。

(2) 不平衡性。这种不平衡主要体现在时间、空间和方向上。

(3) 部分可替代性。在一定程度上企业可以通过自营物流的方式代替购买物流服务,但在社会化分工日益细化的大背景下,从企业核心竞争力和利润的角度来看,显然购买物流服务要比自营物流更为方便、经济,因此很多企业将自营物流转变为直接购买物流服务,从而使社会化物流需求越来越多。

(4) 较小的需求弹性。时效性往往是物流活动要考虑的主要因素,那么为了抓住需求时效性,社会对物流需求的价格敏感性就会降低很多。

4. 物流需求的种类

物流需求一般包括生产者物流市场需求和消费者物流市场需求。生产者物流市场需求主要包括制造业物流市场需求和商业物流市场需求。

1) 制造业物流市场需求

(1) 制造业物流总体需求。从目前看,各种物流功能中,制造业需求最多的是干线物流服务。这是因为对于处于供应链上游的制造企业而言,产品辐射范围较广,可能跨区域甚至跨国,长途干线物流需求较多,物流费用所占比例要大于配送费。但从趋势来看,会有很多制造企业对配送服务的需求超过干线物流的需求服务。有的制造企业不经过商业企业直接进行销售,也会带来配送费用的增加。

(2) 不同制造行业的个性化需求。

① 电子、IT(信息技术)行业。这两个行业产品的特点是产品生命周期较短,更新换代

快、时效性强，产品附加值高，对市场很敏感，因此其供应和销售物流都侧重于快速响应和效率。

②　家电业。家电产品产量大，体积大，原材料和成品都需要较多的存储空间，需要标准化、机械化设备配套。而且目前国内家电市场已日趋饱和，竞争激烈，家电行业需要开拓国际市场，进行国际化运作，国际物流服务的需求增加。

 企业案例

1999 年海尔成立物流事业推进部，把原先分散在各个经营点的库存管理、仓储管理、配送管理等物流功能从经营点剥离出来，建立了一个集中控制的物流平台，来解决整个分销体系中的物流问题，同时通过北部的配送网络，大力开展第三方物流服务，利用多余的物流能力为其他公司进行物流代理。同样，TCL 与大田物流签约，由其代理 TCL 国内 22 个网点的快递物流经营业务；联想则分别与不同的物流服务供应商（柏灵顿物流、嘉里物流、中外运和金鹰国际货运、志勤美集物流）签约，全部外包了其境内境外的原料物流和成品物流业务。

③　汽车行业。我国的汽车企业一般已实行柔性化的按订单生产，在原材料方面与电子行业相似，要求零配件的 JIT 配送。在销售物流方面，由于汽车体积、重量大、价值高，要求有专业的物流设备配套，对物流过程的安全性要求很高。许多汽车制造商纷纷采用物流外包的方式作为其物流服务的解决方案。在使用原材料和整车物流、第三方物流的同时，汽车企业开始积极找寻外包种类繁多、物流运作复杂的零配件物流。

企业案例

上海通用将物料物流外包给中国远洋物流有限公司（Cosco）和安吉天地汽车物流，将整车和零配件物流外包给安吉天地汽车物流。上海大众则与安吉天地汽车物流签订了物流总包合约，除由其负责整车、零配件所有物流业务之外，还由其提供相应的物流信息系统。

④　快速消费品行业。由于快速消费品品牌众多，普通产品可替代性较强，因此重视保证产品的可得性，减少分销和零售渠道的缺货率尤为重要。厂商要求第三方物流服务提供商在销售支持上能够给予配合。另外，快速消费产品促销较多，需要搭配包装等流通加工服务。

企业案例

可口可乐公司通过国内合作伙伴嘉里集团、太古集团和中粮集团，不仅在全国不同区域建有 36 家灌装厂，更是全力打造自身的物流网络，将物流能力看成其核心竞争力，利用强大的物流销售网络直接触及市场终端。而宝洁公司则直接与宝供物流建立长期的业务伙伴关系，将其物流业务外包给宝供物流。

⑤　食品行业。食品的保温保鲜要求很高，要求专业化的物流设施如冷藏车、冷藏库等

相配套,对储存、物流等环境要求也较高,不宜与其他产品混合存放。产品时效性强,生产出来后需要迅速交付,对能够快速响应的第三方物流服务需求较大。物流战略导向是物流系统生存、成长与发展的主导方向。

企业案例

麦当劳将其在中国的物流业务全权外包给夏辉食品服务公司。而光明乳业在拥有自己的运输车队和仓库的条件下,也在积极剥离其物流业务,建立集中的物流服务平台,向第三方物流服务提供者转型。

⑥ 医药保健品行业。医药产品附加值高,产品有严格的温湿度控制,需要单独的专业化设施和设备来储存和运输,因此要重视物流运作的可靠和安全性。由于医药产品有严格的有效期控制,对库存管理与控制严格,因此需要信息系统来配合,能够对即将到期的产品自动预警,加速产品的周转。

企业案例

上海医药公司在积极筹建自身的物流网络,建立了医药连锁和现代物流项目,旨在打造全国乃至亚洲最大的医药配送中心,不仅提供本集团下的医药流通物流,还向社会其他企业提供仓储和配送服务。

企业在物流服务方面的解决方案通常可以归纳为三种。

一是把物流能力发展为公司内部的核心竞争力,打造自身的物流网络体系。

二是把物流服务从企业内部剥离,外包给第三方物流。

三是把物流服务从企业内部剥离,把剥离的物流业务转型为第三方物流,为本企业和其他社会企业提供物流外包服务。

可以把后两种归为使用专业的物流业务伙伴类型。

2) 商业物流市场需求

商业物流市场需求主要包括批发企业物流需求和零售企业物流需求。

(1) 批发企业物流需求。由于市场需求向零星、分散和个性化方向发展,零售商对多频率、少批量物流的需求日益增加,因此批发企业对物流配送的需求量比较大,并且强调配送的准时性。同时由于批发企业位于供应链的中游,与生产企业和零售企业联系较多,因而更注重整个物流系统的信息化。总之批发企业对整个物流系统的解决方案和物流管理信息系统具有较大的需求。

(2) 零售企业物流需求。零售企业一般是面向一个较小区域范围内的消费者,各门店有订单规模减小而配送的频率增加的趋势,商品配送的效率对其经营效益有较大影响,配送费用在总物流成本中所占比例较大,因此对配送服务的需求较强烈。

5. **物流市场需求分析**

物流市场需求分析是借助定性和定量分析手段,了解社会经济活动对于物流能力供给的需求强度,进行有效的需求管理,引导社会投资有目的地进入物流服务领域,将有利于合理规划、建设物流基础设施,改进物流的供给系统。

常用的物流市场需求分析指标有总量需求指标、功能需求指标和质量需求指标。

1）总量需求指标

（1）社会物流货物总额。社会物流货物总额是指一定时期内，初次进入社会物流领域，经社会物流服务，已经或正在送达最终用户的全部物品的价值总额。具体可包括：物流的农产品总额、物流的工业品总额、进口货物总额、物流的再生资源总额、单位和居民的物品物流额。

（2）社会物流总费用。社会物流总费用是指一定时期内，国民经济各方面用于社会物流活动的各项费用支出。包括支付给运输、储存、装卸搬运、包装、流通加工、配送、信息处理等各个物流环节的费用，应承担的货物在物流期间发生的损耗，社会物流活动中因资金占用而应承担的利息支出，社会物流活动中发生的管理费用等。

（3）货物运输与周转。货物运输与周转指标主要从货运量和货物周转量两个方面考虑。货运量是指一定时期内，企业组织完成的各种运输工具实际运送到目的地并卸完的货物数量，包括自运货运量和委托代理货运量。货物周转量是指一定时期内，企业利用各种运输工具实际完成运送过程的货物运输量。

2）功能需求指标

功能需求指标一般考虑占用成本、时间较多的物流活动，例如，分析物流需求中的运输量、物流需求中的仓储量、物流需求中的流通加工量等。

3）质量需求指标

质量需求指标一般从物流时间、物流成本和物流效率三个各方面做综合评价。

 资料速递

我国物流行业总体需求分析

近年来，中国经济保持平稳较快增长，为现代物流行业的快速发展提供了良好的宏观环境。根据中国物流与采购网统计显示，我国社会物流总额从2010年的125.4万亿元增长至2020年的300.1万亿元，复合增长率达9.12%，整体呈现上升趋势，反映出我国物流行业需求呈持续增长态势。同时，我国社会物流总费用也保持整体增加趋势。社会物流总费用是一定时期内国民经济各个部门用于物流活动的总支出，在一定程度上反映了社会对物流的总需求和总规模。根据国家统计局数据显示，我国社会物流总费用从2010年的7.1万亿元增长至2020年的14.9万亿元，复合增长率达7.69%，整体呈现上升趋势，反映出我国物流行业在总体需求持续增长的背景下，费用规模也不断扩大。

根据中国物流与采购联合会统计显示，自2011年10月以来，除2020年年初物流业景气指数（LPI）低于50%外，我国物流业景气指数基本保持在50%以上，反映近年来，我国物流业总体处在平稳较快的发展周期。我国物流业近年来虽然保持较快的增长势头，但整体运行效率依然较低。据国家统计局统计，我国社会物流总费用占国内生产总值（GDP）的比重从2010年的17.4%下降至2020年的14.7%，运行效率整体呈提升趋势。

随着国内经济结构转型与产业升级，客户对于物流的需求不断提升，不再局限于物流外

包,而是逐步向供应链上下游延伸,以期获得涵盖原材料采购、原材料物流、生产制造、产品物流等环节的一体化物流服务。因此,提供专业化、一体化的综合性物流服务将成为物流企业未来的业务增长点。为满足客户对综合性物流解决方案的需求,保证供应链上的采购、生产、运输、仓储等活动高效协调完成,综合性物流企业不仅需要通过良好的品牌和周到的服务维护上下游关系,还需要现代化的信息技术和智能物流技术的配套支持,才能将运输、仓储、装卸、加工、整理、配送、信息等方面结合形成完整的供应链,从而为客户提供专家式的一体化物流解决方案。

资料来源:《2021 年中国物流市场分析报告》.

2.3.2　物流消费者行为分析

1. 物流消费者的界定

物流消费者,就是指对物流服务有消费需求的企业、组织和个人。随着社会经济的发展和市场环境的变化,很多企业、组织和个人对物流服务的需求日益增加。物流消费者的划定一定要满足两个条件。

(1) 所指个人或公司必须有利用这些产品的需求且能够从这种产品中获利,那些得到产品毫无用处的人或公司不属于物流消费者;

(2) 只要他们无钱购买,哪怕他们想得到产品的心情有多么迫切,也不管产品能够为他们产生多大利益,他们都不能成为物流企业的消费者。

2. 物流消费者行为模式

物流消费者的购买行为是在购买动机的支配下发生的,这一过程实际上是一个"刺激——反应"过程,即顾客由于受到各种刺激,就会产生购买动机,最终的反应是发生购买行为。顾客主要受到营销刺激(通过产品、价格、渠道以及促销等政策与手段)和其他刺激(主要包括经济、文化、法律、科技等环境)。

3. 物流消费者几种不同的行为方式

(1) 习惯性购买。如某物流企业给某顾客提供了好的物流服务,顾客对这家物流服务商产生了信赖感,从而不断要求这家物流服务商提供服务,这就称之为习惯性购买。

(2) 质量性购买。质量性购买行为表现为顾客对物流服务质量非常讲究,要求物流企业在提供全程物流服务时特别注意安全、快速、便捷、准时等质量特性。

(3) 理智性购买。理智性购买类购买者在购买前,会根据自己的经验和对物流的知识,对所需求的物流服务进行周密的分析和思考。购买时较为慎重,主观性较强,不容易受企业宣传的影响。

(4) 价格性购买。价格性购买类购买者选购物流服务时多从经济角度考虑,对价格非常敏感。如有的需求者认为价高物流服务质量必优,而选用高价物流服务;有的需求者习惯追求低价,哪家价格低就购买哪家物流服务。

(5) 冲动型购买。冲动型购买类消费者选购物流服务时,容易受公司广告宣传的影响,以直观感觉为主,因而做出购买决定的速度较快。

(6) 不定型购买(或称随意型)。不定型购买类需求者多属于新购买者,没有购买经验,购买心理不稳定,没有固定的偏爱,往往是随意购买或奉命购买。

4. 物流消费者购买决策过程

1) 物流消费者的购买角色

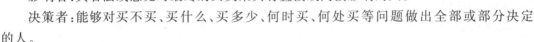

按物流消费者在购买决策过程中所起作用的不同,有五种不同的角色。

物流消费者购买
决策过程

发起者:首先想到或提议购买某种产品或服务的人。

影响者:其看法或意见对最终购买决策具有直接或间接影响的人。

决策者:能够对买不买、买什么、买多少、何时买、何处买等问题做出全部或部分决定的人。

购买者:实际完成购买的人。

使用者:实际使用或消费商品和服务的人。

2) 物流消费者购买决策过程的主要步骤

物流消费者购买决策过程是消费者购买动机转化为购买活动的过程。西方营销学者将消费者购买决策的一般过程分为五个阶段,如图2-5所示。

图 2-5 物流消费者购买决策过程

此购买决策过程模式适用于分析复杂的购买行为,因为复杂的购买行为是最完整、最有代表性的购买类型,其他购买类型是越过其中某些阶段后形成的,是复杂购买行为的简化形式。模式表明,消费者的购买决策过程早在实际购买以前就已开始,并延伸到实际购买以后,这就要求营销人员注意决策过程的各个阶段而不是只注意销售。

(1) 确认物流需求。确认物流需求指物流消费者确认自己的物流需要是什么。物流需要是物流购买活动的起点,购买过程开始于物流消费者对物流需要的确认。

需要产生于消费者实际状态与理想状态的差距。实际状态是指消费者目前所处的状态,理想状态是指消费者想要达到的状态。"状态"可以指消费者内在的生理状态或心理状态,也可以指外在的商品状态或服务状态。需要可由内在刺激或外在刺激唤起。内在刺激是人体内的驱使力,如饥、渴、冷等产生食物、饮料和衣物的需要。外在刺激是外界的"触发诱因",如美食、新款智能手机等。需要被唤起后可能逐步增强,最终驱使人们采取购买行为,也可能逐步减弱乃至消失。

对物流需求来说,物流消费者要了解自己物品的种类、物流的距离、时效性要求、安全性要求、对物流装卸与存储包装的要求、物流成本的要求等。

这个阶段企业吸引物流消费者的重点是了解需要和设计诱因。一方面,营销人员要通过市场研究和预测了解与本企业产品有关的现实的和潜在的需要,在价格和质量等因素既定的条件下,一种物流服务如果能够满足消费者多种需要或多层次的需要就能吸引更多的购买;另一方面,营销人员要了解物流消费者需要随时间推移以及外界刺激强弱而波动的规律性,并以此设计诱因,增强刺激,唤起需要,最终促成物流消费者的购买行为。

(2) 信息收集。如果消费者的需求欲望很强烈,但对产品又不熟悉,他就会积极去收集有关产品的信息,比如查阅报刊的广告宣传或产品说明,向亲朋好友打听不同品牌产品的情况,到商店实地观察或向售货员了解产品的特点等。如果消费者的购买欲望不那么强烈,他可能就不会主动去收集有关产品的信息,但可能比平常更加注意对有关产品的议论与看法等。

消费者可从下列任何一种来源中获取信息:①个人来源,从家庭成员、朋友、邻居、熟人等交往中获得信息;②商业来源,从广告、推销员、经销商、展览会等处获得信息;③公共来源,从大众传播媒体、消费者评审组织等处获得信息;④经验来源,从自己接触、使用商品的过程中获得信息。

这些信息来源的影响程度会随着产品和购买者的变化而变化。每一种信息都会对购买决策产生不同程度的影响,从消费者对信息的信任程度来看,首先是经验来源和个人来源,其次是公共来源,最后是商业来源。研究认为,商业来源的信息在影响消费者购买决策时只起到"告知"作用,个人来源和经验来源则起到评价作用。

对于物流消费者而言,物流消费者所收集的信息包括各物流企业的物流路线、物流方式、物流工具的充足程度、班次频率、安全性、运费、时间占有、员工素质、技术装备水平、信息处理能力等。

(3)评价选择。物流消费者在获得全面的信息后,就会根据这些信息和一定的评价方法对不同物流提供商的物流服务加以评价并做出选择,这是购买决策中最重要的阶段。

物流服务属性,即物流服务能够满足消费者所需的重要特性。物流服务在物流消费者心中表现为一系列基本属性的集合,例如:物流服务的准时性、物流产品的安全性、物流服务的价格等,但消费者并不一定将产品的所有属性都视为同等重要。

物流消费者评价物流服务的模式多种多样,现以期望值选择模式来说明需求者如何进行物流企业的选择和评估。设物流服务有 n 种属性,W_i 为需求者赋予的第 i 个属性的权重,B_{ij} 为需求者根据自己对 j 企业第 i 种属性满意度的评估价值,R_j 为第 j 个企业的综合得分。该模式可表示为

$$R_j = \sum_{i=1}^{n} W_i B_{ij}$$

以某一工商企业想外包部分物流业务为例,如表 2-2 所示。

表 2-2   某工商企业对物流企业提供的物流服务权重分配及打分表

属 性	价格	交货期	货损货差率	物流信息	沟通
权重	3	2	1	1	1
物流企业 A	4	6	8	8	7
物流企业 B	6	8	7	8	8
物流企业 C	8	6	9	10	8
物流企业 D	10	8	6	10	7

根据上述公式,得出该工商企业对四个物流企业的综合评分分别为 47、57、63、69,所以该企业最终会选择物流企业 D 为其提供物流外包服务。

(4)购买决策。物流消费者经过比较,做出选择后就会形成购买意向,购买意向会导致物流消费者做出购买决策,选定自己认为最佳的物流服务商。但是在复杂购买情况下,其购买活动还会受到以下三个因素的影响。

第一，他人的态度。如果物流消费者的购买意向遭到相关群体的反对，会对购买决策的形成产生负面影响。他人否定态度越强烈，影响力越大；他人与需求者关系越密切，影响力越大；他人的专业水平越高，职位越高，影响越大。

第二，意外因素。意外因素是指意外情况或意外事件的出现，如果出现收入减少，急需在某方面用钱或得知准备购买的品牌令人失望等，物流消费者也可能改变购买意向。

第三，购买风险。一般在所购物流服务比较复杂、价格昂贵、预期风险较大的情况下，需求者对物流服务的最后购买行为的疑虑就越多，对购买就更为谨慎，物流消费者可能会采取一些避免或减少风险的习惯做法，包括暂时不实现甚至改变购买意向。

（5）购后评价。顾客选择物流服务商后，对其从事的物流活动总会有些反应，这些反应可归纳为三种情况：若满足感超过期望值，则表示非常满意；若满足感等于期望值，则表示满意；若满足感小于期望值，则表示不满意。

在物流服务被购买后，物流消费者对产品的满意或不满意会影响其以后的购买行为。购后感觉如何将直接影响到以后顾客对物流企业的选择：如果他们对物流服务满意，那么在下一次购买中，他们极可能继续购买该物流服务（这类顾客忠诚度高，对物流企业而言是理想的）；有不满意感的消费者，可能修正重购（这时物流企业要注意顾客关系管理），也可能选择新购（顾客远去，这是物流企业最不愿看到的），同时可能采取公开投诉或私下的行动发泄不满，如向物流行业协会、新闻媒体单位或消费者团体反映意见，或向同行抱怨，劝说他们不要购买。

2.3.3　影响物流消费者行为的主要因素

1. 文化因素

文化是人类知识、信仰、艺术、道德、法律、美学、习俗、语言文字以及人作为社会成员所获得的其他能力和习惯的总称。文化是人们在社会实践中形成的，是一种历史现象的沉淀。同时，文化又是动态的，处于不断的发展变化之中。一般来说，文化因素对消费者行为的影响最广泛也最深远，文化是人类欲望和行为基本的决定因素。在中国文化中有一个很重要的方面就是"面子"。受中国传统文化的影响，中国人重视别人对自己的看法，因此这也成为中国奢侈品消费的动力源泉。很多消费者购买和消费奢侈品是为了其外在的可视的象征意义，他们最在乎的不是商品本身，而是其他人对于他拥有这件商品的看法。

任何文化还都包含着一些较小的群体或所谓的亚文化群。它们以特定的认同感和影响力将各成员联系在一起，使之持有特定的价值观念、生活格调与行为方式。这种亚文化群有许多不同的类型，如民族亚文化、宗教亚文化、地理亚文化等。在同一个亚文化群中，人们必然有某些相似的特点，以区别其他的亚文化群。熟悉目标市场的亚文化特点，有助于企业制订相应的营销策略。

企业和市场营销人员必须加强对文化的研究，因为文化渗透于产品的设计、定价、质量、款式、种类、包装等整个营销活动之中。营销人员的活动，实际上成了文化结构的有机组成部分。因而，营销人员必须不断调整自己的活动，使之适应国际市场的文化需求。各国之间的文化交流、渗透、借鉴乃至文化变革，要求市场营销人员应具有理解和鉴别不同文化的特点和不同文化模式之间细微差别的能力，并对消费行为进行跨文化分析，从而真正把握不同文化背景下消费者的需求及行为发展趋势。

2. 社会因素

1）参照群体

参照群体也称参考群体,是指一个人在认知、情感的形成过程和行为的实施过程中用来作为参照标准的某个人或某些人的集合。换言之,参照群体是个人在特定情况下作为行为向导而使用的群体。只要某一群人在消费行为、态度或价值观等方面存在直接或间接的相互影响,就构成一个参照群体。某参照群体中有影响力的人物称为"意见领袖"或"意见领导者",他们的行为会引起群体成员的仿效。

参照群体对消费者购买行为的影响主要表现在四个方面:为消费者提供可供选择的消费行为或生活方式;影响消费者的个人态度和自我观念,导致产生新的购买行为;引起消费者的仿效欲望,产生仿效行为;促进人们的行为趋于某种"一致化"。企业在开展营销活动时,首先,应善于运用参照群体对消费者施加影响,促进产品的销售。其次,要注意对于不同的商品,参照群体影响的程度是不一样的。一般而言,曝光度越高的商品,受参照群体的影响越大;产品越特殊,购买频率越低,消费者对其越缺乏了解,越易受到参照群体的影响。

2）家庭

家庭是消费者的首要参照群体之一,对消费者的购买行为有着重要影响。家庭是社会的重要消费单位,其中既有家庭成员共同参与的集体消费,也有不同成员的个人消费,因此,研究家庭是帮助营销人员从微观角度掌握消费规律的一个重要方法。人的一生,大部分时间是在家庭里度过的。家庭成员之间的频繁互动使其对个体行为的影响广泛而深远。个体的价值观、信念、态度和言谈举止无不打上家庭影响的烙印。不仅如此,家庭还是一个购买决策单位,家庭购买决策可以制约和影响家庭成员的购买行为,反过来,家庭成员也可以对家庭购买决策施加影响。

现在大多数市场营销人员都很注意研究家庭不同成员,如丈夫、妻子、子女在商品购买中所起的作用和影响。一般来说,夫妻的购买参与程度大都因产品的不同而有所区别。家庭主妇通常是一家的采购者,特别是在食物、家常衣着和日用品方面的购买,传统上主要由妻子承担。但随着社会的发展,男子参与家庭和家务劳动的风气逐步兴起,现在生产基本生活消费品的企业如果仍然认为妇女是其产品唯一的或主要的购买者,那么将在市场营销决策中造成很大的失误。当然在家庭的购买活动中,其决策并不总是由丈夫或妻子单方面做出的,实际上有些价值昂贵或是不常购买的产品,往往是由夫妻双方包括已长大的孩子共同做出购买决定的。

3）社会角色和地位

每一个人都在社会或群体中占据一定的位置,围绕这一位置,社会对个体会有一定的要求或期待。当个体依照社会的期待去履行义务、行使权利时,他就在扮演一定的角色。在现实生活中,人们需要扮演各种各样的角色,每个角色都传递一种身份,反映出社会给予此人的尊重程度,人们总是会选择那些能够代表他们社会身份的产品。因为角色关系,消费者需要关注的商品也有很大不同。比如,在中国家庭中,大多是女性打理家庭内部的事,因为女性同时承担了妈妈、妻子、女儿等角色,女性一般是家庭消费品的主力军,而男性一般更加关注汽车之类的市场情况。

在人的一生中,个人所承担的角色并不是固定不变的。随着社会的变迁和环境的变化,个体会放弃原有的一些角色、获得新的角色和学会从一种角色转换为另外的角色。在此过程中,个体的角色发生了改变,由此也会引起个体角色相关行为和对产品需求的变化。

 **企业案例**

环境与角色

沈杰明是广州市一家保健品公司的销售部副经理,与销售部经理同在一个办公室工作,与总经理办公室仅隔两个门,每天一走进办公室,沈杰明就感到自己随时处在销售部经理和总经理的监督之下。为此,他每天按时上下班,积极工作,还常常加班加点。对待本部门经理和总经理,他总是恭恭敬敬的。有一次去香港出差,他买了一只名表。他戴着表去向总经理汇报工作时,发现总经理戴的表略微便宜些,回到办公室后他就把表摘了下来,以后在办公室不再佩戴。为了提高销售业绩,他对自己辖下的业务人员要求严格,对于工作懒散和业绩差的业务人员,他都会毫不留情地加以呵斥。有顾客来公司洽谈业务,沈杰明都非常热情地接待,跑前跑后地办理食宿和机票车票,热情地陪同顾客去当地的景点参观旅游,在夏天和雨天帮顾客打伞。回到家里,他十分疲乏。好在他有一个好妻子,对他体贴备至,让他深感温馨。为了感谢妻子,他经常利用出差的机会给妻子买衣服和其他礼物。沈杰明的孩子聪明伶俐,但是喜欢玩电子游戏,成绩下降较快。沈杰明对孩子进行苦口婆心的教育,无效时就对孩子进行体罚,止住了孩子成绩下滑。沈杰明在小学、中学和大学阶段都有一批要好的同学,逢年过节经常在一起聚会。沈杰明与同学在一起时总是十分轻松和开心,狂放的舞姿和粗野的歌喉让他与平时判若两人。

沈杰明在不同的环境中扮演不同的角色,塑造不同的自我。在领导面前是下级,要恭恭敬敬;在下级面前是上级,要有权威;在顾客面前是服务者,要周到有礼;在同学面前是朋友,会随意和亲近;在妻子面前是丈夫,会显出柔情和偶尔的大男子主义;在子女面前是家长,会显出爱与严厉;在歌舞厅是娱乐者,会有放肆和狂放的行为。其中,有些身份经常占主导地位,如副经理身份、丈夫身份、家长身份等,而其他身份仅在特殊环境中占主导地位,如娱乐者身份、同学身份等。不同的角色身份决定了不同的消费行为。

3. 个人因素

1) 生理因素

生理因素是指年龄、性别、体征、喜好和健康状况等生理特征的差别。生理因素决定着消费者对产品款式、构造和细微功能有不同的需求。例如,儿童和老人的服装要宽松,穿脱方便;身材高大的人一般要穿大号鞋;江浙人喜好甜食、四川人喜好麻辣等。

2）经济因素

经济因素是指消费者可支配收入、储蓄、资产和借贷的能力。经济因素是决定购买行为的基本因素，决定着能否发生购买行为以及发生何种规模的购买行为，决定着购买商品的种类和档次。消费者的经济状况会强烈影响消费者的消费水平和消费范围，并决定着消费者的需求层次和购买能力。消费者的经济状况较好，就可能产生较高层次的需求，购买较高档次的商品，享受较为高级的消费。相反，消费者的经济状况较差，通常只能优先满足衣食住行等基本生活需求。

3）生活方式

生活方式是指一个人在生活中表现出来的活动、兴趣和看法的模式。有着不同生活方式的群体对产品和品牌有不同的需求。营销人员应设法从多种角度区分不同生活方式的群体，如节俭者、奢华者、守旧者、革新者、高成就者、自我主义者、有社会意识者等，在设计产品和广告时应明确针对某一生活方式的群体。例如，高尔夫球场不会向节俭者群体推广高尔夫球运动，环保产品的目标市场是社会意识强的消费者等。

影响消费者行为的个体因素主要有心理因素、生理因素、经济因素、生活方式等。心理因素指消费者自身的心理活动、心理状态对消费行为的影响，如认知、需要、动机等因素。生理因素指消费者自身的生理状况，包括性别、年龄、健康状况和喜好等因素对消费行为的影响。经济因素指消费者的收入状况对其消费行为的影响。

4．心理因素

1）消费者认知

认知是人由表及里、由现象到本质反映客观事物的特性与联系的过程，可以分为感觉、知觉、记忆等阶段。

（1）感觉。感觉是人脑对直接作用于感觉器官的客观事物个别属性的反应。个体通过眼、鼻、耳、舌等感觉器官对事物的外形、色彩、气味、粗糙程度等个别属性做出反应。

企业营销人员应当通过调查确定一些重要的感觉评价标准，了解消费者对各种商品的感觉，以在产品开发、产品定位、使用方法、促销方法、广告设计中考虑消费者的感觉与感受变化，制定相应的市场营销组合策略。

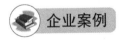 企业案例

味 觉 测 试

津源啤酒公司挑选聘用一批味觉能力强并经常饮用啤酒的消费者来品尝各种品牌的啤酒。首先培训他们掌握口感测试方法，然后请他们对本公司和其他竞争品牌的啤酒进行口感测试。测试采用盲法原则，受试者并不知道各啤酒的品牌。津源啤酒公司详细记下测试者对各品牌啤酒每一评价指标的具体评价，找出他们在每一指标上评价最高的啤酒。公司专业人员根据每一次测试的结果对本公司的啤酒进行改造，直到最后绝大多数测试者都在盲法测试中把津源啤酒作为最喜欢的一种为止。

津源啤酒公司通过这种严格的味觉测试，使自己的啤酒更受消费者的喜爱，在啤酒市场中占据了一席之地。

(2) 知觉。知觉是人脑对直接作用于感觉器官的客观事物各个部分和属性的整体的反应,它是对感觉信息加工和解释的过程,人在感觉的基础上形成知觉。知觉与感觉的主要区别有两个方面:一是个别属性与整体属性。感觉是人脑对客观事物某一部分或个别属性的反应;知觉是对客观事物各个部分、各种属性及其相互关系的综合的、整体的反应。二是当前刺激与以往经验。感觉过程仅反映当前刺激所引起的兴奋,不需要以往知识经验的参与;而知觉过程包括了当前刺激所引起的兴奋和以往知识经验的暂时神经联系的恢复过程。

知觉具有整体性和选择性。知觉的整体性是指知觉能够根据个体的知识经验将直接作用于感官的客观事物的多种属性整合为统一整体,以便全面、整体地把握该事物。所以,有时刺激本身是零散的,而因此产生的知觉却是整体的。知觉的选择性是指知觉对外来刺激有选择地反应或组织加工的过程。企业提供同样的营销刺激,不同的消费者会产生截然不同的知觉反应,与企业的预期可能并不一致。企业应当分析消费者的特点,使本企业的营销信息被选择成为其知觉对象,形成有利于本企业的知觉过程和知觉结果。

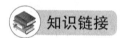

电视广告的播出时间与效果

电视是目前传播范围最广、影响最大且费用最为昂贵的广告媒体。为节省费用,企业的电视广告往往设计时长为 30 秒、15 秒、5 秒等不同版本。30 秒广告的情节最完整,产品信息最详尽。简版广告仅是 30 秒广告中的主要情节或主要广告语,其他具体情节一律省去。企业最初播放 30 秒广告,持续数月。当公众对该广告耳熟能详、出口成诵的时候,改为播放 15 秒乃至 5 秒的广告。其中,5 秒广告的费用是 30 秒广告费用的 1/6,其传播效果是否也是其 1/6 呢?

研究表明,5 秒广告的效果远大于 30 秒广告效果的 1/6,甚至可以接近 30 秒广告的效果。受众在 5 秒广告中虽然只看到、听到主要情节或主要广告语,但是由于对原 30 秒广告十分熟悉,大脑会将 5 秒广告所省略的情节和词语自动回忆出来,将不完整的信息补充完整。这种做法就是利用知觉整体性的原理,以较少的广告费用收到较大的传播效果。

(3) 记忆。记忆是获得信息并把信息储存在头脑中以备将来使用的过程。

记忆过程可分为识记、保持、再认或回忆三个基本环节。识记是记忆过程的第一个环节,是指个体获得知识和经验的过程,具有选择性的特点。保持是记忆过程的第二个环节,是指已获得的知识经验在头脑中储存和巩固的过程。再认或回忆是记忆过程的第三个环节,是在不同条件下恢复过去经验的过程。再认是指过去经历过的事物再次出现在面前的时候能够加以确认的过程;回忆是指把过去经历过的事情在脑中重新呈现出来。既不能再认也不能回忆的现象,称为遗忘。记忆的三个环节相互依存、密切联系,识记和保持是再认或回忆的前提,再认或回忆则是识记和保持的结果,并进一步巩固和加强识记和保持的内容。

消费者在接触、注意和理解信息的时候,往往并不能马上做出购买决策,而是在事后根据记忆做出决策。许多营销人员不了解消费者记忆的规律和影响因素,耗费了巨额资金传播信息也无法增强消费者的记忆。

影响记忆的因素可以分为客观因素和主观因素两个方面。客观因素是指记忆材料自身的状态,比如性质、重要性、难易程度、内在联系、数量多少、序列位置、相似程度等。主观因素是指记忆者自身的状态,比如记忆目的与任务、记忆方法、身心条件等。

选择性注意与影响因素

人的感官每时每刻都可能接受大量的刺激,而知觉并不是对所有刺激都做出反应。据估计,普通人每天要接触 1 500 多条广告或品牌信息,但是大多数信息都被过滤掉了。知觉的选择性保证了人能够把注意力集中到重要的刺激或刺激的重要方面,排除次要刺激的干扰,更有效地感知和适应外界环境。研究表明,外在刺激是否易于成为知觉对象,受到刺激物的客观性质与人的主观状态两方面的影响。从客观方面看,具备下列条件的刺激易于成为知觉对象:刺激强度大的,与背景或外在环境形成明显对比的、活动性的、有规则的、通俗的。从主观方面看,与知觉者的需要、动机、兴趣、情绪、任务、知识经验相一致的刺激以及重要的刺激易于成为知觉对象。

2) 消费者的需要与动机

(1) 需要。需要是个体对内在环境和外部条件较为稳定的要求。个人与环境之间有一定的平衡状态,如果这种平衡状态遭到破坏,就会引起一种紧张,产生需要或动机。如果需要得不到满足或受到阻遏,紧张状态就会保持,推动着人们从事消除紧张、恢复平衡、满足需要的活动。需要满足后,紧张才会消除。因此,需要是行为的动力。

(2) 动机。动机是指人们产生某种行为的原因。购买动机指人们产生购买行为的原因。人们从事任何活动都由一定动机所引起,引起动机有内外两类条件,内在条件是需要,外在条件是诱因。需要经唤醒会产生驱动力,驱动有机体去追求需要的满足。例如,血液中水分的缺乏会使人产生对水的需要,从而引起唤醒或紧张的状态,促使人通过喝水这一行为来满足需要。由此可见,需要可以直接引起动机,导致人朝着特定的目标行动。

但是,动机和需要也有显著的不同。需要仅反映产生行为的内在原因,而动机包括产生行为的内在与外在原因。需要不一定引起个体的行为,只有处于唤醒状态才能驱使个体采取行动。需要仅为行为指明总的目标或任务,但是并不规定实现目标的方法或途径。例如,在饥饿的时候,消除饥饿是需要,是总任务或总目标,消除饥饿的食品如米饭、馒头、鱼肉等都是实现目标的不同方法或途径,消费者选择哪种食品并不能由需要得到解释。

(3) 需要层次论及其在市场营销活动中的应用。心理学家提出多种理论揭示了人类行为动机与消费者购买动机,马斯洛需要层次理论是得到广泛应用的动机理论之一。马斯洛需要层次理论把需要分成生理需要、安全需要、社交需要、尊敬需要和自我实现需要,依次由较低层次到较高层次排列。

① 生理需要。生理需要是指人类维持自身生存的最基本要求,包括饥、渴、衣、住、性的方面的要求。如果这些需要得不到满足,人类的生存就成了问题。在这个意义上说,生理需要是推动人们行动的最强大的动力。

② 安全需要。安全需要是指人类要求保障自身安全、摆脱事业和丧失财产威胁、避免职业病的侵袭、解除严酷的监督等方面的需要。如为了人身安全和财产安全而对防盗设备、

保安用品、保险产品产生需要。

③ 社交需要。社交需要是指参与社会交往,取得社会承认和归属感的需要。消费行为必然会反映这种需要,如为了参加社交活动和取得社会承认而对得体的服装和用品产生需要,为了获得友谊而对礼品产生需要等。

④ 尊敬需要。尊敬需要是指在社交活动中受人尊敬,取得一定的社会地位、荣誉和权力的需要。如为了表明自己的身份和地位而对某些高档消费品产生需要等。

⑤ 自我实现需要。这是最高层次的需要,是指实现个人理想、抱负,发挥个人的能力到最大程度,完成与自己的能力相称的一切事情的需要。也就是说,人必须做称职的工作,这样才会使他们感到最大的快乐。

需要层次理论有两个基本出发点,一是人人都有需要,某一层次的需要获得满足后,另一层次的需要才出现;二是在多种需要未获得满足前,首先满足迫切需要,该需要满足后,后面的需要才显示出激励作用。一般来说,某一层次的需要相对满足了,就会向高一层次发展,追求更高一层次的需要就成为驱使行为的动力。相应地,获得基本满足的需要就不再是一股激励力量。

课间小故事

一条街上有三家水果店。一天,有位老太太要买李子,她到了第一家店,问:"有李子卖吗?"店主马上迎上前说:"我这里的李子又大又甜,刚进的货,新鲜得很呢!"没想到老太太一听,竟扭头就走了,店主很纳闷:奇怪啊,我哪里得罪老太太?

老太太来到第二家水果店。店主马上迎上前说:"老太太,买李子啊? 我这里的李子有酸的也有甜的,您想买哪一种?""酸的。"于是,这位太太买了一斤酸李子回去。

第二天,老太太又来买李子。第三家水果店的店主看见了,主动迎了上去:"老太太,又要买酸李子吗? 我这里有又酸又大的李子,您要多少?""我想要一斤。"老太太说。一切仿佛和前一天的情景一样,但第三位店主一边称酸李子,一边搭讪道:"一般人都喜欢甜的李子,可您为什么要买酸的呢?"

老太太回答说:"儿媳妇怀上孙子啦,特别喜欢吃酸的。""恭喜您老人家了! 您儿媳妇有您这样的好婆婆真是有福气。不过孕期的营养也很关键,经常补充些猕猴桃等维生素丰富的水果,对宝宝会更好!"这样,老太太不仅买了李子,还买了一斤进口猕猴桃,而且以后经常来这家水果店买各种水果。

解析:第一家水果店店主是不合格的销售人员,只是一味地告诉顾客自己的产品如何好,而不了解顾客需要什么;第二家水果店店主是合格的销售人员,懂得通过简单的提问满足顾客的一般需要;第三家水果店店主是优秀的销售人员,他不仅了解和满足了顾客的一般需求,还挖掘并创造了顾客的需求。

当人们的基本需求被满足后,会追求更高层次的需求,但是许多较高层次的需求如心理和精神需求,消费者常常难以表达出来,企业要想在同类竞争品种中占据一席之地,需要从新的角度出发为用户创造新的需求。

消费者购买心理一般会经过七个阶段的变化。

注意：好酷！　　　　　　——利用视觉效果

兴趣：这东西不错。　　　——迎合顾客心态

欲望：有一个就好了。　　——突出产品价值

信赖：哪个好呢？　　　　——高度自信介绍

决心：就是它了。　　　　——踢好临门一脚

购买：买一个。　　　　　——笑脸，麻利收钱

满足：物超所值。　　　　——加强服务增值

 知识链接

人的四种气质类型及其特点

多血质：活泼好动，善于交际，思维敏捷，容易接受新鲜事物，情绪情感容易产生也容易变化和消失，容易外露，体验不深刻。

胆汁质：坦率热情，精力旺盛，容易冲动，脾气暴躁，思维敏捷，但准确性差，情感外露，但持续时间不长。

黏液质：稳重，考虑问题全面，安静、沉默，善于克制自己，善于忍耐。情绪不易外露，注意力稳定而不容易转移，外部动作少而缓慢。

抑郁质：沉静，对问题感受和体验深刻、持久，情绪不容易表露，反应迟缓但是深刻，准确性高。

课后案例分析

案例 1　UPS 的购买者

UPS（美国联合包裹运送服务公司）的绝大多数收入不是来自接收包裹的消费者，而是来自发送包裹的企业。对于企业来说，包裹传递只是涉及采购、库存、订单核实、发货、支付、商品退还以及其他的物流服务。除了实体包裹传递，公司还需要处理与之相随的资金和信息。许多公司还没有把这些活动看成是获得竞争优势的一项战略能力。

这就是 UPS 的切入点，也是 UPS 能做得最好的地方。多少年来，UPS 不断壮大，已不再是递送邻里之间小包裹的公司，而是拥有 350 亿美元资产、提供广泛物流服务的企业巨人。UPS 处理物流活动，让顾客把精力集中在 UPS 能做得最好的地方。UPS 能为客户提供一切，从地上或空中包裹递送、货物递送（空中、海路、铁路和公路）、邮件服务到库存管理、第三方物流、国际贸易管理、物流管理软件和电子商务解决方案，甚至包括融资。无论一个企业的规模如何，UPS 都有充足的资源去处理其物流需求。UPS 公司每年投资 10 亿美元用于信息技术，以支持它的高度准时的物流服务，并使顾客能够掌握物流过程中每一时点的信息。

除了帮助客户在美国国内运输货物外，UPS 公司还为企业客户摆脱了国际运输的烦恼。UPS 每天开有 800 个国际航班，往返于 466 个国际终点站。虽然大多数居民不需要来

往于中美之间的隔日送达空递服务,但是许多企业需要来往于亚洲制造区的运输服务。UPS确保重要物品的准时运输,如关键商业文件、高价物品(半导体等)和紧急修理零部件,它们每天都往返于太平洋上。UPS甚至提供便捷的美国海关通关服务,因此能使产品快速地通过检查和出关。

在更深的层次上,UPS能够为大小企业提供所需的建议或是技术支持,以改进它们的物流活动。UPS咨询部建议很多企业重新设计物流系统,使它们更适应其经营战略。UPS供应链方案可为顾客提供帮助,使产品、资金和信息在供应链中的流动更协调一致。UPS物流技术为企业提供软件支持,帮助企业改进分销效率,包括街道路线最优化设计、区域计划、灵活递送实施、实时无线递送以及GPS跟踪。

对于居民消费者,UPS用卡车进行简单、高效的包裹递送,在产业市场上,它培育了更深入、更复杂的客户关系。UPS不是只提供简单的物流服务,而是成为企业的战略合作伙伴。

【讨论分析】

1. UPS的业务主要针对哪些市场?
2. UPS如何满足不同类型客户的购买行为?

案例2　中储集团的客户分析

中国物资储运集团有限公司(简称"中储集团")近年来紧贴市场,根据不同客户对物流服务的需求情况,适时调整经营策略,大力发展全程物流代理、现货交易市场及行情实时发布、国际货运代理、配送等业务,取得了可喜的成绩。

中储集团现有客户主要有四类。

第一类客户是生产资料的生产和经销企业,包括金属材料、建筑材料、汽车、木材、机电产品、塑料、纸制品、化肥等生产及批发商,以金属材料为主。由于生产资料流通体制的改革和买方市场的形成,从20世纪90年代开始,许多仓库变为前店后库式的生产资料交易市场,有大中型金属材料市场近10个。客户包括:宝钢、首钢、鞍钢、武钢、邯钢、包钢、攀钢、浦项制铁、展鸣纸业、一汽、二汽、天津汽车厂等。中储集团提供交易、仓储、加工、配送、信息等"一条龙"服务。中储集团目前在华北、东北、西北、华东等各大地区金属材料市场的年交易额达300亿元。

第二类客户主要是国家大型重点工程项目,中储集团已承接黄河小浪底水利枢纽、北京首都机场改扩建、来宾电厂等数十个国家重点工程大型设备的国际货运代理业务。服务内容包括:揽货、订舱、报关、报验、保险、接运和集装箱拼、装、拆箱,分拨、仓储及配送服务。对部分建设工程项目,实施生产资料配套采购及配送业务。

第三类客户主要是生产资料生产企业。典型的是家电生产企业,如海尔、长虹、康佳、厦华、澳柯玛、LG、美的、复星、爱立信百威、青岛啤酒等。这部分客户是中国市场经济的飞速发展带给中储集团的,中储集团主要提供生产和销售配送。如中储南京仓库成为长虹在江苏地区的配送中心,海尔将天津南一仓库和石家庄东三教仓库作为其华北地区的配送中心。目前这类业务的发展很快,为提高服务质量,中储集团为客户及时提供在库及在途信息。

第四类客户是商业批发和零售企业。针对这类客户,中储集团提供仓储、分拣及配送服务。

【讨论分析】

1. 中储集团客户的购买行为分别有什么特点？请归纳出要点。

2. 影响中储集团客户的购买因素有哪些？试分析这些因素。

实训操作项目

实训操作 1   物流服务购买行为分析

【实训目标】

分析物流服务购买行为。

【实训内容】

以小组为单位，设计一份调查问卷并组织实施，了解当地物流客户的购买心理和特征。

【实训要求】

（1）学生每 4～6 人分为一组，组内自行合理分工，确定负责人。

（2）调查问卷的目的应明确，格式符合要求。

（3）问题和答案的设计应科学合理，有利于调查目的的实现。

（4）在选择被调查人时，注意要具有代表性。

（5）注意调查过程的控制。

（6）回收问卷时要对问卷的有效性进行统计。

【成果与检验】

（1）各组对调查问卷进行分析处理，形成调查报告。

（2）在班内汇报调查情况，小组间互评。

（3）教师对各组调查报告进行评议。

实训操作 2   快递企业消费者客户分析

【实训目标】

分析快递企业消费者购买行为。

【实训内容】

利用本项目的理论知识分析材料涉及的具体内容，分析快递企业应该怎样做能使客户满意。

【实训要求】

（1）学生每 4～6 人分为一组，组内自行合理分工，确定负责人。

（2）要求学生通过网络、报纸、期刊等媒体，搜集我国快递业市场现状的相关材料。

（3）利用本项目的理论知识分析材料涉及的具体内容，以消费者客户的角度，分析快递企业应该怎样做能使消费者更满意，同时归纳出消费者购买快递服务的行为过程。

【成果与检验】

（1）小组成员依据讨论的结果，确定最终发言的思路和提纲。

（2）现场交流：由每组选定的代表进行现场发言，组内成员可以做出补充。

（3）教师进行点评与总结。

项目 3

物流营销战略分析

知识目标

(1) 熟悉波士顿矩阵和通用电气公司矩阵内容。

(2) 掌握波特五力竞争分析方法和常用竞争战略。

(3) 了解物流企业业务竞争战略。

(4) 掌握物流市场细分的方法、波特五力竞争分析方法和常用竞争战略。

(5) 明确目标市场的选择以及影响因素。

(6) 理解目标市场定位战略。

(7) 掌握竞争者的识别分析方法。

(8) 熟悉物流市场竞争地位不同的企业采取的竞争战略。

能力目标

(1) 能够运用波士顿矩阵和通用电气公司矩阵方法进行分析。

(2) 能够运用波特五力竞争分析方法。

(3) 能够根据不同的竞争地位,制定相应的物流营销策略。

(4) 能对物流市场进行有效细分。

(5) 能够运用市场定位方法解决物流企业营销中的问题。

(6) 能够有效识别不同类型的竞争者。

(7) 能够根据不同的竞争地位,拟定相应的物流营销策略。

课程思政

(1) 培育社会主义核心价值观。

(2) 树立全局意识、竞争意识、创新意识。

(3) 树立正确的情感价值取向。

任务 3.1 物流企业战略规划

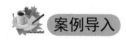

海尔的物流战略规划与实施

海尔集团创立于1984年,目前已发展成为在海内外享有较高声誉的大型国际企业集团。海尔踏准节拍,从资不抵债、濒临倒闭的集体小厂已发展成引领物联网时代的生态型企业。

网络经济时代,企业如果没有现代物流,就意味着没有物可流,因为这是被现代企业运作的驱动力所决定的。海尔认识到,现代企业运作的驱动力就是一个:订单。如果要实现完全以订单去销售、采购、制造,那么支持它的最重要的一个流程就是物流。

现代物流区别于传统物流的两个最大特点:第一是信息化;第二是网络化。在实践过程中,海尔用"一流三网"来体现这两个特点:"一流"是以订单信息流为中心;"三网"分别是全球供应链资源网络、全球配送资源网络和计算机信息网络,"三网"同步流动,为订单信息流的增值提供支持,从而实现了即时采购、即时配送和即时分拨物流的同步流程。

海尔的物流改革是一种以订单信息流为中心的业务流程再造,通过对观念和机制的再造,构筑起海尔的核心竞争力。海尔物流可以实现三个零的目标,即零库存、零距离、零营运资本,这给了企业能够在市场竞争中取胜的核心竞争力。物流战略的实施使海尔一只手抓住了用户的需求,另一只手抓住了可以满足用户需求的全球供应链,并把这两种能力结合在一起。

海尔将原来的金字塔式组织结构改革为扁平化的组织结构,成立物流推进本部,统一采购、统一原材料配送、统一成品配送,内部资源得以整合,外部资源得以优化,使采购、生产支持和物资配送实现战略一体化。

海尔认为物流的发展必须以信息技术为基础。为了建立高效、迅速的现代物流系统,海尔采用了 ERP 系统和 BBP 系统(原材料网上采购系统),对企业进行流程改造。海尔的ERP 系统共包括五大模块:MM(物料管理)、PP(制造与计划)、SD(销售与订单管理)、FI(财务管理)与 CO(成本管理)。海尔的 BBP 系统主要是建立与供应商之间基于 Internet 的业务和信息协同平台。海尔的现代物流管理系统不仅很好地提高了物流效率,而且将海尔的电子商务平台扩展到了包含客户和供应商在内的整合供应链管理,极大地推动了海尔电子商务的发展。

资料来源:张理. 现代物流案例分析[M].2 版. 北京:中国水利水电出版社,2008.

【思考】

海尔的物流战略成功在哪儿?

3.1.1 物流企业战略认知

当前,经济全球化趋势日益加剧,市场竞争日趋激烈,顾客需求也在不断改变,物流企业要想在这种动态的环境中生存、发展,既要善于创造顾客并满足顾客的需求,更要积极、主动地适应变化着的市场。战略是面对变化的环境,物流企业为谋求长远发展而做的谋划、思考和安排。

1. 物流企业战略概念

战略的使用在中国与西方各自不同。

在西方,"strategy"一词源于希腊语"strategos",意为军事将领、地方行政长官,是指某一个人。后来这一词汇演变成军事术语,指军事将领指挥军队作战的谋略。公元 579 年,罗马皇帝毛莱斯用拉丁文写了一本名为《战略管理》(*Stratajicon*)的书,被认为是西方第一本战略著作。

在中国,"战略"一词历史久远,"战"指"战争","略"指"谋略"。现在流行的观点是:春秋时期孙武的《孙子兵法》被认为是中国最早完整提出战略思想并对战略进行全局筹划的著作。在中国,反映和记载战略观念发展的文献大体上分为两类:一类是兵书,另一类是史书。《孙子兵法》之前还有很多谈及战略的文章,但都没有《孙子兵法》全面、系统。"三十六策",是指中国古代三十六个兵法策略,语源于南北朝,成书于明清。

"战略"用于其他领域,泛指重大的、带全局性或决定全局的谋划。

现代社会的"战略"一词引申到政治和经济领域,其含义也演变为泛指统领性、全局性、左右胜败的谋略、方案和对策。在现代物流企业管理中,战略被描述成一个物流企业打算如何实现自身目标和使命。

物流企业战略是设立远景目标并对实现目标的轨迹进行的总体性、指导性谋划,属宏观管理范畴,具有指导性、全局性、长远性、竞争性、系统性、风险性六大主要特征。

(1)指导性。物流企业战略界定了企业的经营方向、远景目标,明确了企业的经营方针和行动指南,并筹划了实现目标的发展轨迹及指导性的措施、对策,在企业经营管理活动中起着导向作用。

(2)全局性。物流企业战略立足于未来,通过对国际、国家的政治、经济、文化及行业等经营环境的深入分析,结合自身资源,站在系统管理的高度,对物流企业的远景发展轨迹进行了全面的规划。

(3)长远性。物流企业战略着眼于长期生存和长远发展的思考,确立了远景目标,并谋划了实现远景目标的发展轨迹及宏观管理的措施、对策。

(4)竞争性。竞争是市场经济不可回避的现实,也正是因为有了竞争才确立了"战略"在经营管理中的主导地位。

(5)系统性。物流企业战略确立了远景目标,并围绕远景目标设立各阶段目标及目标实现的经营策略,以构成一个环环相扣的战略目标体系。同时,根据组织关系,物流企业战略需由决策层战略、事业单位战略、职能部门战略三个层级构成一体。

(6)风险性。物流企业做出任何一项决策都存在风险,战略决策也不例外。市场研究深入,行业发展趋势预测准确,设立的远景目标客观,各战略阶段人、财、物等资源调配得当,战略形态选择科学,制定的战略就能引导物流企业健康、快速地发展;反之,仅凭个人主观判断市场,设立目标过于理想或对行业的发展趋势预测产生偏差,制定的战略就会产生管理误导,甚至给物流企业带来破产的风险。

2. 物流企业战略管理概念

美国企业家伊戈尔·安索夫(Igor Ansoff)在1976年出版的《从战略规划到战略管理》一书中首次提出了"企业战略管理"概念,即企业战略管理是确定企业使命,根据组织外部环境和内部条件设定企业的战略目标,为保证目标的正确落实和实现而进行谋划,并依靠企业内部能力将这种谋划和决策付诸实施,以及在实施过程中进行控制的一个动态管理过程。乔治·斯坦纳(George Steiner)在1982年出版的《企业政策与战略》一书中提出:企业战略管理是确定企业使命,根据企业外部环境和内部经营要素确定企业目标,保证目标的正确落实并使企业使命最终得以实现的一个动态过程。

战略管理的任务,就在于通过战略制定、战略实施和日常管理,在保持这种动态平衡的条件下,实现物流企业的战略目标。战略管理是一个全过程的管理,不仅涉及战略的制定和规划,也包含着将制定的战略付诸实施的管理。

3. 物流企业战略的层次结构

物流企业通过其组织结构形成不同的管理层次,与此相对应,物流企业战略也有不同的层次。典型的物流企业战略可以划分为:公司战略、业务单位战略和职能战略三个层次(图 3-1)。

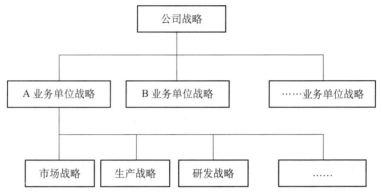

图 3-1 物流企业战略的层次结构图

公司战略覆盖物流企业整体。业务单位战略是为公司每个业务部门制定的战略。职能战略是针对物流企业内部的每项职能制定的战略,职能战略必须符合物流企业整体战略。

1) 公司战略

公司战略又称企业整体战略,是指为实现企业总体目标,对企业未来发展方向做出的长期性和总体性战略。公司战略是统筹各项分战略的全局性指导纲领,是企业最高管理层指导和控制企业一切行为的最高行动纲领。公司战略一般由物流企业最高管理层制定,包括首席执行官、董事会成员、总经理及其他高级管理人员和相关专业人员。公司战略规定了物流企业的使命、目标、宗旨,以及发展计划、整体的产品或市场决策和其他重大决策。

2) 业务单位战略

业务单位战略是在总体战略指导下,一个业务单位进行竞争的战略,也称为竞争战略。业务单位战略被赋予一定的战略决策权力,可以根据外部市场的状况对产品和市场进行战略规划并进行战略决策,其目标是取得竞争优势。业务单位战略的制定者一般是事业部门管理层,制定一个具有可持续竞争优势的业务单位战略时,管理层需要明确在什么市场能够取得竞争优势,什么产品或服务能够区别于竞争对手以及竞争对手可能采取的行动。

业务单位战略的目标是取得竞争优势,其主要内容是:决定在一个特定市场的产品如何创造价值,包括决定与竞争对手产品的区分,机器的现代化程度,新产品的推出和老产品的退出,是否成为技术先导物流企业,如何向顾客传达信息等。

业务单位战略由业务单位负责人制定,它应当与总体战略保持一致,支持总体战略的实现。如果一个物流企业只在一个特定市场中开展业务,公司战略和业务单位战略属于同一层面,则没有必要对两者加以区别。

3) 职能战略

(1) 职能战略概念。职能战略是指物流企业中各职能部门制定的、指导职能活动的战略,描述了在执行公司战略和业务单位战略的过程中,物流企业中每一职能部门所采用的方法和手段。职能战略的制定者是职能部门管理层,职能战略是保证公司战略和业务单位战略成功的基础。

（2）物流企业职能战略的类型。物流企业职能战略一般可分为营销、财务、生产、研究与开发、人力资源五种战略类型。

① 营销战略。营销战略就是确定目标市场、制定营销战略、实施和控制具体营销战略的方案或谋划。营销战略决定市场营销的主要活动和主要方向。

② 财务战略。财务战略就是根据公司战略、竞争战略和其他职能战略的要求,对物流企业资金进行筹集、运用、分配,以取得最大经济效益的方略。

③ 生产战略。生产战略就是物流企业在生产成本、质量流程等方面建立和发展具有相对竞争优势的基本途径,它规定了企业在生产制造和采购部门的工作方向,为实现企业总体战略服务。

④ 研究与开发战略。研究与开发战略包括科学技术基础研究和应用研究,以及新产品、新工艺的设计和开发。对于物流企业来讲,研究与开发涉及市场、技术、产品、生产、组织等各方面工作,其中主要是技术、产品和生产方面的研究与开发。

⑤ 人力资源战略。人力资源战略是指根据物流企业总体战略的要求,为适应物流企业生存和发展的需要,对物流企业人力资源进行开发,提高职工队伍的整体素质,从中发现和培养出一大批优秀人才所进行的长远性谋划和方略。

4. 物流企业战略规划的一般过程

物流企业战略规划是指依据物流企业外部环境和自身条件的状况及其变化来制定和实施战略,并根据对实施过程与结果的评价和反馈来调整,制定新战略的过程(图 3-2)。

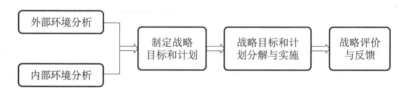

图 3-2 战略规划的步骤图

根据战略规划的思路,首先,物流企业通过分析外部环境,识别出市场机会与威胁;其次,物流企业结合自身条件的优劣势,形成企业战略目标和计划;再次,根据战略目标和计划的要求进行任务分解,保证战略的落实并达成目标;最后,对整个战略的实施进行评价与反馈,确认是否达到预期的效果,并为下一步制定新的战略行动指明方向。

3.1.2 物流企业总体战略分析

总体战略又称公司层战略,是物流企业最高层次的战略。总体战略需要根据企业的目标,选择企业可以竞争的经营领域,合理配置企业经营所必需的资源,使各项经营业务相互支持、相互协调。公司战略常常涉及整个物流企业的财务结构和组织结构方面的问题。

公司总体战略类型

1. 公司总体战略类型

对于物流企业来说,要对现有产品和相关市场组合的发展制定相应的战略,它是发展现有产品的新顾客群或新的地域市场从而扩大产品销售量的战略措施。在物流企业营销决策中,一般采用的市场发展战略有三种,即发展战略、稳定战略和收缩战略(图 3-3)。

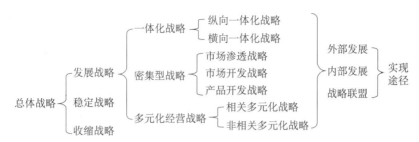

图 3-3　发展战略类型

1) 发展战略

发展战略是物流企业战略的核心和基础,为了在竞争激烈的市场上更适应生存和发展,物流企业必须探究市场发展战略。充分认识市场发展战略在现代物流企业经营中的地位和作用,对市场发展各类战略进行研究与分析,制定切实可行的市场发展战略。

物流企业的发展战略强调充分利用外部环境的机会,充分发掘企业内部的优势资源,以谋求企业在现有基础上向更高一级方向发展。发展战略主要适合行业龙头企业、有发展后劲的企业及新兴行业中的企业,具体的战略形式包括:一体化战略、密集型战略和多元化经营战略。

(1) 一体化战略。一体化战略是指企业对具有优势和增长潜力的产品或服务,沿其经营的纵向或横向延展业务的深度和广度,扩大经营规模,实现物流企业成长的一种战略。一体化战略是社会经济发展到一定阶段的必然形式,实施该战略有利于实现物流企业资源的有效组合与合理调配,增加经营资本规模,实现优势互补,增强集合竞争力,加快拓展速度,促进规模化经济的发展。

一体化战略包括横向一体化战略和纵向一体化战略两种,其中,纵向一体化根据企业是向产业链上游扩张还是向下游扩张,又分为后向一体化战略和前向一体化战略。

横向一体化战略是指企业向产业链相同阶段方向扩张的战略。一般情况而言,企业采用横向一体化战略是为了实现规模经济,扩大生产能力,以取得竞争优势。

纵向一体化战略是指企业沿着产品或业务链向前或向后,延伸和扩展企业现有业务的战略。其中,后向一体化战略是指获得供应商的所有权或加强对供应商的控制权。后向一体化有利于企业控制原材料的成本和质量等,确保企业生产稳步进行,加大对产品成本的控制。后向一体化战略在汽车、钢铁等产业采用的较多。前向一体化战略是指获得分销商或零售商的所有权或加强对他们的控制权的战略。前向一体化战略通过控制销售渠道,能够增强企业对消费者需求变化的敏感性,加大对市场的控制,提高企业产品的市场适应性及竞争力。

(2) 密集型战略。研究企业密集型战略的基本框架为安索夫的"产品—市场战略组合"矩阵(图 3-4)。

根据企业是针对现有市场或新市场,针对现有产品或新产品,将其划分为四大战略:市场渗透、市场开发、产品开发和多元化战略。其中,市场渗透、市场开发和产品开发属于密集型战略。多元化战略放在下面详细讲解。

① 市场渗透战略。皮德斯和沃特曼将这种战略称为"坚守阵地",这种战略强调企业发展单一产品,试图通过更强有力的营销手段将产品销售出去,获得更大的市场占有率。市场

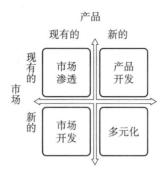

图 3-4　安索夫的"产品—市场战略组合"矩阵

渗透战略的基础是增加现有产品或服务的市场份额,或增加现有市场中经营的业务。市场渗透战略的目标是通过各种方法来增加产品的使用频率。例如加大广告投入和促销等方法。

【举例】

中国经济的快速增长、城镇化率的提高、移动互联网用户和在线支付用户的庞大规模及在线物流服务优势所带来的强大市场需求,共同促进了在线同城物流渗透率的提高。在线同城物流的渗透率从 2017 年的 0.6% 增至 2021 年的 4.5%,预计于 2022 年将进一步增至 6.7%。

② 市场开发战略。市场开发战略即企业采取种种措施,进入新的市场来扩大现有产品的销售。这种战略具体表现为开辟其他区域市场和细分市场。一般情况下,进入其他区域市场是指地理位置而言,从本地市场扩展到国内市场,最终走向国际市场。例如小米公司原有发展市场为中国市场。在小米公司国际化的过程中,首先进入印度进行试点销售,随后进军整个东南亚,然后进入俄罗斯市场,最后是欧洲市场。针对细分市场而言,更多指的是消费人群的转换。

【举例】

中国农村有 8 亿人口,2.1 亿多个家庭,占全国家庭总数的 67.6%。同城市市场相比,农村市场潜力巨大,仅以县乡为主的中国家电市场容量有望达到 2 300 多亿元。交通部曾推行"村村通"工程,乡村道路正在逐渐改善;商务部正在推行"万村千乡"工程,农村超市及配送中心建设给予相应补贴;2007 年 12 月,财政部、商务部在山东、河南和四川三省启动"家电下乡"试点工程,政府对购买家电的农民补贴 13%,相当于家电降价 13%。2008 年 12 月 1 日起,二期将正式扩容推广至全国 12 个省,涵盖全国 60% 的农村市场。农村物流市场体系建设已经成为新农村建设的重要工程。同时由于农村物流市场体系的问题,使得商品流通路径长,增加物流费用及不必要的涨价环节。

③ 产品开发战略。企业在销售过程中,立足现有的市场,根据消费者的需求开发出新产品或改进产品,增加现有产品的吸引力。拥有特定细分市场、综合性不强的产品或服务范围窄小的企业可能会采用这一战略。产品开发战略有利于企业利用现有产品的声誉和商标,吸引用户。

企业对现有市场较为了解,产品开发的针对性较强,因而较易取得成功。可采用多种方法,如提供不同尺寸和不同颜色的产品,使用不同的包装。但是开发新产品可能会极具风险,实施起来有难度。

（3）多元化经营战略。多元化经营战略是指企业进入与现有市场和产品不同的领域。随着现有市场的变化,现有市场与产品无法为企业持续带来利润,因此,企业需要不断扩张。根据扩张方向与原有产业是否相关,划分为相关多元化战略和非相关多元化战略。

相关多元化战略是指以现有业务或市场为基础进入相关产业或市场。相关多元化的相关性可以是产品、生产技术、管理技能、营销渠道、营销技能以及用户等方面的类似。采用相关多元化战略,有利于企业利用原有产业的产品知识、制造能力、营销渠道、营销技能等优势来获取融合优势,即两种业务或两个市场同时经营的盈利能力大于各自经营时的盈利能力之和。当企业在产业或市场内具有较强的竞争优势,而该产业或市场成长性或吸引力逐渐下降时,比较适宜采用同心多元化战略。

非相关多元化战略是指企业进入与当前产业和市场均不相关的领域。企业当前产业或市场缺乏吸引力,而企业也不具备较强的能力和技能转向相关产品或市场,出于财务上考虑平衡现金流或者获取新的利润增长点,规避产业或市场的发展风险。

多元化战略适合大中型企业,该战略能充分利用企业的经营资源,提高闲置资产的利用率,通过扩大经营范围,缓解竞争压力,降低经营成本,分散经营风险,增强综合竞争优势,加快集团化进程,但实施多元化战略应考虑选择行业的关联性、企业控制力及跨行业投资风险。

2）稳定战略

稳定战略又称为维持战略,是指限于经营环境和内部条件,企业在战略期所期望达到的经营状况基本保持在战略起点的范围和水平上的战略。

采用稳定战略的企业不需要改变自己的宗旨和目标,只需要集中资源用于原有的经营范围和产品,以强化其竞争优势。

一般情况下,当企业前期经过快速扩张后,会进入短暂的稳定时期。或者企业预测到其外部环境会发生较大变动,而采取短暂的修整。

但是当外部环境发生较大变动,企业战略目标、外部环境、企业实力三者之间就会失去平衡,企业就会陷入困境。同时稳定战略容易使企业减弱风险意识,甚至形成惧怕风险、回避风险的企业文化,降低企业对风险的敏感性和适应性。

3）收缩战略

收缩战略也称撤退战略,是指企业缩小经营范围和规模的战略。企业为削减费用和改善资金的使用,减少在某一特定的产品线、产品、牌号或经营单位的投资,把资金投入另外的新的或发展中的领域。收缩战略主要适合处于市场疲软、通货膨胀,产品进入衰退期,管理失控、经营亏损、资金不足、资源匮乏、发展方向模糊的危机企业。

具体表现为通过改变经营计划、调整经营部署,转移市场区域（主要是从大市场转移到小市场）或行业领域（从高技术含量向低技术含量的领域转移）;通过削减支出、降低产量,退出或放弃部分地域或市场渠道;出售或转让企业部分或全部资产。

收缩型战略的优点是通过整合有效资源,优化产业结构,保存有生力量,能减少企业亏损,延续企业生命,并能通过集中资源优势,加强内部改制,以图新的发展。其缺点是容易荒废企业部分有效资源,影响企业声誉,导致士气低落,造成人才流失,威胁企业生存。

2. 物流企业总体战略规划过程

规划总体战略的过程一般包括认识和界定物流企业使命、区分战略业务单位(SBU)、业务投资组合分析以及规划成长战略等过程。

1) 认识和界定物流企业使命

公司的使命首先是要阐明物流企业组织的根本性质与存在理由。企业使命(mission)是指企业之所以存在的理由与追求的价值。企业使命解释了企业形成和存在的根本目的、公司的宗旨以及完成任务的基本行为规范和原则,它从根本上回答了"我们的业务是什么"这一问题。企业使命代表了企业存在的根本价值,没有使命,企业可能丧失存在的意义。

物流企业使命的界定是战略管理的起点,是一种企业定位的抉择,它需要回答的问题是:谁是我们的顾客? 他们需要什么? 我们能为他们做点什么? 我们的业务是什么?

为了使物流企业的内涵能够清楚明确地传达给组织内外的相关人士,企业使命往往形成于企业的使命陈述。具体而言,公司使命主要通过公司目的、公司宗旨与经营哲学来界定。

(1) 公司目的。公司目的是企业组织的根本性质和存在理由的直接体现。总体而言,组织按其存在的理由可以分为两类:营利性组织和非营利性组织。营利性组织首要目的是为其所有者带来经济价值,然后是履行社会责任;非营利性组织首要目的是提高社会福利、促进政治和社会变革,而不是盈利。

(2) 公司宗旨。公司宗旨旨在阐述公司长期战略意向,主要说明公司目前和未来的经营业务范围以及企业定位(相对于竞争对手和消费者)。美国学者德鲁克认为,提出"公司的业务是什么",也就等价于提出"公司的宗旨是什么"。公司的业务范围内容包括企业所提供的产品和服务是什么、面向的消费群体、细分市场等。企业定位是指区别于其他竞争对手,存在于消费者心目中的独特形象。

因此,在确定企业业务范围时,应该说明要满足的顾客需求是什么,而不是说明企业生产什么产品。如何界定企业宗旨,有以下三个方面。

① 谁是企业的顾客? (目标顾客定位)

② 顾客的需求是什么? (顾客需求定位)

③ 如何满足顾客需求? (经营活动与方式定位)

(3) 经营哲学。经营哲学是公司为其经营活动方式确立的价值观、基本信念和行为准则,是企业文化的高度概括。经营哲学主要通过企业对利益相关者的态度、企业提倡的共同价值观、政策和目标以及管理风格等方面体现出来,制约着企业的经营范围和经营效果。例如,麦当劳的经营哲学是:一张有限的菜谱,质量一致的美味快餐食品,快速到位的服务,超值定价,卓越的顾客关怀,便利的定位和选址,全球市场的覆盖。

2) 区分战略业务单位

物流企业要实现自己的使命,其经营有可能涉及多个业务领域。在实践中,有一定规模的物流企业大多同时经营多种业务。要为每项业务合理配置资源,就要了解自己的经营范围由哪些业务、领域组成。战略业务单位是物流企业必须为其专门制定经营战略的最小业务管理单位。有时候,一个战略业务单位就是物流企业的一个部门,或一个部门中的某类产品,甚至某种产品;有时候,一个战略业务单位又可能包括几个部门、几类产品。

合理区分战略业务单位,可使企业使命具体化,并分解为各项业务或某一组业务的战略任务。区分战略业务单位的主要依据,是企业各项业务之间有无"共同的经营主线",它是目前的产品、市场与未来的产品、市场之间的一种内在的联系。

在实践中,物流企业需要注意以下两个方面。

(1) 以需求为导向。依据产品特点或技术要素来区分的战略业务单位,一般难以有持久的生命力,因为产品、技术总会过时。当所有物流企业都能做到如同顺丰速运一样快捷有保障,那么对于顺丰集团来讲,这项优势将不复存在,会变成物流行业的共性特征。因此,可以时刻关注消费者需求变化,针对需求要点不同,选择提供不同的产品和服务。

(2) 切实可行。包罗太广的战略业务单位,容易失去共同的经营主线。如依据"满足交通运输的需要"来区分战略业务单位就会定义过宽。首先,可供选择的经营范围宽泛,如市内交通、城市间交通,空中、水上运输等;其次,顾客范围宽泛,如个人、家庭、企业、机关等;最后,产品范围也相当宽泛,有各种汽车,还有火车、轮船和飞机等。这些变量可以形成无数个组合,产生无数条经营主线。物流企业若有志于这一领域,就要为每个组合、每条经营主线分别确定战略业务单位,如只有一个战略业务单位就会无所适从,难以有效制定经营战略。

3) 业务投资组合分析

业务投资组合分析是市场发展战略规划的重要工具。通过业务投资组合分析,对所经营的各项业务进行分类和评估,决定对其业务投资的比例,实施相应的发展战略。首先,对现有的各种产品和服务的营销加以分析、评价,看看哪些增加、哪些维持、哪些减少、哪些淘汰。然后,根据分析的结果,制定产品投资组合战略,把有限的资金用到发展效益最高、最有前途的产品。

对物流企业各业务单位前景和潜力进行评价和分类的常用方法有波士顿矩阵和通用电气公司矩阵。

(1) 波士顿矩阵。波士顿矩阵又称市场增长率—相对市场份额矩阵,是由美国著名的管理学家、波士顿咨询公司创始人布鲁斯·亨德森(Bruce Henderson)于 1970 年首创的一种用来分析和规划企业产品组合的方法(图 3-5)。

这种方法的核心在于,解决如何使企业的产品品种及其结构适合市场需求的变化,并如何将企业有限的资源有效地分配到合理的产品结构中去,以保证企业收益,是决定企业在激烈竞争中能否取胜的关键。

波士顿矩阵认为决定产品结构的基本因素有两个:①市场引力指标——市场增长率,外在因素;②企业实力指标——市场占有率,内在要素,显示实力。

市场增长率与市场占有率既相互影响,又互为条件。

在波士顿矩阵中,纵轴表示市场增长率,市场销售额增长的百分比,以此来表明该市场对于企业的引力大小,分界线为 10%。当市场增长率大于 10% 时,我们认为该发展迅速,对企业有吸引力;若市场增长率小于 10%,则表明该市场增长缓慢,对企业吸引力较小。横轴表示相对市场占有率,相对市场占有率是指企业与这个市场上除了自己之外的最大竞争对手的市场占有率之比,相对市场占有率能够反映企业的竞争地位,分界线为 1.0。若相对市场占有率大于 1,表明该企业在行业中地位较高,市场占有率较高;反之,则表明该企业在行业中市场占有率较低。矩阵中圆圈代表企业所有战略业务单位或业务,圆心位置表示各单位市场成长率及相对占有率的位置,圆圈面积表示各单位销售额占企业总体销售额比重的大小。该矩阵有四个象限,分别为明星业务、现金牛业务、问题业务和瘦狗业务,如图 3-5

所示。

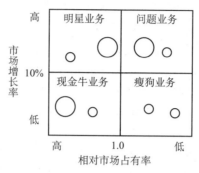

图 3-5　波士顿矩阵

① 明星类。该类是指处于高市场增长率、高相对市场份额象限内的业务单位或业务,企业需要加大投资以支持其迅速发展。企业应积极扩大经济规模和市场机会,以长远利益为目标,提高市场占有率,加强其市场竞争地位。市场迅速增长,同时要击退竞争对手的进攻,需要投入大量现金,因而是使用现金较多的单位。由于任何产品都有其生命周期,这一类单位的增长速度会逐渐降低,下降到一定程度就转入现金牛单位。

② 现金牛类。该类是指处于低市场增长率、高相对市场份额象限内的业务单位或业务,其业务产品已进入成熟期。单位相对市场占有率高,盈利多,现金收入多,可以提供大量现金。该业务可为企业回收现金,支持其他业务,尤其是明星业务投资的后盾。

③ 问题类。该类是处于市场高增长率、低相对市场份额象限内的业务单位或业务。需要大量现金,提高这类单位的相对市场占有率,增添设备、人员,才能适应迅速增长的市场。要慎重考虑经营这类单位是否合算,如果不合算,就应精简或淘汰。

④ 瘦狗类。该类是处在低市场增长率、低相对市场份额象限内的业务单位或业务。它们虽能为企业带来一些收益,但是盈利较少或有少许亏损,企业应该采取收缩战略或剥离与清算战略。

如果一个企业中瘦狗类或问题类战略业务单位多,明星类和现金牛类战略业务单位少,这样的业务组合是不合理的,应当适当加以调整。

企业对所有的战略业务单位加以分类和评价之后,就应采取适当的战略。企业在这方面可以选择的战略有四种。

① 发展。企业应针对具有战略意义或发展前景的"问题业务"进行发展,以提高战略经营业务单位或业务的相对市场占有率为目标,甚至不惜放弃短期收益,加大投资,使"问题类"业务尽快成为"明星类"业务。

② 保持。"现金牛业务"能够为企业持续带来现金流量,可以称之为企业的现金产出业务。企业应投资维持现状,目标是保持战略业务单位或业务现有的市场份额,企业对于较大的"现金牛类"可以此为目标,使其产生更多的收益。

③ 收割。这种战略主要是为了获得短期收益,企业目标是在短期内尽可能地得到最大限度的现金收入。对处境不佳的"现金牛类"业务及没有发展前途的"问题类"业务和"瘦狗类"业务应视具体情况,均可采取这种战略。

④ 放弃。企业目标在于清理和撤销某些业务,减轻负担,以便将有限的资源用于效益

较高的业务。这种目标适用于无利可图的"瘦狗类"和"问题类"业务。一个公司必须对其业务加以调整,以使其投资组合趋于合理。

(2) 通用电气公司矩阵。通用电气公司矩阵又称多因素投资组合矩阵、行业吸引力矩阵等,是企业根据战略业务单位在市场上的竞争能力和所在市场的吸引力,对这些战略业务单位进行分类和评估的一种方法(图 3-6)。

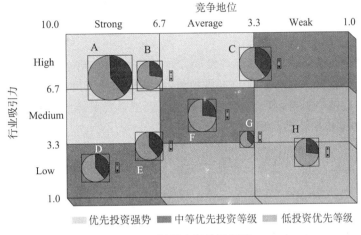

图 3-6 通用电气公司矩阵

利用通用电气公司矩阵,企业从市场吸引力和竞争能力两个方面,来评估每个战略业务单位的现状和前景。市场吸引力的高低,取决于市场大小、年市场成长率、历史利润等因素。竞争能力的高低,由该单位的市场占有率、产品质量和分销能力等决定。对每个因素分别进行等级评分(最低分 1 分,最高分 5 分),并依据其权数计算加权值,加权累计得出该单位的市场吸引力和竞争能力的总分。矩阵图中的 8 个圆圈代表企业的 8 个战略业务单位,每个战略业务单位都可以以两个分数提供的坐标为圆心,勾画出与其产业成正比的圆圈,并标出其市场占有率,还可在圆圈上画上相应的箭头,说明该战略业务单位或业务下一步的努力方向和目标。

根据市场吸引力的大、中、小,有关战略业务单位的竞争能力分为强、中、弱,通用电气公司矩阵可分为九个区域,组成了三种地带。

① "绿色地带"。由左上角的大强、大中、中强三个区域组成。这个地带的市场吸引力和竞争力最为有利,一般"开绿灯",采取增加资源投入和发展、扩大业务战略。

② "黄色地带"。由左下角至右上角的小强、中中、大弱三个区域组成。这个地带的市场吸引力和业务实力中等,一般"开黄灯",以维持原有投入水平和市场占有率为主。

③ "红色地带"。由右下角的小中、中弱和小弱三个区域组成。这里市场吸引力偏小,竞争能力较弱,因此多"开红灯",采用收割或放弃战略。

4) 规划成长战略

企业在制订了业务组合计划之后,还应按未来发展方向制订战略计划,即制订企业的新业务计划或增长战略。企业发展新业务的方法有三种:密集式增长战略、一体化战略和多元化战略。

3. 物流企业竞争战略分析

竞争战略也就是经营战略。竞争战略是各个战略经营单位根据总体战略的要求,重点考虑应该怎样开展业务,如何应对竞争和建立相对竞争优势。

市场竞争战略是物流企业营销重要的市场战略。在市场经济中,任何物流企业都无法回避竞争,优胜劣汰是市场的法则。物流企业营销要取得成功,只分析消费者是不够的,还必须研究竞争者,知己知彼,才能取得竞争优势,必须制定正确的竞争战略,才能在市场竞争中获胜。

1) 分析经营任务

经营任务规定战略经营单位的业务发展方向。每个经营单位要确定自己的业务活动范围。与界定物流企业整体战略使命的工作相似,业务活动范围可以从行业范围、市场范围、纵向范围和地理范围中引申,但是必须重点考虑下列三个要素。

(1) 需求:本单位准备满足哪些需求。

(2) 顾客:本单位重点面向哪些顾客。

(3) 产品或技术:本单位打算提供什么产品、依靠哪些技术,即从事什么业务达到目的。

2) 分析竞争环境

在市场经济中,一个物流企业不可能垄断整个目标市场,即使在某个市场上只有一个物流企业在提供产品或服务,没有"显在"的对手,也很难断定在这个市场上没有潜在的竞争物流企业。只要市场上存在着需求向替代产品转移的可能性,潜在的竞争对手就会出现。

迈克尔·波特(Michael Porter)认为,有五种竞争的力量影响和决定着行业、市场的吸引力(图3-7)。这五种竞争的力量是一个物流企业尤其是相关的战略经营单位选择经营战略必须考虑的要素。在一个产业中,这五种力量共同决定产业竞争的强度以及产业利润率,最强的一种或几种力量占据着统治地位并且从战略形成角度来看起着关键性作用。

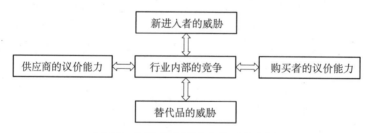

图 3-7　影响行业吸引力的五种力量

(1) 行业内部的竞争。行业内部的竞争是指一个产业内的物流企业为获得市场占有率而进行的竞争,这种竞争通常以价格竞争、广告竞争、产品引进以及增加对消费者的服务体现出来。

大部分行业中的物流企业,相互之间的利益都是紧密联系在一起的,作为物流企业整体战略一部分的各企业经营战略,其目标都在于使自己的企业获得相对于竞争对手的优势。行业中的每一个物流企业或多或少都必须应付行业内竞争力量所构成的威胁,而且企业必须面对行业中每一个竞争者的举动。因此,一个物流企业只有确定了其优势和劣势,进行准确的定位,因势利导,而不是被预料到的环境因素变化所损害,如产品生命周期、行业增长速度等,然后保护自己并做好准备,才能有效地对其他企业的举动做出反应。目前我国物流市场竞争格局主要表现为国有大型物流企业、民营中小物流企业和外资物流企业三足鼎立,相互竞争、相互制约、共同发展。但总体而言,由于国内市场需求持续增长,因此现有竞争情况激烈,但没有上升为恶性竞争。

(2) 新进入者的威胁。新进入者也叫新竞争者或潜在竞争者。利润是对投资者的一个信号,会导致出现许多新进入者。新进入者在给行业带来新生产能力、新资源的同时,也希望在现有的市场中赢得一席之地,这就有可能会对现有物流企业产生冲击,最终导致行业中现有企业盈利水平降低,甚至有可能危及这些企业的生存。新进入者威胁的大小,取决于进入障碍和退出障碍。进入障碍包括结构性障碍和行为性障碍。结构性障碍由恩贝提出,主要包括规模经济、现有物流企业对关键资源的控制以及现有物流企业的市场优势。行为性障碍是指现有物流企业对进入者实施报复手段所形成的进入障碍,例如限制进入定价和进入对方领域等。总之,新物流企业进入一个行业的可能性大小,取决于进入者主观估计进入所能带来的潜在利益、所需花费的代价与所要承担的风险这三者的相对大小情况。针对物流行业而言,企业在进入物流市场时,资本构成来看,固定资本占据绝大部分,这使得物流行业拥有较高的进入成本,相对而言,退出成本也较高。

(3) 替代品的威胁。两个处于同行业或不同行业中的物流企业,可能会由于所生产的产品互为替代品,从而在它们之间产生相互竞争行为,这种源自替代品的竞争会以各种形式影响行业中现有物流企业的经营战略。

第一,现有物流企业产品售价以及获利能力的提高,将会由于存在着能被用户方便接受的替代品而受到限制。

第二,由于替代品生产者的侵入,使得现有物流企业必须提高产品质量,或者通过降低成本来降低售价,或者使其产品具有特色,否则其销量与利润增长的目标就有可能受挫。

第三,源自替代品生产者的竞争强度,受产品买主转换成本高低的影响。

总之,替代品价格越低、质量越好、用户转换成本越低,其所能产生的竞争压力就越强。

(4) 供应商的议价能力。供应商主要通过提高投入要素价格与降低单位价值质量的能力,来影响行业中现有物流企业的盈利能力。针对物流行业而言,运输是物流最基本的内容,物流行业需要与铁道部门和航空部门密切合作;同时,软件技术能够对整个物流数据进行跟踪、查找和处理,实现对物流信息的集成式共享,优化物流配送及质量评价,因此作为供应方,两者的讨价还价能力较强。

(5) 购买者的议价能力。购买者位于行业的下游,主要通过压价与要求提供较高的产品或服务质量等方式,进而影响行业中现有企业的盈利能力。顾客作为物流企业的购买方,分为企业客户和个体消费者客户。对于客户而言,价格和服务是其最关心的问题。对于个体消费者而言,更多的是收取快递的行为,因而议价能力不高。但是对于企业客户而言,其议价能力较强,会不断降低物流企业的利润水平。一般来说,满足如下条件的购买者可能具有较强的议价能力。

① 购买者的总数较少,而每个购买者的购买量较大,占了卖方销售量的很大比例。

② 卖方行业由大量(相对来说)规模较小的企业组成。

③ 购买者购买的基本上是一种标准化产品,同时向多个卖主购买产品在经济上也完全可行。

④ 购买者有能力实现后向一体化,而卖主不可能实现前向一体化。因此,物流企业要

设法找出议价能力更弱或转换成本最高的购买者,借以增强竞争优势,最好的办法是向购买者提供其心目中独一无二的优秀产品。

⑤ 购买者掌握更多的市场信息。

根据上面五种竞争力量的实际状况,物流企业应该通过设法让自身的经营内容与竞争力量隔绝开来,努力从自身利益需要出发,影响行业竞争规则,先占领有利的市场地位再发起进攻性竞争行动来对付这五种竞争力量,以增强自己的市场地位与竞争实力。

3) 选择竞争战略

通过分析影响竞争态势的五种主要力量,物流企业要为其相关战略业务制定经营战略。根据迈克尔·波特的观点,通常有三种一般性战略有助于物流企业形成竞争优势(图 3-8)。

选择竞争战略

图 3-8　一般性竞争战略

(1) 成本领先战略。成本领先战略是指物流企业通过在内部加强成本控制,在研究开发、生产、销售、服务和广告等领域把成本降到最低限度,成为产业中的成本领先者的战略。这种领先应该体现为产品相对于竞争对手而言的低价格。不是仅获得短期成本优势或者仅是削减成本,它是一个"可持续成本领先"的概念,即物流企业通过低成本地位来获得持久的竞争优势。

实现成本领先的目标,要求物流企业具有良好、畅通的融资渠道,能够保证资本持续投入;要求产品便于制造,工艺过程精简;要求拥有低成本的分销渠道;要求实施谨慎、高效的劳动管理。这样,物流企业依靠成本低廉的差别化形成相应的特色,争取有利的价格地位,从而在与竞争对手的抗争中也能够占据优势。

(2) 差异化战略。差异化战略是指物流企业向顾客提供的产品和服务在产业范围内独具特色,这种特色可以给产品带来额外的加价。如果一个物流企业的产品或服务的溢出价格超过因其独特性所增加的成本,那么,创造和拥有这种差异化的物流企业将获得竞争优势。

实施这种战略的竞争优势,主要依托产品及设计、工艺、品牌、特征、款式和服务等各个方面或几个方面,在与竞争者相比时有显著的独到之处。由于不同的物流企业各有特色,顾客难以直接比较产品的"优劣",故而可以有效抑制市场对价格的敏感程度,物流企业同样可以获得相应的优势。一旦消费者对物流企业或者品牌建立了较高的信任度,还能为竞争者的进入设置较高的进入障碍。

实施差异化战略,物流企业需要根据不同的客户需求进行差异化的服务。例如,医药行业对物流环节 GMP 标准的要求,化工行业危险品物流的特殊需求,VMI 管理带来的生产配送物流需求,都给物流企业提供差异化服务提供了空间。

(3)集中化战略。集中化战略是指针对某一特定购买群体、产品细分市场或区域市场,采用成本领先或产品差异化来获取竞争优势的战略。集中化战略一般是中小物流企业采用的战略,可分为两类:集中成本领先战略和集中差异战略。

集中化战略是把目标放在某个特定的、相对狭小的领域内,在局部市场争取成本领先或差异化,以建立竞争优势。一般来说,集中化战略是中小物流企业常用的战略。虽然在整个市场上,物流企业没有低成本和差别化的绝对优势,但在一个狭小的领域中却能取得这方面的相对优势。这种战略的风险在于,一旦局部市场的需求发生变化,或强大的竞争者执意进入,那么现在的物流企业就有可能面临重大灾难。

课后案例分析

案例 1　顺丰集团竞争战略分析

顺丰速运(集团)有限公司(以下简称顺丰速运)于 1993 年成立,总部设在深圳,是一家主要经营国内、国际快递及相关业务的服务性企业。2010 年,这家公司的销售额已经达到 120 亿元人民币,拥有 8 万名员工,年平均增长率 50%,利润率 30%。

1993 年 3 月,顺丰速运在广东省佛山市顺德区成立。企业最初业务是开展顺德与香港之间的当日速递业务。随着客户的增加,顺丰速运的服务网络延伸至广东主要二级城市。1996 年,顺丰速运扩大到广东省以外的城市。

目前,顺丰速运在中国大陆已建有 2 200 多个营业网点,覆盖了中国大陆 32 个省、自治区和直辖市,近 250 个大中城市及 1 300 多个县级市或城镇。

近几年,随着电子商务的蓬勃发展,我国快递产业发展非常迅速,目前已经在我国东部沿海地区形成了以江浙沪、珠三角、港澳台和京津等大城市群为中心的四大快递区域。同时,这四大快递区域又从东向西进行辐射,带动起了中部和西部地区快运速度产业的发展。

深圳、上海等部分特大城市和大城市已经发展成为区域性快递产业发展中心,全国范围内已经形成了以高速公路、铁路运输等为基础的陆上快递通道,我国快运快递业的点、轴、面的系统布局已经初呈雏形。

现阶段,顺丰速运主要面临以下的竞争对手:直接竞争者,如 EMS、大田快递、中外运敦豪、UPS、联邦快递、宅急送、民航快递、中铁快运、天地快递、圆通、申通;间接竞争者,如小红马、天天等小快递公司。

EMS 是原国有邮政分离出的快递企业,是最初国内快递行业的标杆。借助原中国邮政的发达营业网络和庞大的资金实力,在一定时间内还具有很强大的实力。再加上近期 EMS 已经成功实现 IPO,对于其他快递企业的竞争威胁又呈现出增大的迹象。EMS 在相当长的时间都是顺丰快递重点抢夺业务的对象,但是随着 EMS 的改制和管理方式的转变,再加上价格的降低和服务质量的提升,侵蚀 EMS 的难度越来越大。

大田快递与顺丰速运的发展时间和发展历程十分相似,而且服务定位、产品定价和新产品的推出也趋同。虽然两家企业分别以京津地区和珠三角为中心,但是随着企业业务网络向全国发展,直接竞争已在很多地区发生。

2005年12月,国内完全开放了快递市场后,再加上近年来顺丰速运将跨地业务发展到东南亚地区和北美地区,中外运敦豪、UPS和联邦跨地等已经成为顺丰速运海外业务和国内高端业务的最大竞争对手。在中低端的竞争中,随着圆通、申通和天地快递等二线快递企业发展的逐渐壮大,配送效率和服务质量的逐渐提高,都在国内业务上与顺丰速运进行着直接的争夺。针对此种情况,顺丰速运制定如下战略。

1.坚持中高端路线,打造附属品牌

市场定位的选择已经决定了顺丰速运所提供产品与服务。顺丰速运已经被烙上高价格、高安全和高品质服务的烙印。企业产品和服务的多元化绝对不能影响企业的品牌理念。然而顾客的需求是多样性的,如果要满足顾客多样化的需求,开展多样化的业务,必须打造顺丰旗下多个子品牌。

2.增强对外宣传力度

顺丰速运被誉为中国最低调的快递公司,更是中国快递企业品质最高的快递服务企业之一。但是如果顺丰速运能够增强企业宣传,那么企业现在的市场也许将不仅限于此。

3.进一步加强自己的核心竞争力

对于顺丰速运来说,直营模式和相对于国内其他快递公司现金的信息、追踪系统是其核心的竞争力。如果能够突破直营模式带来的高成本,发挥其高效率的能力,将成为企业利润的增长点。

4.发展电商等与快递相关业务

顺丰速运已经在2011年年底低调地取得了中国大陆地区的电子支付牌照,而且已经在中国香港地区成功实现了生鲜产品的电商和快速配送服务。接下来,依靠顺丰速运在国内的直营网点进行大范围的复制,向快递行业上游业务拓展,将成为顺丰新的业务增长点。

5.加快中西部网络布局

现在,中国中西部地区快递需求的增长速度大大超过东部沿海地区,但是当地快递行业聚集程度不高,发展速度相对较慢。如果能够快速抢占中高端市场,那么将为企业其他业务的发展占领先机。

资料来源:《顺丰速运(集团)有限公司竞争战略分析》.

【讨论分析】

1.顺丰集团的战略是什么?

2.请对顺丰集团未来发展方向提出对应策略。

案例2　通用汽车公司的战略调整

多年来,通用汽车公司一直把主要力量放在中档产品上。通用汽车公司用诸如雪佛兰、庞蒂克、奥兹莫比尔、别克、凯迪拉克等各类车轻而易举地击退了福特、克莱斯勒和美国汽车公司的阵地进攻。于是,通用汽车主宰汽车市场一时竟成了传奇的故事。

第二次世界大战后,通用汽车公司受到两次强有力的冲击,每次冲击都绕开了通用的"马其诺防线"。其一是日本人用低价格的小型车如丰田、大发、本田进入市场,其二是德国人用奔驰和宝马等高价格的豪华汽车进入市场。资料表明,除此之外,再也没有其他的行动能从通用汽车公司手上抢到大量市场。

　　由于日本和德国的汽车公司进攻得手,通用汽车公司被迫投入资源,以支持处于这两个市场夹击之下的市场。为了节省资金,保证利润,通用汽车公司做出一项重大决策:用相同的车身生产各种不同的中级车。这是典型的自上而下的战略决策。一时间,人们再也分辨不出哪辆车是雪佛兰,哪辆车是庞蒂克,哪辆车是别克,哪辆车是奥兹莫比尔,它们看上去都一样。这一招大幅度削弱了通用在中档车市场上的实力,反而为福特敞开了进攻的大门,于是福特公司推出了金牛座与水星黑貂,凭借其流畅的线条和欧洲风格,为主流轿车提供了新的发展方向。

　　自下而上分析通用汽车公司的情况时,问题的战术性解决方法是显而易见的。通用汽车公司应给每一价格档次上的车赋予不同的车名和外形。把这一战术构筑成战略时,你会与阿尔弗雷德·P.斯隆关于通用汽车的原始概念不谋而合。斯隆发展出来的想法,别人不该随意改动。

　　你或许会这么想,我们使用的是通用汽车系统这个概念,每一价格档次上都有不同的产品,只是没有给它们起不同的名字而已。我们给它们冠以公司名称是因为这么做能更行之有效。问题是我们如何用通用汽车去渗透市场?

　　答案是没有办法。你的战略并非由下而上建立起来的,它没有一个行得通的战术做基础。乍听起来,这只是一件无足轻重的小事:赋予每种产品以不同的名字。但所有的战术都是从小事着眼的。如果说战略是铁锤,战术就是铁钉。请注意穿透的工作是铁钉而不是铁锤来完成的。你可以拥有世上最有力的铁锤(即销售战略),但如果它没敲打铁钉(即销售战术),那么整个市场营销计划就行不通。

　　通用汽车公司的全部战略力量不是要用一种叫别克莱塔的产品去挖宝马的墙脚。你可能认为,这只是个名称问题,是小事一桩。对,战术的确是小事一桩。但把战术转变为战略却是大事一桩了,经这种化腐朽为神奇的过程才会产生令人惊叹的市场营销上的成功。

资料来源:中国搜客网,《选定市场营销战略》,http://www.sooker.com.

【讨论分析】

1. 通用汽车公司为什么要进行战略调整?
2. 通用汽车公司是如何进行战略调整的?

实训操作项目

物流企业竞争战略及业务战略调研

【实训目标】

帮助学生理解物流企业的竞争战略及业务战略。

【实训内容】

分析物流企业的竞争战略及业务战略。

【实训要求】

(1) 将班级每 4～5 位同学分成一组。

(2) 每组选择某一家本土或国内知名的物流企业(如申通等),访问物流企业网站,收集和了解该物流企业的业务或产品。

（3）各小组根据资料运用战略分析方法对其选定的业务或产品进行客观的分析和讨论。

（4）各小组总结出所选物流企业采取的竞争战略及业务战略类型。

【成果与检测】

各组汇报讲解讨论的结论,教师根据学生表现打分。

任务3.2　物流企业目标市场战略

案例导入

中国邮政物流的目标市场分析

由于人们的生活水平日益提高,琳琅满目的产品充斥着消费者的眼球,受消费者个人因素影响,对于产品的需求也呈现多样化趋势,任何一个企业都无法满足所有消费者的需求。因此,中国邮政物流应继续对物流市场进行细分,确定目标市场。

国务院发展研究中心对我国公众消费趋势和主要产业发展趋势的预测表明:文化类、通信器材类商品将成为消费热点;医药行业、通信产品制造业、纺织服装业将继续保持高速增长。电子商务的销售现状和趋势表明:书籍是网上最吸引消费者的零售商品。中国仓储协会一份对国内大中型企业物流供需状况的调查表明:食品、电子、日化、医药等行业正在积极选择新的物流代理。这些行业对现有的物流服务最不满意,选择新的物流服务商的意愿最高。据此,中国邮政应将诸如食品类、服装鞋帽类、中西药品类、书报杂志类、日用品类、通信器材类产品以及文化用品等小件物品作为物流配送的主要服务对象。

中国邮政作为国有大型企业,承担着重大责任,该公司定位为"没有到达不了的地方"。随着电子商务的发展,中国邮政也积极参与其中,邮政借助电子商务开办邮政电子商城业务、提供网上购物业务,需要物流配送来实现商品实体的转移。

中国邮政电子邮政工程的近期目标是在全国中心和试点省完成电子商务示范工程,中期目标是在"三网融合"的基础上建立开发包括全国中心及全国在内较为全面、具有邮政服务特色的电子商务系统。

【思考】

1. 中国邮政物流为什么要进行目标市场细分?

2. 中国邮政物流应如何进行市场细分?

3.2.1　如何进行市场细分

基于市场细分的STP战略是营销战略的核心,包括市场细分(segmenting)、目标市场选择(targeting)和市场定位(positioning)。

1. 市场细分的概念

市场细分也称为顾客区隔,是指按照影响市场上购买者的欲望和需要、购买习惯和行为等诸多因素,把一个整体市场划分为若干个顾客全体,从而确定物流企业的目标市场的活动

过程。

　　物流企业只有清晰地识别出不同的细分市场,并在此基础上对环境、竞争形势和自身资源进行分析,才能更好地适应消费需求,使企业所提供的产品和服务更好地满足目标顾客(或客户)的需要。同时,要解决市场消费需求的"多样性"与物流企业营销资源的"有限性"之间的矛盾,只有依靠市场细分。这里需要注意:第一,物流市场细分是对客户的需求进行细分,不是对产品(服务)进行细分。第二,物流市场细分是将具有相似需求特征的客户划分在同一个市场,并不意味着在这个细分市场内其他的需求差异不存在。第三,这些需求的差异性是客观存在的。

　　市场细分的依据是整体市场存在的消费需求的差异性。市场细分不是以物为分析依据,而是以消费者需求的差异性作为划分依据。消费需求的差异性是客观的。由于消费者所处的地理环境、社会环境及自身的教育、心理因素都是不同的,必然存在消费需求的差异性。

　　2. 市场细分的作用

　　(1)有利于物流企业发现新的营销机会。通过市场细分,物流企业可以易于发现未被满足的消费需求,寻找到市场上的"空白点"。物流企业能够满足这些消费需求,就可以把它作为自己的目标市场,获得市场营销机会。例如中国移动"动感地带"开发成功。

　　(2)有利于物流企业巩固现有的市场。通过市场细分,物流企业可以了解现有市场各类顾客的不同消费需求和变化趋势,可以有针对性地开展营销活动,最大限度地满足市场需求,从而达到让现有顾客满意、巩固现有市场的效果。

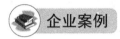 **企业案例**

香港银行的"不同定位"

　　汇丰银行:患难与共,陪伴成长。旨在与顾客建立同舟共济、共谋发展的亲密朋友关系。

　　恒生银行:充满人情味的、服务态度最佳的银行。通过走感性路线赢得顾客心。

　　廖创兴银行:助你创业兴家。以中小工商业者为目标对象,为他们排忧解难,赢得事业的成功。

　　(3)有利于物流企业制定营销战略和策略。一个物流企业的营销战略和策略都是具体的,都是针对自己的目标市场而制定的。通过市场细分,物流企业可以更好地了解目标市场,采取相应的营销组合策略,制定正确的产品策略、价格策略、分销策略和促销策略,实现物流企业的营销目标。

　　(4)有利于物流企业有效利用营销资源。通过市场细分,可以抓住大物流企业留下的市场空缺,集中企业营销资源,选择最适合自己经营的细分市场,发挥营销优势和特色,在竞争激烈的市场中得以发展。

　　3. 市场细分需注意的问题

　　1)市场细分要与市场所处的生命周期阶段相匹配

　　营销人员应了解市场细分与行业所处的生命周期之间的关系。行业竞争格局会发生变化,因此物流企业需要与每一个阶段的特征保持一致。

(1)导入阶段。由于消费者尚处于培育阶段,物流企业之间的竞争不激烈,市场竞争的重心是推动行业成长。在这一阶段,物流企业通常不需要做过多层次的市场细分。这是由于消费者不会过多关注该类产品为特定群体所带来的独特价值。这一阶段,物流企业只需要将市场划分为高端市场、中端市场和低端市场即可。

(2)成长阶段。越来越多的消费者开始关注并接受该类产品或服务,市场需求快速增长,行业竞争加剧,行业利润水平逐渐下降。这种情况下,物流企业通常需要对市场做出进一步的细分,并推出针对细分市场的独特产品。

(3)成熟阶段。成熟阶段的早期是竞争最激烈的时候。这一时期企业的供给能力继续高速增长,市场需求的增长则非常缓慢。其结果是物流企业如果不能持续推出新产品,利润将非常微薄。这个阶段是物流企业市场细分结构最复杂的阶段。在成熟阶段的晚期,众多在竞争中失败的物流企业退出市场,市场将逐步形成寡头垄断的格局,行业利润水平可能逐步好转,此时市场细分的重点应放在消费者尚未满足的需求上。

(4)衰退阶段。此时市场需求已经开始下降,物流企业会发现,持续的市场细分虽然可以更好地为消费者服务,但是物流企业的营销费用可能因此有较大的增加。除非物流企业预期行业会很快进入新一轮的成长,否则企业就应该考虑减少市场细分的层次,并在销售收入、销售费用和利润之间寻求一种平衡。

2)市场细分要与自身的资源优势相匹配

营销人员应当建立围绕自身资源优势而设计市场细分的基本思路。如果市场细分的结果是公司的资源优势在任何一个细分市场上都无法充分发挥,那么不管如何有洞察力的市场细分计划对公司而言都是没有任何意义的。

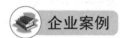 企业案例

云南白药牙膏的市场细分

传统上人们对牙膏的细分侧重于不同的清洁功能,一般将牙膏分为清洁型牙膏、美白功能牙膏等。云南白药则另辟蹊径,将市场划分为普通清洁需求的消费者和有牙龈止血需求的消费者,这种分类方法,既要以确实存在且尚未满足的消费者需求为支撑,同时也要与公司的资源优势高度匹配。

3)市场细分要适度,过细或者过宽都会影响市场竞争力

在营销过程中,营销人员应当意识到市场细分要适度。过度的市场细分会导致营销费用过高,最终超过所能带来的利润,过宽的市场细分则会丧失一部分有特殊需求的消费者,因此营销人员要着力于寻找出市场细分程度与利润的临界点,既满足消费者的个性需求,同时又能带来可观的利润。

4.市场细分的标准

市场细分的标准很多,归纳起来有以下几大类。

(1)地理细分。地理细分是根据消费者所在的地理位置不同而进行的市场细分。地理

细分的变数包括:国家和地区,城市和乡村,山区和平原,人口密度,气候差别(气温、湿度、季节差异),交通运输条件等。地理细分影响着消费者的需求和反应,不同地区的自然条件、传统文化、经济发展水平各不相同,于是就形成了不同的消费习惯和偏好,从而对营销刺激产生不同的反应。例如,以国内市场为例,许多企业都将中国市场划分为沿海地区和中西部地区。沿海地区又可以进一步细分为三大经济圈,即长江三角洲经济圈、珠江三角洲经济圈和环渤海经济圈。在每一个经济圈又可以进一步细分。比如按照城市规模,可以将这些区域划分为一级城市、二级城市和三四级城市。

【举例】

按此标准,一般可以将物流市场分为:区域物流,指在一定的时空内,具有某种相似需求物流的一定区域,通常是指省内或省与省之间的物流;跨区域物流,指在不同的区域内进行物流活动,包括省与省之间、行政区之间和国际物流。

(2)人文细分。人文细分标准的内容广泛,主要包括顾客的年龄、性别、家庭规模、家庭生命周期、职业、收入水平、教育、种族、宗教以及社会阶层等,按这些变数划分不同的消费群,即称为人文细分。人文细分标准对于细分消费者市场是一个十分重要的标准。因为消费者的欲望、偏好和使用频率往往与人文变数存在着一定的因果关系,而且人文变数比其他变数更易测量。

【举例】

同一行业的客户,其产品的构成差异不大,对物流的需求也是具有一定的相似性。不同行业的客户,其产品的构成存在很大差异,对物流需求各不相同。按客户行业一般可以将市场细分为:农业、工业、商业和服务业等细分市场。

(3)客户所有制性质细分。客户所有制性质对企业开发市场的成本、合作的难易程度、客户维护成本、合作层面的定位和利润空间等都有较直接的影响。根据客户所有制的性质,一般将客户分为:①三资企业,指外商以合资、合作或独资的形式在大陆境内开办的企业;②国营企业,指生产资料归国家所有的企业;③民营企业,指生产资料归公民私人所有、以雇佣劳动为基础的企业;④其他企业或组织,除以上三种形式以外的其他企业或组织。

(4)物品属性细分。物流企业在进行物流活动过程中,由于物品属性的差异,使得企业物流作业的差别也很大。按客户物品的属性将市场可分为:①生产资料市场,指用于生产的物资资料市场,其数量大,地点集中,物流活动要求多且高。例如上海连雄物流,在天津专门负责某化工集团的物流业务管理;②生活资料市场,指用于生活需要的物资资料市场,其地点分散,及时性要求高;③其他资料市场,指除以上两个细分市场以外的所有物质资料市场。

(5)服务方式细分。根据客户所需物流服务功能的实施和管理的要求不同而细分市场。按服务方式将物流市场可分为:①综合方式服务,就是客户需要提供两种或以上的物流服务。例如有实力的大企业在为其客户提供仓储、运输服务的同时,还为客户提供咨询服务;②单一方式服务,就是客户指只需要提供某一种方式的服务。

5. 常见的市场细分方法

(1)平行细分法。平行细分法是指选用一个或多个标准不交叉对市场进行细分。例如,根据年龄把消费者分成青少年、中年人、老年人和儿童(表 3-1)。

常见的市场细分方法

表 3-1　平行细分法分类列举

年龄细分	消费比例/%
青少年	50.0
中年人	14.4
老年人	3.2
儿童	32.4

（2）交叉细分法。交叉细分法是指选用两个或多个标准对市场进行交叉细分。例如，将前例中的年龄和购买地点两个标准相交叉，就得到平行交叉的细分结果（表 3-2）。

表 3-2　交叉细分法分类列举

年龄细分	超市（51.2%）	商场（7.4%）	街边小店（41.4%）
青少年（50.0%）	27.7%	3.6%	18.7%
中年人（14.4%）	7.0%	1.1%	6.3%
老年人（3.2%）	0.7%	0.5%	2.0%
儿童（32.4%）	15.8%	2.2%	14.4%

如果选择三个标准对市场进行交叉细分，就是立体交叉细分。例如在上表中再加一个性别变量，即可得到 $3 \times 2 \times 4 = 24$ 个子市场。

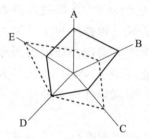

图 3-9　市场交叉细分雷达图

当运用更多的标准对市场进行交叉细分时，可以用雷达图表示。如图 3-9 所示，细分市场实线在 A、B 两个特性上明显强于细分市场虚线；细分市场虚线在 C、E 两个特性上明显强于细分市场实线。

（3）多步细分法。多步细分法是指运用多标准步骤对市场进行细分。需要注意的是，并非选用的细分标准越多越好，也并非把市场划分得越细越好。市场划分得越细，每一个子市场的市场容量就越小（表 3-3）。

表 3-3　多步细分法分类列举

年龄细分	职业	文化程度	生活方式	收　入
儿童	工人	初中	时髦	高
青少年	农民	高中	保守	中等偏上
中年人	教师	大学	猎奇	中等
老年人	医生	研究生	平平淡淡	中等偏下

（4）聚类分析。聚类分析是一种通过数据挖掘将研究对象聚合归类的统计分析方法，在市场细分中有重要的应用。根据类与类之间定义距离的方法不同，聚类分析分为最短距离法、最长距离法、中间距离法、重心法、类平均法、可变类平均法、可变法和离差平方和法

等。下面以最短距离法为例。

假设有五位消费者,让他们对一个品牌的喜好程度从 1~9 打分,打分的结果如表 3-4 所示。

表 3-4 消费者打分结果

消费者	X_1	X_2	X_3	X_4	X_5
打分	1	2	3.5	7	9

研究问题:根据消费者对这个品牌的喜好程度对这五位消费者进行分类。

采用绝对距离,计算消费者两两间的距离,得距离矩阵 $D_{(0)}$,如表 3-5 所示,表中 G_i 表示第 i 个消费者,X_i 表示第 i 个消费者在 X(品牌的喜好程度)指标上的测量值。

表 3-5 距离矩阵 $D_{(0)}$

项 目	$G_1=\{X_1\}$	$G_2=\{X_2\}$	$G_3=\{X_3\}$	$G_4=\{X_4\}$	$G_5=\{X_5\}$
$G_1=\{X_1\}$	0				
$G_2=\{X_2\}$	1	0			
$G_3=\{X_3\}$	2.5	1.5	0		
$G_4=\{X_4\}$	6	5	3.5	0	
$G_5=\{X_5\}$	8	7	5.5	2	0

找出 $D_{(0)}$ 中非对角线最小元素 1,即 $D_{12}=1$,则将 G_1 与 G_2 并成一个新类,记为 $G_6=\{X_1,X_2\}$。然后按公式计算新类 G_6 与其他的距离:

$$G_{i6}=\min(D_{i1},D_{i2}), \quad i=3,4,5$$

即取表 $D_{(0)}$ 前两列中较小的数值,得 $D_{(1)}$,如表 3-6 所示。

表 3-6 距离矩阵 $D_{(1)}$

项 目	G_6	G_3	G_4	G_5
$G_6=\{X_1,X_2\}$	0			
$G_3=\{X_3\}$	1.5	0		
$G_4=\{X_4\}$	5	3.5	0	
$G_5=\{X_5\}$	7	5.5	2	0

找出 $D_{(1)}$ 中非对角线最小元素 1.5,则将相对应的两类 G_3 与 G_6 合并为 $G_7=\{X_1,X_2,X_3\}$。然后按公式计算各类与 G_7 的距离,将 G_3 与 G_6 归并,新的列由原来两列中较小的数值组成,结果得 $D_{(2)}$,如表 3-7 所示。

表 3-7 距离矩阵 $D_{(2)}$

项 目	G_7	G_4	G_5
$G_7=\{X_1,X_2,X_3\}$	0		
$G_4=\{X_4\}$	3.5	0	
$G_5=\{X_5\}$	5.5	2	0

找出 $D_{(2)}$ 中非对角线最小元素 2，则将相对应的两类 G_4 与 G_5 合并为 $G_8 = \{X_4, X_5\}$。然后按公式计算 G_7 与 G_8 的距离，将 G_4 与 G_5 归并，新的列由原来两列中较小的数值组成，结果得 $D_{(3)}$，如表 3-8 所示。

表 3-8　距离矩阵 $D_{(3)}$

项　　目	G_7	G_8
$G_7 = \{X_1, X_2, X_3\}$	0	
$G_8 = \{X_4, X_5\}$	3.5	0

最后，将 G_7 与 G_8 合并成 G_9，完成整个聚类过程。

上述聚类过程可用图 3-10 表达，其中横坐标的刻度是并类的距离。

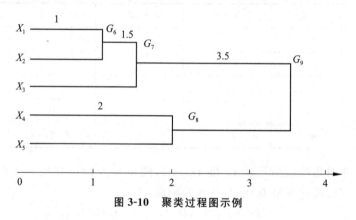

图 3-10　聚类过程图示例

由图 3-10 可见，按照数据分布，消费者被归类为 $\{X_1, X_2, X_3\}$ 和 $\{X_4, X_5\}$ 两类比较合适。

前者对这个品牌的喜好程度较低，而后者对这个品牌的喜好程度较高。

在实际工作中，用于市场细分的标准往往不止一个。当使用多个标准通过聚类分析对市场进行细分的时候，过程和计算会比较复杂，但是原理是相同的，运用计算机计算会比较方便。

6. 市场细分的主要步骤

美国市场学家麦卡锡提出细分市场的一整套程序，这一程序包括七个步骤。

（1）选定产品市场范围，即确定进入什么行业，生产什么产品。产品市场范围应以顾客的需求，而不是产品本身特性来确定。

（2）列举潜在顾客的基本需求。

（3）了解不同潜在用户的不同要求。对于列举出来的基本需求，不同顾客强调的侧重点可能会存在差异。

（4）剔除潜在顾客的共同要求，而以特殊需求作为细分标准。共同要求固然重要，但不能作为市场细分的基础。

（5）根据潜在顾客基本需求上的差异，将其划分为不同的群体或子市场，并赋予每一子市场一定的名称。

（6）进一步分析每一细分市场需求与购买行为的特点，并分析其原因，以便在此基础上决定是否可以对这些细分出来的市场进行合并，或做进一步细分。

（7）估计每一细分市场的规模，即在调查的基础上，估计每一细分市场的顾客数量、购买频率、平均每次的购买数量等，并对细分市场上产品竞争状况及发展趋势做出分析。

3.2.2　选择目标市场

物流企业面临的市场非常广阔、复杂多变，企业规模再大也不可能满足市场所有的需求，企业必须善于选择自己的目标市场，这是企业营销的战略决策问题。

市场细分的目的在于有效地选择并进入目标市场。目标市场就是物流企业拟投其所好，为之服务的具有相似需要的顾客群。在市场细分的基础上，正确选择目标市场，是营销成败的关键环节。

1. 评估细分市场

物流企业要选择目标市场，首先要确定有哪些细分市场是可供选择的，因为并不是所有的细分市场都是适合本企业的。因此，在确定目标市场之前，要对细分出来的子市场进行分析评估。细分市场评价内容如下。

（1）评估"市场规模"和"增长潜力"。评估细分市场是否具有适合的规模和增长潜力。适合的规模和增长潜力是相对于物流企业的经营目标和营销实力而言的。评估需要通过对消费者的数量、购买力、消费习惯及对价格变动的敏感程度等情况的调查，来分析产品的销售量、销售金额和具体计算未来消费的增长幅度。

（2）评估"市场吸引力"。所谓吸引力，主要是指长期获利率的大小。一个具有适当规模和增长潜力的细分市场，从获利观点来看有可能缺乏盈利的潜力，不一定具有吸引力。影响细分市场"长期盈利潜力"的因素有现实竞争者、潜在竞争者、替代产品、购买者、供应商。市场吸引力评估的关键是"经营损益"评估。

（3）评估"物流企业目标和资源"。

① 评估物流企业的经营目标。某些细分市场虽然有较大的吸引力，但不符合企业的发展目标。有些细分市场超过企业目标，实施难度过大；有些细分市场低于企业目标，企业不能胸无大志，缺乏使命感。

② 评估物流企业的资源条件。选择那些有条件进入、能充分发挥其资源优势的细分市场作为目标市场。

2. 目标市场的覆盖模式

物流企业通过评估细分市场，将决定进入哪些细分市场，即选择目标市场。企业选择目标市场时，有五种可供考虑的市场覆盖模式，如图 3-11（纵坐标表示产品，横坐标表示市场）所示。

（1）市场集中化。市场集中化是一种最简单的市场覆盖模式，即物流企业只选取一个细分市场进行集中营销。这种策略意味着物流企业只生产或经营一种标准化产品，只供应某一顾客群。

选择单一细分市场集中化模式一般基于以下考虑：物流企业具备在该细分市场从事专业化经营的优势条件；限于资金能力，只能经营一个细分市场；该细分市场中没有竞争对手；

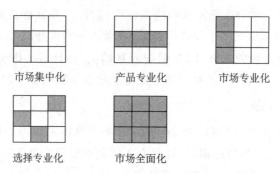

图 3-11　五种市场覆盖模式

准备以此为出发点,以求取得成功后向更多的细分市场扩展。这种策略通常为小物流企业所采用。

(2)产品专业化。产品专业化是指物流企业向各类顾客同时供应某种产品。当然,由于顾客群不同,产品在质量、款式、档次等方面会有所不同。

【举例】

饮水器生产厂只生产饮水器一种产品,而同时向家庭、机关、学校、银行、餐厅、招待所等各类用户销售。

(3)市场专业化。市场专业化是指物流企业向同一顾客群供应性能有所区别的同类产品。

【举例】

一家电冰箱厂选择大中型旅游饭店为目标市场,根据其需求,生产 100 升、300 升、500 升等几种不同容积的电冰箱,以满足这些饭店不同部门(如客房、食堂、冷饮部等)的需要。

(4)选择专业化。选择专业化是指物流企业有选择地进入几个不同的细分市场,为不同的顾客群提供不同性能的同类产品。采用这种策略应当十分慎重,必须以这几个细分市场均有相当的吸引力,即均能实现一定的利润为前提。

(5)市场全面化。市场全面化是指物流企业决定全方位进入各个细分市场,为所有顾客提供他们所需要的性能不同的系列产品。通常是资金雄厚的大物流企业为在市场上占据领导地位甚至力图垄断全部市场而采取市场全面化的市场覆盖模式。

【举例】

IBM 公司在全球计算机市场,丰田汽车公司在全球汽车市场以及可口可乐公司在全球饮料市场上,均采用市场全面化的目标市场模式。

一般说来,在运用以上五种覆盖模式时,物流企业总是首先进入最有吸引力的细分市场,待条件和机会成熟时,再逐步扩大目标市场范围,进入其他细分市场。

3. 目标市场选择的基本策略

大型物流企业,特别是一些全球化公司,主要采用三种目标市场战略,即单一细分市场策略、有选择的多细分市场策略、完全市场覆盖策略。

(1)单一细分市场策略。单一细分市场策略是指物流企业仅选择某一个细分市场作为自己的目标市场。由于目标消费者非常聚焦,企业可以更好地集中资源服务于特定的消费者。

但是物流企业也应注意到,单一细分市场策略可能意味着更大的风险。一方面,单一细分市场本身的市场容量可能有限,未必能支撑物流企业的持续发展;另一方面,企业在单一细分市场上由于某种原因被打垮,则企业的生存就会受到威胁。

(2)有选择的多细分市场策略。有选择的多细分市场策略是指物流企业选择若干个市场作为自己的目标市场。这样做的结果是可以避免单一细分市场风险过于集中的问题。同时物流企业也会发现,由于资源分散,企业可能在各个市场上都会遇到强有力的竞争对手。而且,如果试图为不同目标市场的消费者提供不同的产品,则产品开发和营销管理上的难度将增大。

(3)完全市场覆盖策略。完全市场覆盖策略是指物流企业将所有的细分市场作为目标市场。一般而言,只有大物流企业才具备这样的资源和能力实现完全市场覆盖策略。对于完全市场覆盖策略,物流企业有两种实施手段,即无差异营销和差异化营销。

所谓无差异营销,是指物流企业通过单一的产品覆盖所有细分市场和消费者。这样做的好处是开发成本低且可能实现规模经济效应。无差异营销实际上没有考虑不同细分市场的消费者在需求上的差异性,这很可能为竞争对手带来机会。

差异化营销虽然能够满足消费者不同的需求,但对物流企业而言,可能意味着更高的开发成本和更高的营销费用。

4. 选择目标市场营销策略应考虑的因素

一般来说,在选择目标市场战略时,物流企业主要考虑五个方面的因素。

1) 物流企业实力

物流企业实力雄厚,管理水平较高,根据产品的不同特性可考虑采用差异性或无差异策略;资源有限,无力顾及整体市场或多个细分市场的企业,最好实行集中性营销。

2) 产品差别性

(1)考虑产品本身差异的大小。差异性很小的产品,如面粉、食盐、初级矿产品等,可实行无差异营销;差异性很大的产品,如汽车、家用电器、服装、食品等,应实行差异性营销或集中性营销。

(2)考虑产品的生命周期。处于介绍期或成长前期的新产品,竞争者稀少,品种比较单一,宜采用无差异营销。产品一旦进入成长后期或处于成熟期,市场竞争加剧,就应改为差异性营销,以利于开拓新的市场,尽可能扩大销售;或者实行集中性营销,以设法保持原有市场,延长产品的生命周期。

3) 市场差别性

如果顾客的需求、购买行为基本相同,对营销方案的反应也基本一样,可实行无差异营销。反之,则应采用差异或集中性营销。

4) 竞争对手的策略

一般来说,本物流企业的战略应该同竞争者的战略有所区别,反其道而行之。如果对手是强有力的竞争者,实行的是无差异营销,则本物流企业实行差异性营销往往能取得良好效果;如果对手已经实行差异性营销,本企业就应进一步细分市场,实行更为有效的差异性营销或集中性营销;但若竞争对手力量较弱,本物流企业也可考虑采用无差异营销。

5) 产品生命周期

物流企业需要根据产品所处的生命周期选择目标市场。例如在导入期,由于消费者需求趋同,企业可以采用完全市场覆盖策略;在成长期可以根据企业自身实力及对市场的认知,选择多细分市场策略等。

总之,物流企业选择目标市场战略时应综合考虑上述因素,权衡利弊,做出决策。目标市场战略应当稳定,但当市场形势或物流企业实力发生重大变化时,应及时调整,企业没有一成不变的战略。

3.2.3　产品(服务)市场定位

从根本上讲,市场竞争成功与否取决于消费者而不是物流企业本身。在这种情况下,企业及其产品服务能否在消费者心目中建立独特印记,也就是企业能否成功实现其定位,成为企业在市场竞争中能否制胜的关键。

1. 市场定位的概念及作用

定位一词是由美国学者阿尔·里斯(Al Ries)和杰克·特劳特(Jack Trout)共同提出的,在著名的《定位》一书中,他们认为,定位就是要针对潜在顾客的心理采取行动,即要将产品在潜在顾客的心目中定一个适当的位置。

现代营销学之父菲利普·科特勒认为,定位是对物流企业的产品和形象进行设计,从而使产品能在目标客户心中占有一个独特的位置的行动。

于是我们能够发现,定位针对的是消费者的心智,定位的本质是对潜在顾客的心理采取行动,将产品在顾客心目中确定一个适当的位置。

营销定位是一种帮助物流企业确认竞争地位,寻找竞争战略的方法。营销定位不是对产品本身做实质性的改变,而是对市场的发现,定位的关键是找出消费者心理上的坐标位置,也就是物流企业形象在客户心目中的位置。定位的目的是为品牌、产品赋予特色,并以特色吸引消费者,或获得竞争优势和更大的收益。定位的实质是设计和塑造品牌、产品和企业的特色或个性,使消费者明显感觉和认识到这种差别,在消费者心目中占有特殊的位置,给消费者留下良好的形象,从而使企业取得目标市场的竞争优势。

2. 市场定位的基本内容

(1) 产品定位。所谓产品定位,是指物流企业的产品要有针对当前和潜在的顾客需求,开展适当的营销活动,以使其在顾客心目中得到一个独特的有价值的位置。产品定位实质是做产品的差异化,包括:产品的质量定位、产品的功能定位、产品的造型定位、产品的体积定位、产品的色彩定位、产品的价格定位等。

(2) 品牌定位。品牌定位是指物流企业的产品及其品牌,基于顾客的生理和心理需求,寻找其独特的个性和良好的形象,从而凝固于顾客心目中,占据一个有价值的位置。品牌定位主要包括:以产品定位为基础和以顾客定位为基础两种。

(3) 物流企业定位。物流企业定位是指企业通过其产品和品牌,基于顾客需求,将企业独特的个性、文化和良好的形象,塑造于消费者心目中,并占据一定的位置。物流企业定位的策略有：市场领导者定位策略、市场追随者定位策略、市场挑战者定位策略等。

3. 市场定位的策略

1）针锋相对定位

市场定位的策略
与方法

针锋相对定位策略又称迎头定位策略，是指物流企业根据自身的实力，为占据较佳的市场位置，不惜与市场上占支配地位的、实力最强或较强的竞争对手发生正面竞争，而使自己的产品进入与对手相同的市场位置。

适用情况：物流企业必须具有与竞争对手不相上下的竞争实力；物流企业所选择的目标市场区域已经被竞争者占领，而不存在与之并存的可能，企业有把握赢得市场。

2）填补空隙定位

填补空隙定位又称避强定位策略，是指物流企业尽力避免与较强的其他物流企业直接发生竞争，而将自己的产品定位于另一市场区域内，使自己产品的某些属性或特性与较强的对手形成比较明显的区别。

优点是能够使物流企业较快速地在市场上站稳脚跟，并能在消费者或用户心目中树立起一种形象，市场风险较小，成功率较高。缺点是避强往往意味着企业必须放弃某个最佳的市场位置，很可能使企业处于最差的市场位置。

常见的策略有：高价位或低价位的市场空隙、性别的市场空隙和年龄的市场空隙等。

3）重新定位策略

重新定位就是二次定位，即随着物流企业的发展、技术的进步、社会消费环境的变化，企业对过去的定位进行修正，以使企业拥有比过去更多的适应性和竞争力。

当面临战略扩展、产品市场周期发生变化、目标市场萎缩、企业产品的发展超越了既有定位的范畴、企业品牌原有定位错误和无法实现定位目标等情况时，企业会采取重新定位策略。

4. 市场定位的方法

1）按使用者类型定位

在市场细分的基础上，根据不同类型使用者的需求，生产不同用途或性能的产品，使之定位于不同的消费者群体。

【举例】

随着消费者经济条件的改善，消费者对运动鞋的要求提高了，于是企业根据不同运动的特点生产出了适合不同运动的运动鞋，如各种田径鞋、球鞋、旅游鞋、登山鞋等。

2）追随定位

追随定位也称比附定位，相对于主导物流企业的产品，追随者的产品只能是物美价廉。采用这一战略的关键在于进入市场的时间——在市场上出现新产品时立即仿造或改进原产品。

具体做法：一是利用市场的规格空当，即型号、颜色、大小、长短等，迅速生产空缺规格的产品，填补市场空隙；二是利用市场的价格空当，或优质高价，或低质低价，或仿造并改进原产品。

3）特殊场合定位

物流企业将自己产品的某些特点同人们熟悉的某种事物联系起来，让人们接受自己的产品而定位。

【举例】

阿里巴巴集团旗下的菜鸟物流,通过菜鸟的形象,隐喻该物流公司虽然现状是"菜鸟",但终有一日会变成雄鹰,翱翔于天际。

4) 抗衡定位

物流企业将自己的产品与处于竞争有利地位的产品联系起来,采取直接与之抗衡的战略。

5) 利益定位

根据产品使用能够为消费者带来的利益而定位。例如京东物流强调当地仓储,"三通"物流(申通、中通、圆通)则强调全国达,韵达物流则强调快速等。

6) 情感定位

企业将自己的产品赋予拟人情怀,勾起消费者的某些情感。例如雀巢品牌:一个巢,两只小鸟在巢中嗷嗷待哺,鸟妈妈立于巢边关切关注着它们,这一极具感染力的图标伴随雀巢产品走进千家万户,让人倍感温暖。

5. 市场定位图

1) 什么是市场定位图

定位图是一种直观的、间接的定位分析工具,一般利用平面二维坐标图对品牌识别、品牌认知等状况做直观比较,以解决有关定位的问题。其坐标轴代表消费者评价品牌的特征因子。图上各点则对应市场上的主要品牌,各点在途中的位置代表消费者对其在各关键特征因子上的表现的评价。通过定位图,可以显示各品牌在消费者心目中的印象及之间的差异,并在此基础上做定位决策。图 3-12 所示为某地区啤酒品牌的市场定位图,其中横坐标为消费者认知的啤酒回味是苦还是甜,纵坐标为消费者认知的啤酒口味是浓还是淡。

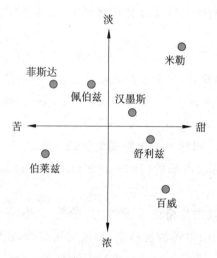

图 3-12　某地区啤酒品牌的市场定位图

2) 制作定位图的步骤

（1）确定定位对象。明确要给什么定位，是产品、品牌，还是物流企业或组织？大多数消费品的生产制造商侧重于为产品或品牌定位，而服务性质的企业（酒店、商店）侧重于企业定位。

（2）识别重要属性——顾客感知属性。识别重要属性就是要弄清楚产品、品牌企业的哪些属性会影响消费者或用于对产品、品牌或企业的形象认知，使一个特定的产品、品牌或企业明显区别于竞争者。

（3）绘制定位图。定位图的绘制有二维象限和雷达图两种选择。

（4）评估与选择定位。绘制出定位图后，企业对自己的市场地位有了一个相对客观的了解。接下来企业要针对企业的市场地位做出评估，看企业的市场地位与目标市场需求之间有没有以及有多大的差距，原因是什么？企业在某一细分市场上有没有以及有多大的竞争优势，或者有没有可能获得竞争优势。并在此基础上，为企业选择定位战略。根据企业市场地位与目标市场需求之间的关系，可分为新定位、强化定位和重新定位。根据企业的市场地位与竞争者之间的关系，可分为弥隙定位、共存定位和取代定位。

（5）执行定位。在确定了企业的市场定位之后，还必须通过定价、包装、分销渠道等营销要素，以及各种广告促销手段，把企业的定位信息准确地传递给潜在的顾客。要避免因宣传不当在公众中造成误解，如传递给公众的定位过低，不能显示出自己的特色；或定位过高，不符合企业的实际情况；或定位含糊不清，不能在顾客中形成统一明确的认识。这些误解都是企业定位宣传失误所致，企业应注意防范。

课后案例分析

宅急送定位思考

受我国经济发展阶段客观规律的影响、国际产业转移及加入世界贸易组织后外资迅速进入的刺激，我国现代物流业的发展正成为不可阻挡的潮流。

市场定位的目的是优化资源配置，把有限的资源配置到能带来最大经济效益的客户。

市场定位是快递公司生存和发展必要考虑的问题。快递公司只有发挥自己的优势和长处，才能在快递市场上分一杯羹。如果不能认清自身的特点，盲目跟从同业，将自身定位不当，轻则停滞不前，重则被市场淘汰。我国国内快递市场每年以两位数的速度增长，已经成为全球增长最快的地区。

市场定位是快递行业在整个物流行业中健康发展所不容忽视的一个因素。

宅急送 10 年前起家的 30 万元资产如今已增至亿元，其惊人速度令人咋舌，宅急送经营着一项 80% 份额来自于零散个人客户的业务。但是，宅急送的前 7 年，没有明确的市场定位，什么都做，什么都没做大，所以公开渠道已经无法看到宅急送前 7 年的财务数据。而宅急送真正的发展，是 1999 年才找到的：做社会零散货物的全国门到门快运。宅急送的快运产品则定位在5~50千克的高附加值小件产品,宅急送坚守这个定位,放弃了康师傅、正大集团、科龙空调和已经合作5年的雀巢等客户。可以说,市场定位的成功是宅急送获得高速增长的前提。

【讨论分析】

宅急送如何定位? 你得到什么启示?

实训操作项目

"市场细分表"设计与分析

【实训目标】

学生根据消费者需求差异的有关资料,选用有关的细分标准,独立设计"市场细分表",并能进行正确的分析,为市场开发分析打下基础。

通过"'市场细分表'设计与分析"课业实践操作,使学生深刻认识到市场细分对市场运作、开发的重要作用,掌握市场细分的基本技能。

【实训内容】

(1)市场细分训练:以小组为单位(每组4~5名学生),选择某物流企业进行市场细分训练。

(2)产品定位训练:以小组为单位(每组4~5名学生),选择某物流企业作为实际操作对象进行产品定位训练。训练内容包括:确定本产品的定位策略;确定本产品的定位方法;向目标顾客传达本产品定位信息的方案;写出有关某产品的市场定位方案。

(3)"市场细分表"设计与分析。

要求学生把市场细分理论运用于营销实践,联系有关项目或资料,为某物流企业的开发进行市场细分表的设计,并对此设计进行分析。

要求学生根据消费差异的地理标准、人口标准、心理标准和行为标准划分市场,设计"市场细分表",并对要选择的一个或几个细分市场进行分析,确定企业的目标市场。

【实训步骤】

(1)"市场细分表"设计步骤。

根据市场细分理论,掌握市场细分的标准、原则和方法,联系具体市场或有关项目资料,进行"市场细分表"设计。

第一步:确定整体市场的范围。

依据项目开发的需要,确定整体市场的范围。整体市场的确定具有"相对性",针对自己所进入的市场情况来确定整体市场的范围。

第二步:确定市场细分标准。

根据具体项目要求,选择客观、适应的细分标准来设计"市场细分表"。一般来说,常用的消费者市场细分标准包括:区域、性别、年龄、职业、收入、使用情况、品牌偏好等。

第三步:制作"市场细分表"。

根据确定的市场细分标准,制作"市场细分表",填入有关数据和市场资料。

所确定的细分标准填入表格第一行。细分标准的填入注意次序排列,一般来说应这样排列:区域、性别、年龄、职业、收入、使用情况、品牌偏好情况。注意细分标准不宜过细。

根据所列的细分标准次序完成"市场细分表"的数据、资料填入,表示各细分市场的具体情况。注意填入"市场细分表"的数据、资料一定要有差异性,没有差异性构成不了细分市场。

(2)"市场细分表"分析要求。

① 在"市场细分表"上已展示出整体市场划分的若干个细分市场,能够辨识具体的细分市场。

② 对"市场细分表"上的细分市场进行分析。分析可以从市场规模、市场成长性、盈利性、风险性方面着手。

③ 在对各细分市场分析的基础上初选细分市场,并对所选择的细分市场进行标号命名。

④ 细分市场选择的数量一般根据企业的营销目标与营销实力来确定,中小企业选择细分市场不宜过多、范围不宜过大。

【成果与检测】

"市场细分表"设计与分析的评价标准及其评价分值如表 3-9 所示。

表 3-9 "市场细分表"设计与分析的评价标准及其评价分值

评价项目	作业是否完成(30分)	作业是否达到标准(20分)	考评成绩(共50分)
市场细分表涉及与分析	基本完成,得30分可酌情扣分	(1)细分标准的完整性(3分) (2)细分标准的正确性(5分) (3)细分表制作规范性(2分) (4)细分市场正确选择(10分) 可酌情扣分	

【注意事项】

(1)教师对"市场细分表"在目标市场选择决策中的实践应用价值给予充分说明,调动学生课业操作的积极性。

(2)教师对"市场细分表"上"整体市场"与"细分市场"的概念及其关系给予解释,对"市场细分表"的设计标准和数据、资料的填写规则给予耐心指导。

(3)学生能够依据市场开发的有关资料,运用市场细分技术,对项目开发指向的市场进行细分,完成"市场细分表"的设计,并对所选择的细分市场进行分析。

(4)教师提供"'市场细分表'设计与分析"范例,供学生参考。

【"市场细分表"设计与分析范例】

"市场细分表"的格式范例 1 如表 3-10 所示。

表 3-10 上海市"服装市场"细分表

性别	年龄	职业	经济收入	购买量	品牌偏好
男性	0～7岁	男婴 男童	依靠父母	大量 一般	明显 不明显
	8～23岁	小学男生 中学男生 大学男生	依靠父母	大量 一般 少量	明显 不明显
	24～40岁	服务业男职工 制造业男职工 机关事业单位男性	1 500元以下 1 500～3 000元 3 000元以上	大量 一般	明显 不明显
	40岁以上	职业男性 退休男性	1 500元以下 1 500～3 000元 3 000元以上	一般 少量	明显 不明显
女性	0～7岁	女婴 女童	依靠父母	大量 一般	明显 不明显
	8～23岁	小学女生 中学女生 大学女生	依靠父母	大量 一般 少量	明显 不明显
	24～40岁	服务业职工 制造业女职工 机关事业单位女性	1 500元以下 1 500～3 000元 3 000元以上	大量 一般 少量	明显 不明显
	40岁以上	职业女性 退休女性	1 500元以下 1 500～3 000元 3 000元以上	一般 少量	明显 不明显

"市场细分表"的格式范例2如表3-11所示。

表 3-11 "丽丽"品牌化妆笔市场细分表

地区	年龄	职业	收入	使用情况	品牌偏好
北京	16～23岁	女学生	依靠父母	一般 少量	明显 不明显
	20～40岁	服务业女职工 制造业女职工 机关事业单位女性	1 200元以下 1 200～2 000元 2 000元以上	大量 一般 少量	明显 不明显
	40岁以上	职业妇女 退休妇女	1 200元以下 1 200～2 000元 2 000元以上	一般 少量	明显 不明显
上海	16～23岁	女学生	依靠父母	一般 少量	明显 不明显
	20～40岁	服务业女职工 制造业女职工 机关事业单位女性	1 200元以下 1 200～2 000元 2 000元以上	大量 一般 少量	明显 不明显
	40岁以上	职业妇女 退休妇女	1 200元以下 1 200～2 000元 2 000元以上	一般 少量	明显 不明显

续表

地区	年　龄	职　业	收　入	使用情况	品牌偏好
西安	16～23 岁	女学生	依靠父母	一般 少量	明显 不明显
	20～40 岁*	服务业女职工* 制造业女职工* 机关事业单位女性*	800 元以下* 800～1 600 元* 1 600 元以上	大量* 一般 少量	明显 不明显*
	40 岁以上	职业妇女 退休妇女	800 元以下 800～1 600 元 1 600 元以上	一般 少量	明显 不明显

注：* 为选择的细分市场。

"丽丽"品牌化妆笔市场细分分析

根据北京、上海、西安三地的调查情况，三地的化妆笔使用群体存在明显差异，在"市场细分表"上把全国化妆笔市场大致分为三类市场，分析如下。

1. "女学生"市场评估

全国在校的高中及大中专院校女生共计 3 814 万，这是一个很大的化妆笔市场，但进入学生化妆笔市场的风险较大。这个消费群体的收入主要来自父母，购买力具有不稳定性；这个消费群体具有很高的成长性，一个品牌一旦被接受，品牌市场份额急速扩大，但学生都有很强的猎奇心理，不会轻易归属于一种品牌；这个市场的盈利率是不确定的，学生消费能力有限，还受社会时尚的影响较大。三地学生在生活方式、文化教育上存在较大差异，地区消费差异性大。通过对三地的调研，"丽丽"品牌要进入学生化妆笔市场难度较大。

2. "20～40 岁职业妇女"市场评估

全国 20～40 岁的妇女共有 1.8 亿人。其中，城市妇女占 30%，约 5 400 万人，该市场规模巨大。据三地调研结果显示，这一年龄段购买者人数占整个化妆笔市场购买者总数的 70%，以服务业女职工、制造业女职工和机关事业单位女性为主。这一市场成长性好，她们具有一定的购买能力，对品牌偏好和对新产品的反应灵敏性强。这个市场盈利性好，消费者有固定的收入来源，有强烈的品牌意识，有档次划分的内在心理需求。为此，进入这个市场风险小。企业打入这一市场后，无论产品的品种、档次差异有多少，都能找到较合适的买主。但北京、上海这些大城市对国际品牌偏好强烈，而"丽丽"只是国内新品牌。

3. "40 岁以上妇女"市场评估

我国 40 岁以上的妇女人数在 1.5 亿人左右，城市妇女占 30%，约 4 500 万人，也是一个很大的消费市场。这个消费群体"重功能，轻品牌"，她们比较看重产品功能，要得到实惠，企业在她们身上不易获得高额的利润。40 岁以上的女性往往有某一种或某几种自己认为比较适合的品牌。为此，这个市场的成长性较差，市场不易开拓。这个市场的产品档次跨度大，高收入的职业女性多购买上档次的商品，低收入的女性对价格的考虑是第一位的，档次的划分则次之。为此，企业很难适应档次差异的悬殊，企业盈利具有不确定性，进入这一市场有一定的风险。

4. 分析结论

根据上述细分市场的分析及本公司提供的市场销售资料，"丽丽"化妆笔应选择如下细分市场。

细分市场(1)　类似西安的中型城市,年龄在 20～40 岁之间,从事各类职业,收入在 800 元以下,使用量较大,品牌偏好不明显的女性消费群体。

细分市场(2)　类似西安的中型城市,年龄在 20～40 岁之间,从事各类职业,收入在 800～1 600 元以下,使用量较大,品牌偏好不明显的女性消费群体。

——摘自"上海商学院 011 市场营销第 4 组课业"《市场营销实训》,王妙主编).

任务3.3　物流企业竞争市场分析

 案例导入

顺丰速运的差异化竞争战略

1993 年 4 月,顺丰速运(集团)有限公司(下文简称"顺丰")成立于广东省佛山市顺德区,截至 2014 年 12 月,顺丰已拥有近 34 万名员工,1.6 万多台运输车辆,18 架自有全货机及 12 000 多个营业网点,是一家主要经营国内、国际快递及报关、报检等相关业务的综合性民营速递企业。

自从 2009 年新《邮政法》出台后,快递服务许可制度设定的硬性门槛提高,不仅提高了快递企业注册资本要求,还将同城快递 50g 以下、异地快递 100g 以下的快递业务由邮政专营,此举将原本占据民营快递公司 1/3 的信件业务交由邮政垄断,由此引发快递行业内优胜劣汰的加剧。

从其市场定位来看,顺丰一向以中高端形象示人;从经营管理模式来看,顺丰的直营模式也远比加盟模式的人力成本更高。况且,中国国内快递市场的价格战已近白热化,行业面临转型,此时再奉行低成本领先战略非明智之举,于是顺丰顺势而为,选择了差异化战略。顺丰积极发展高端物流,进入高技术含量、高附加价值、高专业化的服务领域,如进一步涉及医药物流、农业物流、高端稀有资源品种的物流配送服务及冷链物流领域。

(1)产品及服务策略差异化。顺丰在产品和服务方面不仅要以速度取胜,还要做出一系列的创新和努力,不断挖掘新的增值服务,以进一步形成差异化优势,树立更加个性化的品牌形象,进一步提高顾客对产品和服务的忠实程度。在目标市场中,顺丰可将顾客群体进行有效划分,根据不同用户的需求,特别是重点客户的需求,推出个性化、多样化、多层次的产品及服务体系,让客户有更多样的产品及服务选择。同城、异地、国际及港澳台快递业务、冷链物流、跨境电商、便利店自寄自取、"顺丰优选"电商平台、"顺丰仓储融资服务"供应链金融产品、"中信顺手付"支付账户,多样化的产品与服务,附加值与技术含量各异。通过产品与服务的创新为客户提供更优质的服务体验,让优质高效的品牌形象深入人心。

(2)定价策略差异化。顺丰的高定价并没有让客户望而却步,反而吸引了越来越多的中高端客户。顺丰总体上应该延续这种以价值营销抵抗价格营销的"高价"定价策略,这符合其中高端的市场定位,是其市场定位策略的延伸。

（3）促销策略差异化。促销不仅能够宣传企业的产品与服务，而且能够与客户实现良好的互动交流。顺丰可以选择促销时机，采用新的促销形式，在促销策略上与竞争对手形成差异化。例如，与电商、其他快递企业等企业进行服务联盟，整合促销。

（4）渠道策略差异化。不论是促销宣传，还是提供产品与服务，都需要渠道的支持。顺丰的直营渠道管理模式有别于其他民营快递企业以加盟为主的渠道管理模式，直营模式对渠道有强大的管理与控制力。对于现有渠道，顺丰要加强渠道管理，增强销售、服务、宣传、收集信息等渠道功能，具体可以通过渠道标准化管理、为客户提供标准化的服务、规范渠道成员的权利与义务、对渠道成员进行监控等方面加强渠道管理。

【思考】

1. 顺丰为什么要选择差异化战略？

2. 顺丰的差异化战略是如何布署的？

3.3.1　竞争者的识别与分析

竞争是市场经济的基本特性。在激烈的市场竞争中开展营销活动，物流企业必须要认真分析研究竞争者的动向和市场竞争的态势，明确自己在竞争中的市场地位，据此制定科学的竞争战略，以求得生存和发展。

1. 识别物流企业的竞争者

竞争者一般是指那些与本物流企业提供的产品或服务相类似，并且所服务的目标顾客也相似的其他企业。物流企业需要全方位发现自己的竞争对手，特别是那些潜在的竞争者。物流企业可以从本行业角度来发现竞争者、从市场消费需求角度来发现竞争者和从市场细分角度来发现竞争者。

2. 确定竞争者的目标与战略

确定了谁是本物流企业的竞争者之后，还要进一步搞清每个竞争者在市场上追求的目标和实施的战略是什么，每个竞争者行为的动力是什么。正如《孙子·谋攻篇》所言："知彼知己者，百战不殆。"可以假设，所有竞争者努力追求的都是利润最大化，并据此采取行动。但各个物流企业对短期利润或长期利润的侧重不同。有些物流企业追求的是"满意"的利润而不是"最大"的利润，只要达到既定的利润目标就满意了，即使其他策略能获得更多的利润也不予考虑。因此需要进一步明确每个竞争对手的市场目标、竞争策略及其特点，并据此针对性地制定本物流企业的竞争战略。

1）竞争者的目标

每个竞争者都有侧重点不同的目标组合，如获利能力、市场占有率、现金流量、技术领先和服务领先等。物流企业只有了解每个竞争者的重点目标是什么，才能正确估计它们对不同的竞争行为将做何反应。例如，一个以低成本领先为主要目标的竞争者，对其他物流企业在降低成本方面的技术突破的反应，要比对增加广告预算的反应强烈得多。物流企业还必须注意监视和分析竞争者的行为，如果发现竞争者开拓了一个新的细分市场，那么这可能是一个营销机会；或者发觉竞争者正试图打入属于自己的细分市场，那么就应抢先下手，予以回击。

竞争者目标的差异会影响到经营模式，美国企业一般以追求短期利润最大化模式来经营,因为其当期业绩是由股东来评价的,如果短期利润下降,股东就可能失去信心,抛售股票,以致企业资金成本上升。日本企业一般按市场占有率最大化模式经营,其需要在资源贫乏的国家为1亿多人提供就业,因此对利润的要求较低,大部分资金来源于寻求平稳的利息而不是高额风险收益的银行,日本企业的资金成本要远远低于美国企业,因此,日本企业能够把价格定得较低,并在市场渗透方面显示出更大的耐心。

2) 竞争者的战略

各物流企业采取的战略越相似,相互间的竞争就越激烈。在多数行业中,根据所采取的主要战略不同,可将竞争者划分为不同的战略群体。例如,在美国的主要电气行业中,通用电气公司、惠普公司和施乐公司都提供中等价格的电气设备,可将它们划分为同一战略群体。根据战略群体的划分,可以归纳出两点:一是进入各个战略群体的难易程度不同,一般小型物流企业适合进入投资和声誉都较低的群体,因为这类群体较易打入;实力雄厚的大型物流企业可考虑进入竞争性强的群体。二是当物流企业决定进入某一战略群体时,首先要明确谁是主要的竞争对手,然后决定自己的竞争战略。假如某公司要进入上述公司的战略群体,就必须有战略上的优势,否则很难吸引相同的目标顾客。

除了在同一战略群体内存在激烈竞争外,在不同战略群体之间也存在竞争。因为:第一,某些战略群体可能具有相同的目标顾客;第二,顾客可能分不清不同战略群体的产品,如分不清高档货与中档货的区别;第三,属于某个战略群体的物流企业可能改变战略,进入另一个战略群体,如提供中档货的企业可能转产高档货。

3) 竞争者的优势与劣势

需要分析竞争者的优劣势,做到知己知彼,才能有针对性地制定正确的市场竞争战略,以避其锋芒、攻其弱点、出其不意,利用竞争者的劣势来争取市场竞争的优势。竞争者的优势与劣势通常体现在:产品、销售渠道、市场营销、生产与经营、研发能力、资金实力、组织、管理能力等方面。

3. 判断竞争者的市场反应

要研究竞争者的经营理念和指导思想,估计竞争者的市场反应和可能采取的行为,从而为物流企业的市场战略提供决策依据。

(1) 从容不迫型竞争者。一些竞争者反应不强烈,行动迟缓,原因可能是其认为顾客忠实于自己的产品,也可能是重视不够,没有发现对手的新措施,还可能是因缺乏资金无法做出相应的反应。

(2) 选择型竞争者。一些竞争者可能会在某些方面反应强烈,如对降价竞销总是强烈反击,而对其他方面(如增加广告预算、加强促销活动等)不予理会,因为这些竞争者认为这对自己威胁不大。

(3) 凶猛型竞争者。一些竞争者对任何方面的进攻都迅速强烈地做出反应,如美国宝洁公司就是一个强劲的竞争者,一旦受到挑战,就会立即发起猛烈的全面反击,因此,同行企业都避免与它直接交锋。

(4) 随机型竞争者。有些物流企业的反应模式难以捉摸,它们在特定场合可能采取行动,也可能不采取行动,并且无法预料它们将会采取什么行动。

4. 选择竞争对策时应考虑的因素

物流企业明确了谁是主要的竞争者并分析了竞争者的优势、劣势和反应模式之后,就要决定自己的对策:进攻谁、回避谁。物流企业可根据以下因素做出决定。

(1) 竞争者的强弱。多数物流企业认为,应以较弱的竞争者为进攻目标,因为这可以节省时间和资源,事半功倍,但是获利较少;反之,有些物流企业认为应以较强的竞争者为进攻目标,因为这可以提高自己的竞争能力并且获利较大,而且即使是强者也总会有劣势。

(2) 竞争者与本物流企业的相似程度。多数物流企业主张与相近似的竞争者展开竞争,但同时又认为应避免摧毁相近似的竞争者,因为结果很可能反而对自己不利。例如,美国博士伦眼镜公司在 20 世纪 70 年代末与其他同样生产隐形眼镜的公司竞争并大获全胜,导致竞争者完全失败而将企业卖给了竞争力更强的大公司,结果博士伦眼镜公司面对更强大的竞争者,处境更加困难。

(3) 竞争者的表现。有时竞争者的存在对物流企业是必要的和有益的,具有战略意义。竞争者可能有助于增加市场总需求,可分担市场开发和产品开发的成本,并有助于使新技术合法化。再者,竞争者为吸引力较小的细分市场提供产品,可使产品差异性增加。竞争者通常有表现良好的和具有破坏性的两种类型。表现良好的竞争者按行业规则行动,按合理的成本定价,有利于行业的稳定和健康发展,它们激励其他物流企业降低成本或增加产品的差异性,它们接受合理的市场占有率与利润水平;具有破坏性的竞争者则不遵守行业规则,常常不顾一切地冒险,或用不正当手段(如贿赂买方采购人员等)提高市场占有率等,扰乱了行业的均衡。

那些表现良好的竞争者试图组成一个只有好的竞争者的行业。它们通过颁发许可证,相互关系(攻击或结盟)及其他手段,试图使本行业竞争者的营销活动限于协调合理的范围之内,遵守行业规则,凭自己的努力提高市场占有率,彼此在营销组合上保持一定的差异性,减少直接的冲突。

3.3.2　市场领导者战略认知

1. 市场领导者含义

市场领导者是指占有最大的市场份额,在价格、新产品开发、分销渠道建设、促销战略等方面对本行业其他公司起着领导作用的公司。市场领先者在行业市场中有举足轻重的作用,处于主导地位。市场领先者的地位是在市场竞争中自然形成的。

【课堂讨论】

从世界范围来看,下列产品类别中,请指出市场领导者分别是谁?

饮料、胶卷、洗涤用品、香烟、化妆品、微机、复印机、手机、汽车、快餐、电子。

【课堂讨论】

就中国产品而言,在中国市场上,在下列产品类别中,请指出哪些企业是市场领导者?

矿泉水、家用电器、啤酒、钢铁、计算机、空调、白酒、香烟。

2. 市场领导者战略内容

市场领导者常面临其他企业的挑战,如何保持市场第一、保住市场"老大"的位置,可以从以下三个方面来考虑。

1) 扩大总需求

处于市场主导地位的领先企业,首先是扩大总市场,即增加总体产品的需求数量。寻找扩大市场需求总量的途径对市场领先者至关重要。可通过以下三种方式。

(1) 开发新的用户。

① 转变未使用者是指通过各种方式说服那些没有使用本企业产品的顾客使用本企业

的产品,即将潜在顾客转化为现实顾客。

【举例】

联想的促销

20世纪90年代前期,计算机在我国是一个新生事物,有人认为计算机有用,但觉得操作太复杂,难以掌握,不敢问津。于是联想集团派出宣传车和计算机专家,到大学、机关、医院、研究所和工商企业普及计算机知识,使潜在顾客产生购买意愿。

② 进入新的细分市场是指产品进入新的顾客群体。

【举例】

在过去,化妆品主要是卖给女性,随着化妆品行业竞争日趋激烈化,许多企业认识到,如果只针对女性,市场空间终将有限,所以,一些化妆品企业设法开拓男性市场,并向青少年和老年人进军。大宝护肤品就是明显的例子。

③ 地理扩展是指企业将产品的生产和销售地点向其他区域拓展。某种产品在某个地方可能已经很饱和,但在其他地方可能还很有市场。

【举例】

一些发达国家为什么愿意去发展中国家投资呢?发展中国家的劳动力、原材料成本低并且来源可靠,而且许多国家出台了优惠政策等。还有一个重要的原因,即发展中国家对于某种产品存在巨大的需求。一些产品在发达地区也许已接近饱和,但在不发达地区可能十分紧缺。市场需求在不同区域存在不均衡性。同一种产品,在不同地区,其所处的寿命周期阶段是不一样的。比如:彩色电视机在城市基本饱和,但在农村依然有广阔的市场空间。

(2) 开辟产品的新用途。寻找新用途,指设法找到产品的新用法和新用途,以扩大销售。

【举例】

我国有不少农民买了洗衣机以后,用来洗带泥的山芋。海尔公司发现后,生产出专门用来洗山芋的洗衣机,结果,受到广大农民朋友的欢迎。

美国的小苏打制造厂阿哈默公司,发现有顾客把小苏打当作冰箱除臭剂使用,于是开展大规模的广告宣传活动,宣传小苏打的这种用途,使得美国二分之一的家庭把装有小苏打的开口盒子放进了冰箱。

美国著名的杜邦公司发明了尼龙。尼龙的最初用途是用作飞机降落伞的绳子,市场空间范围十分有限,后来使用范围拓展到尼龙袜子、尼龙衣服、尼龙地毯、窗帘,扩大了市场范围。

(3) 增加用户的使用量。

① 提高使用频率,即增加对产品的使用次数。

【举例】

花样百出的促销法

有些牛奶公司劝说顾客早晚各饮一杯牛奶,有利于健康;农产品公司大力宣传多吃水果,有利于增加维生素;运动器械公司倡导人们多参加体育运动,延年益寿;牙膏公司宣传每天最好刷牙三次,更有利于牙齿保健。

② 增加每次使用量。

【举例】

多 用 有 益

洗衣粉企业宣传增加洗衣粉用量会使衣服洗得更干净;生产味精的企业在瓶盖上开一个较大的孔,不知不觉中让顾客煮菜时多放味精;化妆品公司提醒消费者防晒霜多涂一些,更有利于保护皮肤。

③ 增加使用场所。

【举例】

给 你 方 便

电视机生产企业宣传在卧室和客厅等不同房间分别安放电视机的好处,如观看方便,避免选择频道的冲突。计算机公司宣传手提电脑可以出差在外办公。家电公司宣传随身听既可给你带来方便,又可以给你增加几分潇洒等。

2) 保护现有市场份额

市场领导者必然会面临市场挑战者的威胁。面对进攻和挑战,市场领导者可采用进攻战略保持领先的市场份额,即不断创新,增强实力,抓住竞争对手的弱点主动出击。当不准备或不具备发起进攻时,市场领导者可采用防御战略,集中力量,坚守重要的市场阵地。主要的防御战略有以下六种。

(1) 阵地防御。阵地防御即市场领导者在自己的现有产品销售区域及业务范围内建立防线。

(2) 侧翼防御。侧翼防御即市场领导者在主要阵地侧翼建立辅助阵地,以保护自己周边和前沿,并在必要时作为反攻的基地。

(3) 以攻为守,即先发制人战略。在对手还没有进攻之前,先将它击倒。先发制人的策略多种多样。比如:比竞争对手提前开发出新产品、率先降价、提前抢占某区域市场和消费者群体、提前宣传。所谓以攻为守,就是走在竞争对手的前面。

(4) 反击防御。市场领导者在受到竞争对手的攻击后,采取反击措施。先弄清竞争者进攻的目的、手段和方法,然后评估自己的实力条件,再选择适当时机予以反击。做到有准备的反击,方式有以下几种。

① 正面反击,即与竞争对手采取相同的竞争策略,你降价,我也降价,而且降价的幅度更大。

② 攻击侧翼,即选择竞争对手的薄弱环节加以攻击。

【举例】

某著名电器公司的电冰箱受到竞争对手的削价,但该电器公司的产品洗衣机的质量和价格比竞争对手占更多的优势,于是该电器公司对洗衣机大幅度降价,迫使对手忙于洗衣机市场而放弃对电冰箱市场的进攻。

③ 全面进攻,即同时采用正面和侧翼攻击。

【举例】

竞争对手的电冰箱降价,则本公司的电冰箱、洗衣机、电视机都降价,并且开发新产品,以此包围对方。

④ 退却反击,即先退却,再反击。

【举例】

某洗涤用品公司,在竞争者开展大规模促销活动时,先按兵不动。让竞争对手错误估计形势,过高估计自己的行为。待竞争者的促销活动结束以后,该洗涤用品公司大搞促销,并在不提价的情况下,增加产品分量,迅速夺回市场,使对手怀疑原先的促销效果。

⑤ 围魏救赵,指在竞争对手进攻我方主要市场区域时,攻击对方的主要市场区域,以迫使对方撤销进攻,以保卫自己的大本营。

【举例】

当康佳电视机在四川向长虹电视机发动进攻时,长虹电视机也进攻广东市场。

(5)机动防御。机动防御是指市场领导者既要坚守固有的阵地,同时扩张一些有潜力的新领域,以作为将来的防御和进攻中心。

(6)收缩防御。收缩防御是指企业主动从实力较弱的领域退出,将力量集中于实力较强的领域。当企业无法坚守所有的市场领域,并且由于力量过于分散而降低资源效益时,可采取这种战略。其优点是在关键领域集中优势力量,增强其竞争能力。

3)扩大市场份额

提高市场占有率是市场领导者增加收益的一个重要途径。实施这一战略是设法通过提高企业的市场占有率来增加收益、保持市场主导地位。市场占有率是与投资收益率相关的重要变量之一,市场占有率越高,投资收益率也越大。企业要善于在保证收益增加的前提下,通过提高市场占有率使企业长期占据市场领先地位。

【举例】

咖啡市场份额每提高一个百分点,利润会增加 0.48 亿元;软饮料市场每提高一个百分点,利润会增加 1.2 亿元。

但是并不是说市场份额的增加,一定会提高利润水平。利润水平还受到其他因素的影响,主要有三个方面。

(1)经营成本。如果利润的增长速度快于经营成本的增长速度,那么市场份额的增加会带来企业利润的增加,反之,企业利润则减少。所以市场份额也要保持在一定的范围内。因为市场份额过大,企业会失去控制能力。

(2)营销组合。营销组合是指对产品、价格、渠道、促销四个方面的优化组合。

如果营销组合四个因素搭配不合理,市场份额的增加反而会使利润下降。比如过分降低价格,在有关广告、推销、促销等方面花费过多,承担的服务项目过多,会大幅度减少盈利水平。

(3)反垄断法。如果市场领导者占有的市场份额过大,可能会形成垄断,而许多国家有反垄断法。当某一公司的市场份额超出某一限度时,政府要强行分解为若干个相互竞争的小公司。如果市场领导者不想被分解,就要在自己的市场份额接近临界点时,主动加以控制。

【课堂讨论】

市场领导者战略课堂游戏

以小组为单位(一组 4~5 人),收集某一物流企业的相关材料,说明其是如何保持市场领导地位的。课前各组收集相关信息材料,小组形成统一意见后,每小组选代表发言,班上同学评议,教师总结。

3.3.3   市场挑战者战略认知

1. 市场挑战者的含义

市场挑战者是指在行业中占据第二位及以后位次,有能力对市场领导者和其他竞争者采取攻击行动,希望夺取市场领导者地位的公司。

可采取两种策略:一是争取市场领导地位,向市场领导者发起挑战;二是安于次要地位,参与竞争但不扰乱市场局面,力争在"共处"的状态下求得尽可能多的利益。如果选择"挑战"战略,向市场领导者发起挑战,首先必须确定自己的策略目标和挑战对象,然后选择适当的进攻策略。

【课堂讨论】

就中国产品而言,在中国市场上,在下列产品类别中,请指出哪些企业是市场挑战者?矿泉水、家用电器、啤酒、钢铁、计算机、空调、白酒、香烟。

2. 市场挑战者战略内容

(1)确定战略目标和对手。市场挑战者的目标一般有两个:第一个是增加本企业的市场份额,达到提高投资收益率和利润率的目标。第二个是减少竞争对手的市场份额。市场挑战者在明确战略目标时,首先必须确定谁是主要竞争对手。市场挑战者的攻击对象如表 3-12 所示。

表 3-12   市场挑战者的攻击对象

攻击对象	攻击条件	行 为 结 果
市场领导者	对方薄弱环节	风险大,潜在利益大
实力相当者	对方薄弱环节	风险一般,可取得相应利益
实力弱小者	基本能战胜	风险小,潜在利益大

(2)选择挑战战略。所谓挑战,即向市场领导者发起挑战进攻。选择挑战战略原则,一般要遵循"集中力量打歼灭战的原则",即集中力量在关键时候,在关键地点击败对手。挑战的方法有以下几种,如表 3-13 所示。

表 3-13   市场挑战者的挑战战略

进攻方式	含 义	条件(或手段)	结 果
正面进攻	选择进攻对手的强项而不是弱项	更好的产品、降价、更大的广告攻势、某方面资源优于对方	抢占对手的正面市场
侧翼进攻	进攻对手的弱点	对手在某个细分市场是有空隙或弱点的	占领另一细分市场
包抄进攻	在多个领域同时进攻对手	拥有绝对的资源优势,全面进攻,足以取胜	全面摧毁对方,使对方失去大片市场

续表

进攻方式	含　义	条件(或手段)	结　果
迂回进攻	避开对手现有业务和现有市场,进攻其还没有涉及的领域	多元化经营,或进入新区域市场,或用高新技术取代现有产品	不易被对方发觉,不易引起对方迅速反击,打持久战
游击进攻	小规模,断断续续地进攻,逐渐削弱对手	适合小公司采用局部竞争	在局部市场取得胜利

【课堂讨论】

市场挑战者战略课堂游戏

以小组为单位(一组 4～5 人),收集"顺丰"挑战"邮政快递"相关材料,说明"顺丰"是否成功挑战"邮政快递"。课前各组收集相关信息材料,小组形成统一意见后,每小组选代表发言,班上同学评议,教师总结。

3.3.4　市场跟随者战略认知

1. 市场跟随者的含义

市场跟随者是指在产品、价格、渠道、促销、技术、管理等各方面,模仿或跟随市场领导者的公司。对于企业来说,模仿和跟随的风险较小,因为在产品开发、技术开发、市场开发等方面已有先例,人家已经走在前面,按人家的去学,可以节省大量费用。

【课堂讨论】

就中国产品而言,在中国市场上,在下列产品类别中,请指出哪些企业是市场跟随者?
矿泉水、家用电器、啤酒、钢铁、计算机、空调、白酒、香烟。

2. 市场跟随者的特点

在大多数情况下,位居次要地位的企业更愿意采用市场跟随者战略。战略特征是安于次要地位,在"和平共处"的状态下求得尽可能多的收益。在资本密集的同质性产品行业中,大多数企业选择市场跟随者策略。市场跟随者在不同的情形下都有自己的策略组合和实施方案,稳定自己的目标市场,保持现有顾客,争取新用户,并做好挑战者攻击准备。

3. 市场跟随者战略的内容

市场跟随者也不是被动地单纯跟随市场领导者,它必须找到一条不致引起竞争者报复的发展道路。以下是三种可供选择的市场跟随者战略。

(1)紧密跟随。企业在目标市场及营销组合等各方面完全模仿竞争者,完全不进行任何创新。紧密跟随如果变成一种生产假冒伪劣产品的行为,就是不道德的,应受到法律的制裁。

(2)距离跟随。企业在基本方面模仿领导者,但在包装、价格、广告、款式等方面又保持一定的差异。如果模仿者不对领导者发起挑战,领导者一般不会介意。

(3)选择跟随。企业在某些方面紧跟市场领导者,但在其他方面又试图形成有别于竞争者的一些特色。

3.3.5 市场补缺者战略认知

1. 市场补缺者含义

市场补缺者,就是指精心服务于总体市场中的某些细分市场,避开与占主导地位的企业竞争,只是通过发展独有的专业化经营来寻找生存与发展空间的企业。

2. 市场空缺应具备的条件

一个理想的市场空缺应具备以下条件:有足够的市场潜量和购买力、利润有增长的潜力、对主要竞争者不具有吸引力、企业具有占据必需的资源和能力以及已有的信誉足以对抗竞争者。

3. 市场补缺者竞争战略

市场补缺者战略主要是实施专业化市场营销。从自己的优势出发,根据顾客、产品和服务等不同的分类进行专业化营销。

实施市场补缺者战略的首要任务是发现、占领、扩大和保护自己的补缺市场。企业的创新能力越强,越能够发现、创造更多的补缺市场。

市场补缺者承担的风险是该市场消费需求的转移或新的竞争者进入。要求确定多个补缺基点,增加企业的抗风险能力和生存机会。

课后案例分析

京 东 物 流

中国的物流行业,跳过了如美国、日本等发达国家平稳发展的阶段,时至今日,仍然处在一个高速发展的阶段,属国内的朝阳行业。但是与发达国家相比,我国的物流行业在基础设施、经营管理、理论研究、智能硬件、物流技术、信息技术等方面还比较落后,但不可否认的是,物流市场规模巨大,前景广阔。

在中国经济平稳快速增长的背景下,特别是电商行业的高速发展下,物流快递业的发展有非常好的宏观环境。据国家统计局数据显示,2018 年我国物流总费用为 13 万亿元,较2017 年增长了 8.3%。

一、京东物流的发展历史

京东集团作为中国最大的自营电子商务企业,从 2007 年开始建设自营物流网络,经过十多年的发展,京东物流已经成为国内规模较大、涉及行业较广以及用户体验最佳的物流服务提供商之一。

2016 年 11 月,京东物流从京东集团分离,成立京东物流子集团,以品牌化运营向全社会开放,提出"开放化、智能化"战略。继阿里巴巴的菜鸟网络之后,京东物流成为又一家电商平台跨界物流的企业。用户体验建设是京东物流的建设重点,品质电商是京东物流服务的标志。

京东物流从自建物流到物流开放,从技术创新到物流服务体验升级,京东物流经过了快速发展的 10 年。2007 年 7 月 1 日,京东建成了北上广三大物流体系,同年 9 月 1 日,京东第一个配送站潘家园站成立。

2010 年 2 月 1 日,京东自主研发的仓储管理系统 WMS 1.0 正式上线运行,3 月 1 日,推出 211 限时达服务。2012 年京东自营干线运输车队正式投入运营,运输管理系统青龙正式上线。截至 2013 年,京东已经建成配送站 1 000 个,京东推出极速达服务,京东物流开始向商家开放。

2014 年 10 月 20 日上海亚洲一号仓库正式投入运营。2015 年 6 月 1 日,京东一号自动化分销中心投入生产,同年 11 月冷链物流正式向商家开放。

2018 年 10 月,京东物流召开了"2018 全球智能物流峰会",发布了一系列新产品和服务体系,包括个人快递业务正式上线,向居民住宅区和商务区提供包括配送服务,在雄安设立城市智能物流研究院,在该机构对智能城市物流网络进行顶级设计。

2018 年 11 月,京东物流宣布与天津货运航空公司建立合作关系,这样可以使京东物流采用专用全货机进行货物运送,而且执行飞行任务的货运 737 飞机还将配置京东物流 logo 进行运输任务。广州与天津之间的运输将比采用客机资源和陆运更快。

该飞机除了执行运输任务,还将服务京东物流不断发展的业务,包括 B2B 运输和个人快递业务的运输。京东物流经过十多年的发展,物流能力已经处于业界领先地位,物流网络使京东集团的最大资产之一,对于京东物流来说,开放技术和基础设施是第一步,首先是向平台的商家进行开放,然后向全社会开放,京东物流的终极目标是为全球地区的托运人提供货物配送服务。

二、京东物流的主要竞争对手

随着互联网和电子商务的崛起,在政府利好政策等多种因素的共同作用下,我国的物流快递业一直保持着高速发展,业务量和业务收入屡创新高。随着快递业的不断壮大,一大批优秀企业脱颖而出形成三大赛道的竞争格局。

以顺丰和邮政速递 EMS 为代表的企业处于第一赛道,采用自营物流模式,定位中高端用户,单价较好,时效性较强,品质和品牌效应非常好。而"四通一达"占据第二赛道,采用加盟模式,定位中低端用户,单价较低,性价比高,是目前物流快递市场的主力军。

而广大的中小型快递企业占据第三赛道,规模小但通过差异化服务参与市场竞争。从市场占有率来看,2018 年上半年,顺丰和"四通一达"的市场占有率相差不大,其中中通的市场份额最大,约为 17%。韵达和圆通紧随其后,市场占有率分别为 14%、13%。

百世汇通、申通和顺丰的市场占有率分别为 10%、9%、8%。顺丰及"四通一达"的迅速崛起,让我国快递业的集中度不断上升。我国的快递业主要分布在以北京、天津、沈阳、大连和青岛为中心的环渤海区域;以上海、南京、杭州为中心的长三角区域;以厦门福州为中心的环台湾海峡区域;以广州深圳为中心的珠三角区域。

在京东物流开放背后,单靠自营物流体系无法支撑京东万亿营收目标,面对菜鸟和四通一达阵营的日益强大,苏宁、国美、日日顺等大家电物流网络的多年布局,京东物流面临的竞争格局十分激烈每年双 11 和 618 电商购物节通过官方发布的数据销售量不断刷新纪录,但是如果加入退货率的因素再来看,成交数据大打折扣。

中国线上零售量占整个零售市场的份额并没有人们感知得那么大,以青岛啤酒为典型代表的快消品来说,线下销售的比例比线上销售比例大很多。而京东物流和菜鸟网络推出的定制化、一体化供应链服务,让品牌商和平台本上收益最大。

提供物流服务的属于增量市场,这一市场目前开放的并不是很大。在传统企业的运作中,企业通过寻找各种物流公司去解决经营中出现的物流公司,而京东物流和菜鸟网络这样的物流整体解决方案提供商,不仅可以提高企业的运营效率,而且也使企业品牌价值越来越大。阿里巴巴菜鸟网络是京东物流最大潜在竞争者。

2008 年,阿里巴巴投资百世集团成为第一大股东,2013 年阿里联手复星集团、申通集团、韵达集团、中通集团等计划组建菜鸟网络,投资 1 000 亿元建设国内智能物流骨干网,2015 年投资圆通速运成为第二大股东。2017 年,因苏宁收购天天快递,阿里巴巴间接对天天形成控制。

菜鸟网络为了达成这一目标,打造了一只基于菜鸟平台的联盟合作关系,合作伙伴包含了除京东物流之外的主流物流快递公司。在电商巨头阿里构建的数字供应链生态中,通过海量电商订单对生产企业进行反制,占据快递订单的超级蓄水池,并借助互联网消费的流量入口,占据物流订单的水龙头。

而大量的快递企业充当自来水管的角色,上下游都被阿里控制,这种控制推动了供应链的高效协同。京东物流的供应商主要来自于运输类、仓储类、设备提供厂商、软件技术类和人力资源。

运输方面还包括航空和陆运的燃油供应商。中国的油料基本由中石化、中石油、中海油三家公司垄断供应。为了保障货物的运输安全,计算机设备和包装材料的需求较大,由于京东物流的用货量大,可以使用公平竞价的能力让供应商进行竞争,使供应商保持稳定,并与供应商保持长期稳定的合作关系,从而提高自身的议价能力。

信息技术提供了整个物流行业全流程所有数据的录入、跟踪、查找、处理、分析和预测,通过必要的硬件和软件技术,实现对物流信息的集成式共享,优化物流配送流程,以提供更高品质的物流服务,这样信息技术的开发成本非常高。

京东物流目前研发人员已经超过 2 万人,如此大数量员工的人力成本也是非常巨大的。互联网技术日新月异,对于新技术的研发和投入,也是一笔不小的支出。而新技术从研发到最后投放市场获得收益的时间周期也非常长,导致投入风险很高。

随着人们生活水平越来越高,国内的用工成本越来越高,京东物流全国员工超 7 万人,这次庞大数量的员工,对于京东物流来说成本巨大。在如今的信息时代,人才也是各大企业相互争夺的宝贵资源,企业留住人才的成本也越来越高。这些都增加了公司的成本。

物流业当前处于迅猛发展阶段,市场竞争趋于白热化,消费者对物流服务的需求越来越高,阿里系的菜鸟网络正在对物流市场进行整合和升级,顺丰和"四通一达"在各自的市场地位已经稳固,且规模都在不断扩大。目前消费者对京东物流的服务整体比较满意,但仍然对价格敏感程度高。

随着消费升级的新常态,消费者除了看中物流的价格情况外,也会关注服务和品质。京东物流的核心竞争力在于配送速度和个性化服务,但是成本偏高可能会制约企业的发展。京东物流的竞争力还表现在服务品质上,良好的用户体验使消费者对京东物流的满意度较高。随着京东物流向 C 端用户不断开放,机遇和挑战并存。

【讨论分析】

1. 试分析现阶段我国主流物流企业各自的特征。
2. 京东物流应运用什么样的营销战略才可能成功?

实训操作项目

京东物流与韵达物流竞争战略分析

【实训目标】

深入学习竞争市场战略。

【实训内容】

分析京东物流与韵达物流各自的竞争战略。

【实训要求】

(1) 将班级每五位同学分成一组,并确定一名负责人。

(2) 组内成员分工,通过图书馆、网络、报纸杂志等渠道收集相关竞争情况。

(3) 进行资料整理,总结出京东物流与韵达物流两个公司分别采取的竞争战略。

(4) 小组讨论分析采取此竞争战略的原因、方法及手段。

【成果与检测】

每个小组完成一篇京东物流与韵达物流之战的分析报告。各小组选派代表发言,全班同学评议,教师点评。

物流营销策略选择

知识目标

(1) 了解物流产品策略分析。

(2) 理解物流产品组合。

(3) 熟悉物流产品生命周期分析方法。

(4) 了解新产品开发介绍。

能力目标

(1) 能够对现实生活中的物流产品进行分析。

(2) 能够进行物流服务产品的生命周期分析。

课程思政

(1) 培育社会主义核心价值观。

(2) 引导学生树立爱国情怀、文化自信。

(3) 培养学生的探索精神。

任务 4.1　物流产品策略分析

构建全程物流营销体系促货运上量

　　成都铁路局结合本局实际,瞄准市场构建全程物流营销体系,拓展细化接取网达网络,开发多类定制货运产品,努力促进货运增收上量。成都局横向整合局属 4 家非运输企业的物流业务,联合中铁快运股份有限公司、中铁集装箱运输有限责任公司、中铁特货运输有限责任公司组建货运营销中心,实施"对外营销、项目开发、增值服务、票据结算、项目运维"的"五统一"工作模式;纵向建立"局货运营销中心—站段营销分中心—车站营业部—营业网点(无轨站)"营销网络,合署办公、集中调度,实现铁路货运物流供应链"门到门"的无缝链接,逐步构建起"运输高效、节点顺畅、全程追踪、价格合理"的全程物流营销体系。截至 2016 年 10 月 16 日,该局今年共开行快速货物列车 406 列,白货日均装车 2 048 车,同比增长

27.6%,白货运量同比增长高出全路平均同比 3 个百分点。

资料来源:董千里. 物流市场营销学[M].4 版. 北京:电子工业出版社,2019.

4.1.1　物流产品基本认知

1. 产品的概念

随着科学技术的快速发展和社会的不断进步,消费者的需求日趋个性化,市场竞争加剧,导致产品的内涵和外延不断扩大。根据菲利普·科特勒的观点,以现代营销观念对产品进行界定,产品是指为留意、获取、使用或消费以满足某种欲望和需要而提供给市场的一切东西。现代市场营销理论认为,产品整体概念包含核心产品、有形产品和附加产品三个层次。

(1)核心产品是指消费者购买某种产品时所追求的利益,是顾客真正要买的东西,因而在产品整体概念中也是最基本、最主要的部分。消费者购买某种产品,并不是为了占有或获得产品本身,而是为了获得能满足某种需要的效用或利益。

(2)有形产品是核心产品借以实现的形式,即向市场提供的实体和服务的形象。如果有形产品是实体品,则它在市场上通常表现为产品质量水平、外观特色、式样、品牌名称和包装等。产品的基本效用必须通过某些具体的形式才得以实现。市场营销者应首先着眼于顾客购买产品时所追求的利益,以求更完美地满足顾客的需要,从这一点出发再去寻求利益得以实现的形式,进行产品设计。

(3)附加产品是顾客购买有形产品时所获得的全部附加服务和利益,包括提供信贷、免费送货、质量保证、安装、售后服务等。附加产品的概念源于对市场需要的深入认识。因为购买产品是为了满足某种需要,因而购买者希望得到与满足该项需要有关的一切。美国学者西奥多·莱维特曾指出:"新的竞争不是发生在各个公司的工厂生产什么产品,而是发生在其产品能提供何种附加利益(如包装、服务、广告、顾客咨询、融资、送货、仓储及具有其他价值的形式)。"

2. 物流产品的概念

物流企业提供的产品是一种服务。服务产品具有不可触知性,它没有一定的物质形态,很难在消费前、消费中和消费后进行评估;服务具有生产和消费的不可分离性。而一辆汽车的生产者和消费者是可以分开的。但是物流产品的生产和消费不同时存在就谈不上什么物流服务。对购买者而言,物流服务是多样性的,物流几乎跨越了组织中每个单一的职能(通关、商检、采购、运输、代理、保管、存货控制、配送、包装、装卸、流通加工及相关物流信息)。在人的劳动中,人是主角,因此物流服务就具有可变性,难以统一标准化。物流产品的定义可以这样表述:物流产品是一种服务性产品,是物流企业提供的服务。物流服务是人或组织的活动,或者对一种不可触知产品的临时可支配性,目的是满足消费者的需求和预期。这个定义强调"人或组织的活动",意味着主角是人,强调以不可触知的内容为主,可以认为物流产品是无形产品,是一种特殊的产品。物流服务的"区域相对产品"的临时使用(租用)是指服务的购买者可以使用而不必得到该产品的所有权。与其他服务产品类似,物流产品具有不可感知性、不可分离性、差异性、不可储存性、缺乏所有权等特性。

3. 物流产品的层次

(1)核心产品。产品最基本的层次是核心利益,即向消费者提供的产品要具有基本效用和利益,这也是消费者真正要购买的利益和服务,是产品整体概念中最基本、最重要的部分。物流需求者购买某种物流方案(产品)并非是为了拥有该产品实体,而是为了获得能满足自身某种需要的效用和利益。如物流技术方案的核心利益体现在它能让物流需求者方便、省力、及时地将产品实体完成空间的移动。

(2)基础产品。基础产品即物流方案实体,是向市场提供服务的过程和效益的总和表述。基础产品是物流核心产品依附的实体,主要包括物流方案目标、内容、过程、技术保障、价格标准等物流实施手段。

(3)期望产品。期望产品是客户购买基础产品(物流方案)时所获得的全部心理或生理服务的满意或满足的反应。期望产品源于对物流需求者需求的综合性和多层次性的深入研究。要求营销人员必须正视需求者的整体物流消费体系,考虑需求者对物流产品的期望属性。

(4)附加产品。附加产品是物流需求者在基础产品满足的环境中,对物流产品提供者的服务水平的进一步要求,表现为希望能够通过接受第三方物流服务,来提高物流需求的满意程度。例如第三方物流企业的品牌知名度可以带来本企业形象的提升等。

(5)潜在产品。潜在产品是指物流需求者在接受物流服务过程中对物流产品产生的新需求,从而对第三方物流企业提出新的服务要求。第三方物流企业可以据此开发新的服务产品,使企业的服务市场在纵横两方面都得到扩展。

4. 物流产品的特征

(1)无形性。商品是一种有某种具体特性和用途的物品,是由某种材料制成的,具有一定的重量、体积、颜色和轮廓的实物。而物流服务主要表现在活动形式,不物化在任何能够存在很长时间的对象或出售的物品之中,不能作为物而离开消费者独立存在,顾客在购买服务之前,无法看见、听见、触摸、嗅闻物流服务。物流服务之后,客户并未获得服务的物质所有权,只是获得一种消费经历。

(2)不可储存性。物流服务容易消失,不可储存。物流企业在为客户服务之后,服务就立即消失。因此,购买劣质服务的客户通常无货可退,无法要求企业退款,而且企业也不可能像产品生产者那样,将淡季生产的产品储存起来在旺季时出售,而必须保持足够的生产能力,以便随时为客户服务。如果某个时期市场需求量低,物流企业的生产能力就无法得到充分利用,而在市场需求量超过生产能力时,物流企业就无法接待一部分客户,从而丧失一部分营业收入。当然,尽管物流服务容易消失,但物流企业可反复利用其服务设施,因此,要保持持久的销售量,物流企业最好的方法是保持现有的老客户。

(3)差异性。差异性是指物流服务的构成成分及其质量水平经常变化,很难统一界定。物流企业提供的服务不可能完全相同,由于人类个性的存在,同一位第一线的员工提供的服务也不可能始终如一,与产品生产相比较,物流企业往往不易制定和执行服务质量标准,不易保证服务质量,物流企业可以在工作手册中明确规定员工在某种服务场合的行为标准,但管理人员很难预料有各种不同经历、性格特点、工作态度的员工在这一服务场合的实际行为方式,而且服务质量不仅与员工的服务态度和服务能力有关,也和客户有关,同样的服务对一部分客户是优质服务,对另一部分客户却可能是劣质服务。

(4)不可分离性。有形产品可在生产和消费之间的一段时间内存在,并可作为产品在这段时间内流通,物流服务却与之不同,它具有不可分离性的特征,即物流服务的生产过程与消费过程同时进行，也就是说，企业员工提供物流服务于顾客时，也正是客户消费服务的时刻，二者在时间上不可分离。由于物流服务本身不是一个具体的物品，而是一系列的活动或者说是过程，所以物流服务的过程，也就是客户对服务消费的过程。正因为物流服务的不可分离性，物流服务不需像产品一样要经过分销渠道才能送到客户手中，物流企业往往将生产、消费场所融为一体，客户必须到服务场所，才能接受服务，或物流企业必须将服务送到顾客手中，因此各个物流服务网点只能为某一个地区的消费者服务。物流产品的不可分离性决定了物流网络的建设是物流企业管理人员必须做好的一项重要工作。

（5）从属性。货主企业的物流需要是伴随商流的发生而发生，是以商流为基础的，所以物流服务必须从属于货主企业物流系统，表现在流通货物的种类、流通时间、流通方式、提货配送方式都由货主选择决定，流通业只是按照货主的需求站在被动的地位来提供物流服务。

（6）移动性和分散性。物流服务是以分布广泛、大多数时候不固定的客户为对象，所以有移动性和面广、分散的特性，这会使产业局部的供需不平衡，也会给经营管理带来一定的难度。

（7）较强的需求波动性。物流服务是以数量多而又不固定的客户为对象，他们的需求在方式上和数量上是多变的，有较强的波动性，容易造成供需失衡，这成为物流企业在经营上具有劳动效率低、费用高的重要原因。

（8）可替代性。一般企业都可能具有自营运输户、保管等自营物流的能力，这使得物流服务从供给力方面来看有替代性。这种自营物流的普遍性，使物流经营者从量和质上调整物流服务的供给力变得相当困难。

5. 物流产品的分类

与产品的内涵一样，产品的外延也处在不断发展之中。从核心产品（基本功能）向形式产品（产品的基本形式）、附加产品（附加利益和服务）延伸，即从核心产品发展到附加产品三个层次，如图 4-1 所示。

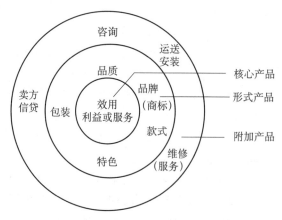

图 4-1　整体产品构成图

物流产品作为一种服务，有着自身的特点，存在着下列层次的划分，它们构成了整体物流产品。

4.1.2　物流产品组合认知

1. 物流产品组合

产品组合是指一个物流企业经营（运营）的全部产品或服务的结构，即各种产品及产品项目的有机组成方式。产品组合一般包括若干条产品线，每一条产品线内又包括若干个产品项目。一个产品项目往往具有一个特定的名称、型号或编号。

产品组合有一定的宽度、长度、深度和关联性。宽度（或称为广度）是指一个物流企业经营的产品系列数目；长度是指一个物流企业的产品组合中包含的产品项目总数；深度是指每一个产品系列所拥有的产品项目的数目；关联性是指一个物流企业的各个产品大类在最终使用、生产条件、分销渠道等方面的密切相关程度。

2. 产品组合策略

产品组合策略就是根据物流企业的目标，对产品组合的宽度、深度及关联程度进行组合决策。企业在调整产品组合时，可以针对具体情况选用以下产品组合策略。

1）扩大产品组合策略

扩大产品组合策略是开拓产品组合的宽度和加强产品组合的深度。开拓产品组合宽度是指增添一条或几条产品线，扩展产品经营范围；加强产品组合深度是指在原有的产品线内增加新的产品项目。物流企业在扩大产品组合策略上可采取增加一条或若干条与原产品线相似的营运线路、经营码头、仓储、堆场，在同一营运线内增加更多的停靠点等。

采取这种策略的优点是：满足不同消费者的各种偏好，提高产品的市场占有率；充分利用企业信誉和商标知名度，完善产品系列，扩大经营规模；充分利用企业资源和剩余生产能力，提高经济效益；减小市场需求变动性的影响，分散市场风险，降低损失程度。

2）缩减产品组合策略

缩减产品组合策略即削减产品线或产品项目，特别是要取消那些获利小的产品，以便集中力量经营获利最大的产品线或产品项目。对物流企业而言，可将两条或若干条营运线路合并，减少亏损的营运线路、码头、仓储、堆场，或者在同一营运线内减少停靠点等。

缩减产品组合策略的优点是：集中资源和技术力量改进保留产品的品质，提高产品商标的知名度；减少资金占用，加速资金周转；生产经营专业化，提高生产效率，降低生产成本；有利于企业向市场的纵深发展，寻求合适的目标市场。

3）高档产品策略

高档产品策略就是在原有的产品线内增加高档次、高价格的产品项目。采用这一策略的企业也要承担一定的风险。因为，企业惯以经营廉价产品的形象在顾客心目中不可能立即改变，这样高档产品不容易打开销路，从而影响新产品项目开发费用的迅速收回。

这种产品策略的优点是：可以提高企业现有产品的声望，提高企业的市场地位；高档产品的生产经营容易为企业带来丰厚的利润；有利于带动企业生产技术水平和管理水平的提高。

【举例】

中远集团的中日绿色快航，中海集团北方公司开辟的"五定班列"便是实施的高档产品策略。物流公司开辟的"五定班列"集中了集装箱和铁路运输的综合优势，现在离海最远的新疆物流只要 4 天时间即可运到天津港。

4）低档产品策略

低档产品策略是在原有的产品线中增加低档次、低价格的产品项目。与高档产品策略一样，低档产品策略的实行能够为企业寻求新的市场机会，同时也会带来一定的风险。如果处理不当，可能会影响企业原有产品的市场声誉和名牌产品的市场形象。此外，这一策略的实施需要有一套相应的营销系统和促销手段与之配合，这些必然会加大企业营销费用的支出。

实行这种产品策略主要有以下一些益处：借高档名牌产品的声誉，吸引消费水平较低的顾客慕名购买该产品线中的低档廉价产品；增加销售总额，扩大市场占有率；充分利用企业现有的生产能力，补充产品项目空白，形成产品系列。

4.1.3　物流产品生命周期分析

物流产品生命
周期分析

产品生命周期指产品从进入市场，直到最终退出市场所经历的市场生命循环过程。产品生命周期是指一种产品经过市场开发，从投入市场经营到最后被市场淘汰的全部过程。产品生命周期指的是产品的市场寿命，而不是使用寿命。典型的产品生命周期一般可分为四个阶段，既导入期（或投入期）、成长期、成熟期和衰退期。

1．导入期

导入期在新产品推向市场后开始。物流企业在导入期主要的任务就是尽量争取更多的同时又比较稳定的客户，从而为企业今后的运营打下坚实的基础。在导入阶段，物流企业可以采用以下营销策略。

（1）迅速建立完善的货物集散网络，以保证物流服务产品的可得性。

（2）完备各种物流设施设备，以保证按质量提供物流服务。

（3）建立完善的物流服务体系。

（4）加大企业产品的宣传力度，让潜在的顾客了解产品的各种属性，说服他们做出最初的购买决定。

2．成长期

物流产品经过导入期的成功销售以后，便可以进入物流产品的成长期。在成长期，基本上物流企业的客户已经稳定，此时应该注意服务与成本之间的关系，增加物流企业的利润，同时也要注意发展新客户，拓宽客源。在成长期，物流企业可以通过以下几种策略进行组织运营。

（1）物流企业要注意改善物流服务的品质，如增加新的服务功能、改进现有服务的水准，以提高服务的竞争能力，满足顾客更广泛的需求，吸引更多的顾客。

（2）可以广泛寻找新的子市场，来找寻更多的货主。

（3）物流企业可以在适当的时机采取降价策略，以激发那些对价格比较敏感的需求者产生购买动机和采取购买行为。

（4）可以通过广告效应，把顾客对产品的认知从简单的接受转向对产品的深度信任上，并由此推动人们的购买行为。

3．成熟期

经过成长期以后，市场上现有物流服务的需求将趋向饱和，潜在的有物流服务需求的客户已经很少，销售额增长缓慢直至转为下降，这些现象都标志着产品进入了成熟期。在这一阶段，竞争逐渐加剧，各种相同品质的服务不断涌现，市场份额被进一步划分，而物流企业的利润将趋于饱和并不断下降。对于走向成熟期的物流企业,不能只采取抵御策略,而要考虑不断对目标市场、产品和营销组合进行调整。

(1)调整市场。在这方面,一个有进攻意识的产品管理人员要想方设法增加人们对产品的消费。管理人员一要寻找新的使用者,加强揽货力度;二要寻找新的细分市场;三要寻找能增加当前顾客使用量的途径。产品管理人员也可以将品牌重新定位,以便吸引更大的或者增长更快的细分市场。

(2)调整产品。产品管理人员也可以改变物流产品的质量、特色,以便吸引人们更多地使用企业的物流服务。当物流产品质量得以改善时,当购买者相信改善的质量能给予他们更多的东西时,当有足够多的购买者要求有更好的质量时,这一战略就会很有效果。

(3)调整营销组合。产品管理人员还可以改变一个或多个营销组合元素来努力增加销售量。可以通过降低价格来吸引新的消费者,拉拢竞争对手的顾客;可以发动更好的广告活动;可以采取更积极主动的人员推销和其他促销手段,如暂时降价、召开物流技术研讨会等;公司还可以向购买者提供新的或更好的服务。

4. 衰退期

在市场中,新产品或新的替代品出现的速度是很快的,顾客的消费习惯会发生改变,并转向其他产品,从而使原来产品的销售额和利润额迅速下降。于是,产品就进入了衰退期,直至退出市场。在衰退期,物流企业可能面对的最大问题就是服务方式及内容已经不能满足顾客的需求,此时最重要的任务就是依据需求者的需要迅速推出新产品,这样才能在竞争激烈的市场上生存下来。可采取的策略有以下几种。

(1)调整运输线路结构和密度,减少衰退的航次、车次、航班。

(2)停开已经衰退而且亏损严重的运输线路营运。

(3)维持最低数量的运力,满足市场上尚存的少部分物流服务的需要。

(4)积极推出新的物流服务项目。

4.1.4　新产品开发介绍

1. 物流新产品的概念

所谓物流新产品,是指与旧产品相比,具有新功能、新结构和新用途,能在某些方面满足客户新需求的物流产品,大致包括以下五类。

(1)全新物流产品。全新物流产品是指应用新原理、新技术等研制出的前所未有的物流新产品,如最初配送就属于全新物流新产品。这种产品的问世往往源于科学技术在某个方面的重大突破,而它们的普及使用将极大地改善物流企业的运作效率。不过,全新的物流新产品开发周期长,需要很多投资,风险很大。

(2)延伸型物流新产品。延伸型物流新产品是指在原有产品的基础上开发不同的新物流产品,是服务范围向其他相关领域的延伸。

(3)扩展型物流新产品。扩展型物流新产品是指在原有的物流产品线中开发新的服务项目,是对原有产品线的扩展,如运输公司推出新的运输路线。

延伸型物流新产品和扩展型物流新产品的区别是:延伸型物流新产品是增加服务种类,即增加物流产品线;而扩展型物流新产品是增加服务项目,是对物流产品线的扩展。

(4)改进物流产品。改进物流产品是对原有物流产品在服务程序、方式、手段、时间、地点、人员等要素方面进行的改进,目的是增加服务的可接近性、方便性和可靠性等。这种物流新产品与原有产品差别不大,改进的难度不高,顾客购进改进产品后,可以按原来的方式使用。

（5）形式变化物流产品。形式变化物流产品是通过改变物流服务环境、物流设施、服务有形展示、包装等来改变现有物流产品。实际上,这种新服务本身并没有实质性变化,但可能带来服务创新。

2. 物流新产品的开发策略

当今的物流行业对物流新产品的开发方式主要有三种:引进技术、自行研究与技术引进相结合、独立研制（即自行设计）物流项目。

（1）引进技术策略。引进技术策略是指利用市场上已经有的成熟的物流工艺来设计本企业的物流服务项目,可以减少物流企业的研究经费和人力投入,有利于竞争和经济效益的提高。如传统的运输、仓储等物流服务,通过引进物流管理技术,实现物流服务的全面升级,进而发展成为现代化的物流企业,提高企业的市场竞争能力。

（2）自行研究与技术引进相结合策略。自行研究与技术引进相结合策略是指在充分消化引进物流工艺的基础上,结合物流企业的特点进行某些创新;或在充分利用本企业物流设备的基础上,引进某些新的物流服务措施以弥补自己的不足。

（3）独立研制策略。独立研制是指物流企业针对现有产品存在的问题,从基础理论上开展独创性的研究。物流企业在推出物流服务新产品的过程中,一是要根据用户的需求推出新产品;二是要根据自己对未来用户需求的预测推出新产品。相比较而言,后者对于物流企业的发展更为重要。通过对未来需求的预测,可以使物流企业走在同领域的前列。相反,如果一个物流企业只是跟随其他企业推出新产品,免不了有朝一日被竞争淘汰。所以,物流企业要在准确预测服务需求的基础上,独立研制,从而在市场上取得优势。

3. 开发过程

物流新产品开发过程可以由以下八个阶段构成:寻求创意、筛选创意、产品概念的发展与测试、制订市场营销计划、经营分析、产品开发、市场试销、批量上市。

（1）寻求创意。寻求创意是指开发新产品的设想。虽然并不是所有的设想都能变成产品,但寻求尽可能多的创意可为开发物流新产品提供较多的机会。

（2）筛选创意。物流企业必须根据自身的资源、技术和管理水平等对所获得的创意进行评估,研究其可行性,并挑选出可行性较强的创意,即创意的筛选。筛选创意时,一般要考虑两个因素:一是该创意能够与企业的战略目标相适应,这些战略目标表现为利润目标、销售目标、销售增长目标、形象目标等几个方面;二是企业有无足够的能力开发这种创意,这些能力表现为资金能力、技术能力、人力资源、销售能力等。

（3）产品概念的发展与测试。经过筛选后保留下来的产品创意还要进一步发展成为产品概念,要经过概念发展和概念测试两个阶段。产品概念发展阶段,主要是将物流产品的构思转化成物流产品的概念,并从职能和目标的意义上界定未来的物流产品。产品概念测试,就是用文字或图画将产品概念展示给一群目标顾客,以观察他们的反应,目的在于检验产品概念是否符合消费者的要求,或者是否表达了他们的需要和欲望。

（4）制订市场营销计划。制订初步的市场营销计划报告书,包括:描述目标市场的规模、结构、行为等;新产品的定位、利润目标等;简述新产品的计划价格、分销策略以及第一年的市场营销预算;计划长期销售额、目标利润以及不同时间的营销组合策略。

（5）经营分析。营销管理者在此阶段要复查物流新产品未来的销售额、成本和利润的预计,权衡它们是否符合企业的目标,如果符合,就可以进行新产品的开发。

（6）产品开发。产品概念经过了经营分析、研究,开发部门、工程技术部门及生产部门就可以把这种产品概念转变为产品,进入试制阶段。只有在这一阶段,以文字、图形及模型等描述的产品设计才变为具体产品。这一阶段必须搞清楚的问题是产品概念能否转变为技术上和商业上可行的产品。如果不能,就意味着产品开发所耗费的资金将全部付诸东流。

（7）市场试销。如果企业的高层管理者对物流新产品开发试验的结果感到满意,就应着手用品牌名称、包装和初步市场营销方案把这种新产品装扮起来,把产品推向真正的市场,从而了解经销商和顾客经营使用这种新产品的实际情况,然后再酌情采取适当的对策。

（8）批量上市。经试销被证明是成功的物流产品,就可以大范围推广。一是决定何时推出物流新产品;二是决定在何地推出新产品;三是考虑市场的潜力、企业在该地区的声誉、投放成本等;四是考虑向谁推出新产品,即选出最理想的顾客群,利用最理想的顾客群带动一般顾客,以最快的速度、最少的费用扩大新产品的市场占有率;五是还要考虑如何推出新产品。在不同的时机、不同的地区、不同的目标客户中,所采用的策略也是不同的。

4.1.5 物流产品品牌形象策划

品牌营销活动的目的,是要成功地塑造和传播品牌的形象,那么为了顺利实现这个目标而进行的品牌营销策划,就是要以品牌形象的塑造和传播为研究的重点,在掌握了大量的信息资料的前提下,遵循系统性、可行性、针对性、创造性的原则,为企业品牌的整体营销活动提供一个科学的活动规范方案和决策活动过程。品牌营销策划的目的是为企业的品牌营销活动提供科学的指导。

1. 物流产品品牌营销的原因

一个品牌的形成,并不是偶然的,几乎在每一个成功的品牌背后,都有着一系列精心的营销策划。在现代市场经济条件下,对品牌营销活动实行科学的策划,是企业必然的选择。

（1）实行品牌营销策划是社会生产发展的体现。随着人类科学技术的进步,人类的生产力得到了空前的发展,在这种前提下,社会分工进一步细化,社会合作进一步加强,各学科、各工种在不断融合、发展,品牌营销活动与策划科学相结合,以策划科学来指导品牌营销活动,是社会生产发展的必然结果。

（2）实行品牌营销策划是适应现代市场经济发展的必然要求。随着市场经济的进一步发展,现代的市场经济环境也变得越来越错综复杂,越来越多的利益关系相互交织,大量的商机与挑战并存,无数的"馅饼"与"陷阱"充斥其中。在这种经济环境里,企业所开展的每一项经营活动都必须通过精心策划,才能够适应现代市场经济的环境,才可以做到"运筹帷幄,决胜千里",品牌营销活动也不例外。

（3）实行品牌营销策划是信息时代营销活动的必然要求。当今时代是信息的时代,对于企业而言,信息就是效益,信息就是生命。在当今这样一个瞬息万变的时代,企业进行各种经营活动所面对的是一个复杂而又在不断变化着的市场,所以必须时刻把握住市场的信息变化,才能使经营活动不产生偏移。而策划科学最讲究的就是对信息的收集和处理,以信息为基础,充分考虑企业经营过程中可能遇到的每一个问题,并设计出科学合理的解决方案,使企业在变化着的市场环境里能够做到有备无患、有条不紊、处变不惊,对于企业的品牌营销活动也是如此。

（4）实行品牌营销策划是企业经营与管理现代化建设的客观要求。随着社会生产力的发展，企业不仅在生产的技术水平上日益发达，在经营与管理上也在不断向现代化迈进，各种先进的行为科学被应用到企业的经营与管理中来，而策划学就是其中很重要的一种，对企业的经营与管理实行科学策划，是企业经营与管理现代化建设中很重要的一个环节。

2. 物流产品品牌营销过程和内容

1）收集信息资料

企业是社会经济活动的一种组织形式，是经济活动的细胞，因此，品牌营销策划必然要与社会有密切的信息交流。信息、材料与能源被誉为现代经济发展的三大支柱，信息开发的水平决定着策划的水平，最终决定着企业的成败。企业品牌营销策划的第一个步骤就是收集与企业的品牌营销策划有关的各种信息资料。这些信息资料将成为进行系统分析与设计的重要依据，具体包括：宏观经济形势、政策与法律环境、目标市场特性、消费者需求特点、市场需求走向、市场竞争状况和企业自身的特点等。在这个过程中，最重要的就是要对各种信息资料进行加工处理。要充分利用现代化的媒体手段，以科学原理为指导，大量收集信息资料，并透过现象、去粗取精、去伪存真、由表及里对其进行分析研究，最终得到需要的资料。这些信息资料收集完毕后，要以报告书的形式进行总结汇报，成为企业品牌营销策划活动的重要依据。

2）品牌形象策划

塑造和传播品牌形象，是品牌营销的主要任务。为品牌策划目标形象，是品牌营销策划的重点和首要工作。形象是品牌的灵魂，塑造出一个理想的品牌目标形象将赋予品牌强大的生命力，而品牌的目标形象如果塑造得不合理，将导致整个品牌营销计划的失败。只有塑造正确的品牌形象，品牌营销活动才显得有意义，所以首先要对品牌目标形象进行科学的设计策划，尽可能地设计出一个理想的品牌形象来。需要明确的是，这里所谓的形象，不是指狭义上人们对形象的认识，品牌形象其实是一个内涵非常广泛的概念，是一个形象系统，品牌的形象包括以下两点。

（1）品牌的外观形象。品牌的外观形象是指品牌名称、外观设计、商标图案、包装装潢等直观的视觉、听觉效果，如"adidas"牌运动服的中文读法是阿迪达斯，"奥迪"牌汽车的商标是串联着的四个圆圈，"南山"牌奶粉外观设计的主题背景是绿色的草原等，这些都属于品牌的外观形象，这是品牌形象系统中最外层、最表面化的形象。

（2）品牌的功能形象。品牌的功能形象是指被消费者普遍认同的本品牌所具有的物理功能性的特征，也就是品牌能够让消费者产生的对产品的诸如实用性、可靠性、安全性、便利性、先进性、舒适性、环保性等各种物理功能特性。品牌的各项目标形象被确定好以后，就要以品牌目标形象设计书的形式将其详细地表述出来，要注意文字和措辞，语言的表达一定要清晰、全面、准确，逻辑要清楚，不能含糊不清。需求注意的是，品牌形象策划的最终目的，是让品牌的目标形象能够被消费者认同，能够与消费者的心理产生强烈的共振。只有这样的品牌形象才是成功的形象，这样的品牌才是有价值、有生命力的品牌。因此在品牌设计之前，就要根据前期所收集到的各种信息资料，认真研究目标市场的特点和消费者的心理特征,准确掌握目标市场的需求状况,敏锐洞察消费者的潜在心理需求,并以消费者的心理需求为依据,精心研究与策划品牌的核心形象,合理设计好品牌形象系统中的每一个目标形象,只有这样才能赋予品牌强大的生命。

3) 品牌传播策划

品牌的目标形象策划好以后,应为传播品牌目标形象策划具体的传播方式。品牌是传播出去的,品牌形象策划得再好,只有得到社会的普遍认同,才能成为真正的品牌,而这就需要对品牌进行有效的传播,因此必须对品牌形象的传播进行科学的策划。在信息高度发达的现代社会,信息传播的方式多种多样,传播方式的不同,所获得的传播效果也会不同,常用的传播方式有以下两种。

(1) 动态媒体方式。动态媒体方式是指利用电视、电影和广播等富有动感的现代化视听媒体来进行品牌营销活动,如电视广告、新闻专题片、电视购物、电视商城、广播购物等。电视是受关注率最高的媒体,电视的表现力丰富、生动,能集声、画、意于一体,利用电视对品牌进行传播活动,其优点就是:传播面广、传播速度快、信息传递准确、表现力丰富、影响力大。但电视传播也有无法避免的缺点,那就是无论电视画面多么生动,其始终无法让人产生真实感,而且成本高昂、互动性差、缺乏针对性,无法储存。

(2) 静态媒体方式。静态媒体方式是指利用报纸、杂志、海报、邮件等静态媒体来进行品牌营销活动,如报纸广告、杂志广告、附送广告、邮件购物、广告式订单、街头海报、体育场广告牌、城市巨幅广告等。静态媒体方式主要的优点就是价格低廉、可储存、传播面较广并且能够做到有针对性的传播。静态媒体方式的缺点就是传播速度慢、信息易失真、表现方式呆板、互动性差、影响力小等。

课后案例分析

沃尔玛物流配送

沃尔玛公司作为美国零售业年销售收入第一的企业,以精确掌握市场、快速传递商品和最好地满足客户需要而为人们所熟知,这与沃尔玛拥有庞大的物流配送系统并实施严格有效的物流配送管理制度有关,因为它确保了公司在效率和规模成本方面的最大竞争优势,也保证了公司顺利进行扩张。

一、沃尔玛的物流配送体系

(1) 设立了运作高效的配送中心。从建立沃尔玛折扣百货公司之初,沃尔玛公司就意识到有效的商品配送的核心是保证公司达到最大销售量和最低成本的存货周转费用。而使公司获得可靠供货保证及提高效率的途径就是建立自己的配送组织,包括送货车队和仓库。这样公司不仅可以大量进货,而且可以要求供应商将商品集中送到配送中心,再由公司统一接收、检验、配货、送货。

(2) 采用先进的配送作业方式。在配送运作时,沃尔玛的大宗商品通常经铁路送达配送中心,再由公司卡车送达商店。每店每周收到1~3辆卡车货物,60%的卡车在返回配送中心的途中又捎回沿途从供应商处购买的商品。这种集中配送方式为公司节约了大量的资金。

（3）实现配送中心自动化的运行及管理。沃尔玛配送中心的运行完全实现了自动化。每种商品都有条码，通过传送带传送商品，再由激光扫描器和计算机追踪每件商品的储存位置及运送情况，配送中心每天能处理20万箱的货物配送。

（4）具备完善的配送组织结构。沃尔玛公司为了更好地进行配送工作，非常注意从配送组织上加以完善。其中一个重要的举措便是建立了自己的车队进行货物配送，以保持灵活性和为一线商店提供最好的服务。这使沃尔玛享有极大的竞争优势，其运输成本也低于竞争对手。

二、沃尔玛物流配送体系的运作

（1）注重与第三方物流公司形成合作伙伴关系。在美国本土，沃尔玛做自己的物流和配送，拥有自己的卡车运输车队，使用自己的后勤和物流团队。但是在其他地方，沃尔玛只能求助于专门的物流服务提供商，飞驰公司就是其中之一。飞驰公司是一家专门提供物流服务的公司，它在除美国本土以外的地方为沃尔玛提供物流方面的支持。

（2）挑战"无缝点对点"物流系统。为顾客提供快速服务。在物流方面，沃尔玛尽可能降低成本。为了做到这一点，沃尔玛对自己提出了一些要求。其中的一个要求就是要建立一个"无缝点对点"的物流系统，能够为商店和顾客提供最快捷的服务。这种"无缝"是指使整个供应链达到一种非常顺畅的链接。

（3）自动补发货系统。沃尔玛之所以能够取得成功，还有一个很重要的原因，就是沃尔玛有一个自动补发货系统。每一个商店都配备了这种系统，包括在中国的商店。自动补发货系统使沃尔玛在任何一个时间点都可以知道，目前某个商店有多少货物，有多少货物正在运输过程中，有多少货物在配送中心等。同时补发货系统也使沃尔玛可以了解某种货物上周卖了多少，去年卖了多少，而且可以预测将来的销售情况。

（4）零售链接系统。沃尔玛还有一个非常有效的系统，叫作零售链接系统，这个系统可以使供货商直接进入沃尔玛的系统。任何一个供货商都可以进入零售链接系统来了解他们的产品卖得怎么样，昨天、今天、上一周、上个月和去年产品卖得怎么样，可以知道这种产品卖了多少，而且这个系统可以在24小时内就进行更新。供货商可以在沃尔玛公司的每一个商店及时了解到有关情况。

资料来源：中国物流与采购联合会网，http://www.chinawuliu.com.cn。

【讨论分析】

运用所学知识分析沃尔玛公司配送方式的可取之处。

实训操作项目

物流企业物流产品分析

【实训目标】

了解物流产品的具体服务类型。

【实训内容】

收集一家物流企业的物流服务产品情况，如包装、仓储、运输、配送等服务情况，可选择其中一点进行分析,总结其有哪些优缺点。

【实训要求】

(1) 学生每 4～6 人分为一组,分组讨论分析,并将分析结果以论文的形式呈现。

(2) 各小组分别对论文进行阐述。

(3) 教师给予总结点评。

(4) 各小组将论文进行修改,打印装订成册。

(5) 每个小组应体现团队合作精神,积极完成分工任务。

任务 4.2　物流价格策略分析

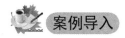 案例导入

某食品公司应如何制定运输价格

某外商独资食品制造企业在中国投资了 6 个工厂(不包括在建和 OEM 的工厂),旗下主要有四大品牌,年销售额近 10 亿元。目前公司主要的销售区域在南方,南北方(以长江划分南北)大致销售比例为 7∶3。由于该公司生产的是低附加值的玻璃罐装食品(暂时只有小部分用 PET 瓶),因此公司对物流成本一直比较注重。目前整体物流费用占公司销售成本的 4%。

A 厂每天运输量为 300～500 吨。省内配送主要使用汽运,而省外港口城市多使用海运集装箱配送。省内配送也使用过一段时间的自有车辆,但考虑到成本较高,最终改用第三方物流车辆。

运费结算:汽车运输价格设定,按不同吨位不同标准收取(例如,同一目的地 1～3 吨、3～8 吨、8～10 吨、10 吨以上,计价单位:元/吨)。每天客服将订单通知车队(运输供应商),由供应商根据订单情况派出车辆到工厂装货,具体车辆调度由供应商负责(比如某车装哪几票货物,或者每票货装多少)。供应商根据每月发货情况跟客服部门对账确认运费。

【思考】

如果公司想降低运输费用,可以从哪些方面进行考虑?或者关注点是什么(目前公司主要通过每年跟供应商的价格谈判降低价格)?

营销启示

在这个案例中,作为物流部门管理者只是关注到了价格表面化的问题。运输价格如果只是通过单一的谈判方式来降低,效果是很差的。原因主要是企业很难清楚运输企业的物流费用构成具体是怎样的。另外,报价还要考虑物流供应商的规模、运作能力及信用等能力。所以,对外部价格的收集,对后备供应商的考察都是物流部门日常的重要工作。

该企业的物流调度管理职能很弱,派单实际是由供应商协助完成的,这样无疑丢失了价

格管理的重要管理工具——订单管理和线路规划。订单由供应商分配,那其结算方式无疑是按票结算,无法事先进行线路规划,更无法实现规模管理,订单被迫都按最小基数结算,这样企业就可能会吃亏。企业在放弃调度主动权的同时,还有两个坏处,一是对于订单管理而言,控制订单大小、客户下单时间的目的没有完全达到;二是对于运输时间的控制难度加大。作为物流供应商考虑得最多的还是如何使成本最低,所以有时线路安排的合理性问题考虑得就少了。线路不合理,运输时间就可能因此而拉长。如果因物流企业线路规划不合理增加了运作成本,却要企业承担这样的价格,无疑更不合理。

4.2.1　物流产品价格基本认知

服务定价是服务营销组合中最灵活的要素。随着服务行业管制的取消和竞争的激烈化,价格策略在服务竞争中的作用日益突出。服务价格是服务价值的货币表现。对于物流服务购买者而言,服务的价值是其购买某项物流服务(如运输服务、仓储服务、快递服务)所耗费的代价。价格就是用一定量的货币表示这些代价的报酬。对物流服务购买者而言,物流服务产品的价值等于他们从物流服务中获得的满足。如果所付的价格能够使他们觉得预期的要求得到满足,便认为物流服务"值"那么多,否则就是"不值"或不合算。因此,价格是外在的具体和确定的量,而价值是内在的模糊和不确定的量。

1. 物流服务产品定价的作用和意义

1)定价的作用

在激烈的竞争中,合理的定价可以树立良好的企业形象和让客户认识服务的价值。价格在服务体系中的具体作用如下。

(1)给服务对象定位。给服务对象定位,以此树立良好的企业形象来吸引购买者,为企业培养稳定的客户群。

(2)让客户认识服务的价值。合理的价格一旦被传播,物流服务购买者就会认识到物流服务的真正价值,物流服务才能在货畅其流、物尽其用中发挥真正的作用。

(3)价格作为服务质量的线索。服务质量的判断受到体验性属性和信誉性属性的支配,物流服务购买者很可能将价格作为衡量服务质量的线索,价格成为吸引客户或令人望而退却的重要因素,会影响客户对所接受服务质量的预期。服务质量是建立在价格的基础上,离开价格谈服务质量是不可取的,也是行不通的。服务质量的高低依附在相对价格的基础上。由于人们愿意为较高的质量水平付出相对多的金钱,因此一般不提倡优质低价。作为物流企业所能做的是,在目前的价格基础上,让服务真正做到更好。但是,物流服务质量具有不稳定性,存在较大的风险。

2)定价的重要意义

买方市场的形成,使物流购买者可以就同项物流服务的价格进行比较,有了越来越大的讨价还价能力,对物流企业有很大的选择余地,这使得定价变得更为重要。

(1)收入和利润的来源。收入等于提供服务的数量与单价的乘积。在扣除所有物流活动的成本后,剩余的即是企业利润。所以说价格是收入的关键,是企业利润的直接来源。

(2)获得最大"客户剩余"的关键。为了尽可能获得最大利润,企业需要选择一个既不过高又不过低的价格,确定一个最接近目标客户预期价值的价格。如果定价高于客户的预期价值,企业会失去销售机会;而定价过低,企业失去了充分利用人们对产品的预期心理本应获得的收入。

2. 物流服务产品定价的特点

物流服务定价有不同于产品定价的特点。

(1) 客户对服务价格的认识往往存在偏差。客户因不拥有准确的服务价格信息,对服务价格水平的判定难免存在偏差。其原因有三点:一是服务具有无形性的特征,客户在购买服务之前一般无法检视服务,无法依据服务质量来判断价格的高低;二是不同客户对同类服务常常表现出不同的需求或偏好,不同企业提供的服务内容与质量往往又不一样,因而难以进行价格上的比较;三是服务无法上架销售,因此客户无法采取商场比价的方式收集服务价格信息,因而难以保证服务价格信息的准确与完整。

(2) 客户更多依据价格水平来判定服务质量。服务的无形性特征使得服务的质量难以检测,服务的差异性又使得服务的质量标准难以统一,客户不得不依据服务的价格水平来判定服务的质量。特别是在时间紧、任务重、风险大的情况下,客户常常选择收费不菲的大公司或国外物流企业,以保证服务的质量。

(3) 非货币成本因素对服务定价的影响更为突出。影响服务定价的非货币成本因素主要有服务时间成本、信息搜寻成本、便利成本和客户心理成本等。例如,服务时间成本包括客户到达服务场所耗费的时间、等待服务的时间和服务过程的时间等;信息搜寻成本指客户为确定和选择所要接受的服务,以及估计服务的价格而付出的脑力劳动;便利成本指客户为前往服务场所接受服务所付出的各种代价,包括时间、精力、体力和金钱上的消耗,这对服务场所的选址和可达性提出了要求;客户心理成本对客户来说最重要,指购买物流服务时所付出的精神成本,如担心被瞒骗、担心被拒绝、担心被敷衍等。客户购买服务的非货币成本越高,愿意为服务支付的价格就越低。

(4) 价格作为调节市场需求的杠杆作用更加明显。服务生产与消费的不可分离,使得企业无法利用库存手段来调节市场需求,转而诉诸价格的杠杆作用。常用的方法之一,就是利用差别定价将某些服务需求从高峰期转移到非高峰时段。例如,春运期间快递的定价就比平常时期的定价高。

(5) 客户对服务价值的认知成为服务定价的重要依据。不同企业不仅提供的服务不同,而且服务提供的成本也不一样,单纯的成本导向定价往往难以适应物流企业的定价需要,客户对服务价值的认知成为服务定价的重要依据。符合客户价值取向的服务,即使价格高些,客户也愿意购买;而背离客户价值追求的服务,即使价格一降再降,客户可能也不愿问津。

3. 影响定价的因素

价格并不是简单地等于价值,价格时而高于价值,时而低于价值,始终以价值为中心,上下波动。企业的定价应以客户是否愿意接受为出发点,并在这个基础上实现企业利润。影响定价的因素包括:成本因素、供求因素、竞争因素、国家的政策法规因素、经济环境因素、价格单位、物流产业环境、客户服务水平、其他因素等。

1) 成本因素

成本是影响定价的首要因素。这是因为企业要在保本或盈利的前提下才能有更大的发展。在其他因素不变的情况下,如果成本越高,定价就越高;如果成本越低,定价则越低;如果产量越大,成本就越低。

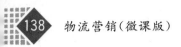

2）供求因素

物流公司在制定价格策略目标并考虑需求因素的影响时，通常使用价格需求弹性法来分析。需求的价格弹性是指因价格变动而相应引起的需求变动比值。供求因素反映了需求变动对价格变动的敏感程度。价格需求弹性通常用弹性系数来表示，该系数是服务需求量变化的百分比同其价格变化百分比之比值。

3）竞争因素

市场价格是在市场竞争中形成的。产品市场竞争的激励程度不同，对定价的影响也不同。市场竞争越激烈，对价格的影响也就越大。按照市场竞争的程度，可将市场竞争分为完全竞争、完全垄断、垄断竞争和寡头竞争四种情况。在完全竞争的情况下，物流服务市场中存在着众多同质服务，物流企业无力影响或者把握服务产品现行的价格。在垄断竞争的情况下，物流服务市场由众多按照系列价格而不是单一市场价格进行交易的物流服务购买者和物流企业组成。产生系列价格的原因是，购买者能区别物流服务产品之间的差异，并愿意为此支付不同的价格。在寡头竞争的情况下，物流服务市场由几个对彼此的定价和营销战略高度敏感的物流企业组成，市场中的物流企业因难以进入市场而较少。在完全垄断的情况下，市场只有一个物流企业，它可以自由地设定定价目标，包括低于成本的定价目标，或者抬高价格以限制消费等目标。市场竞争状况直接影响着企业定价策略的制定。在服务产品差异性较小、市场竞争激烈的情况下，企业制定价格的自主性也相应缩小。市场竞争所包含的内容很广，如在交通运输行业，企业之间的竞争不仅有不同品种服务之间的竞争，而且在不同运输工具之间、对客户的时间和金钱的利用方式之间都存在着竞争。总而言之，凡是物流服务产品之间区别很小而且竞争较激烈的市场，都可制定基本一致的价格。此外，在某些市场背景之下，传统和惯例可能影响到定价（如广告代理的佣金制度）。物流企业应积极了解竞争者的价格和服务产品，并将这些信息作为确定自己服务产品价格的出发点。在市场上，除了从竞争对手那里获得价格信息外，还要了解竞争对手的成本状况，这将有助于企业分析评价竞争对手在价格方面的竞争能力。无疑，向竞争对手全面学习，对于任何企业来说都十分重要，这将有助于企业制定适宜的价格策略。

4）国家的政策法规因素

国家法律法规对物流服务产品的定价也会有一定的影响，企业的定价首先要符合法律的规定。这种约束反映在定价的种类、价格水平和定价的产品品种等方面。例如，国家禁止操纵市场价格、价格倾销、恶意的价格竞争和虚假价格等。这些规定主要来自《中华人民共和国价格法》。

5）经济环境因素

企业定价还要考虑到社会经济情况，主要指社会经济水平及发展速度。经济水平高，则有利于企业自由定价。经济环境是一个重要的制约条件，包括经济的增长和衰退、通货膨胀、利率等一些经济因素。这些因素不仅会影响定价决策，还会影响物流服务产品的成本以及客户对价格和价值的认知。在经济景气的发展时期，由于需求旺盛，企业的发展机会多。企业的定价目标以拓展市场和获取利润为主；在经济紧缩时期，由于市场疲软、需求不足，企业往往选择保本经营、树立形象为目标。

6）价格单位

不同物流服务的价格单位是不同的。

7）物流产业环境

物流作为一种产业，要得到良性的且稳步和快速的发展，合适的产业环境是必不可少的。良好的产业环境可以加快市场发展的步伐，并快速催化出在本产业具有一定竞争力的企业实体。好的物流产业环境会降低物流服务产品的成本；反之，则会增加成本。物流产业环境直接影响了物流服务产品的价格。物流产业环境可以分为物流产业硬环境和软环境两种。

（1）物流产业硬环境，包括物流设施建设（机场、港口、物流基地、仓储设施等）、物流网络建设（铁路、道路、高速公路等）、物流设备供应能力、设备制造商的供应能力和设备可得性。

（2）物流产业软环境，包括国家相关的物流产业政策法规、物流市场规模、市场价格、市场竞争规范化程度、从业人员的素质及人才的培养速度。

8）客户服务水平

与客户服务水平相关的成本，包括因当前销售需求无法满足而产生的实际损失，以及未满足需求致使部分客户流失而损失的未来利润现值。对大多数公司而言，这两部分成本是很难计量的。因此，公司的目标就应转变为在既定客户服务水平下使其他物流成本总和实现最小化，通过提供较高的客户服务水平，取得竞争优势。但必须认识到，超过必要的物流服务会有碍于物流效益的实现。正常情况下，可以通过客户服务水平的提高带来的整个系统成本和销售额的增加，来判断成本可收回的程度，也可以通过客户服务水平的高低来判断物流服务产品价格的高低。

9）其他因素

物流产品或服务的购买者一般根据产品或服务能为自己提供的效用大小来判定该服务产品的价格，他们对物流产品或服务一般都有自己的估价，即心理因素。定价过高，很难被客户接受；定价过低，品质有问题。

同时，物流服务产品的价格，不仅取决于服务自身的价值，还取决于货币的价值量。

4.2.2　物流产品价格的确定

1. 以投资收益率最大化为目标

投资收益率是指在一定时期内，服务产品的价格能够保证投资额以一定的比值回收。投资收益率反映了企业的投资效益，是根据企业从期望投资额中得到的一定比例（毛利润或税后净利润）回报来计算的。其计算公式为

定价方法

$$投资收益率 = \frac{净利润}{投资额} \times 100\%$$

投资收益目标是一种注重长期利润的定价决策目标，它所追求的是长期而稳定的投资收益。由于大型企业投资较大，如何尽快地收回投资是企业经营决策者优先考虑的问题。因此，这种定价目标常被同行业中较大的或领先的企业采用。如果按投资额的一定比例来计算利润，既能保证投资如期收回，又能使价格得到同业和客户的认可，那么这种定价目标对企业来说是非常适宜的。这种定价目标，不仅能够保证企业的预期效益得以实现，又有助于树立企业和产品的良好声誉和形象，因此许多公司都把达到投资收益目标作为企业定价的主要目标之一。

2. 追求利润最大化

追求利润最大化是指追求一定时期内可以获得的最高利润。利润最大化并非意味着价格最高。在此目标下,企业在确定价格时就要考虑何种价格销售可以使利润最大化。在市场享有较高声誉,在竞争中处于有利地位或处于绝对垄断地位时,追求利润最大化是可行的。但是市场变化万千,服务产品日新月异,科技飞速发展,任何公司不可能永远保持领先和垄断地位。在许多情况下,企业可将追求利润最大化作为长期定价目标,同时根据特定的环境选择一个短期目标来制定价格。

有的公司为追求利润最大化,将物流服务产品划分为两类:一是为公司带来主要利润的主力服务产品;二是为避免竞争对手抢走客户而保持的低价服务产品。

3. 以市场份额最大化为目标

市场份额是指企业服务产品销售额在同类服务产品市场销售总额中所占的比重。任何一个企业为了促进生存和发展,都必须使其产品在市场上占有优势,市场份额的大小往往直接关系到企业的销售量和利润额。以保持或扩大市场份额为目标的定价决策,目的是使服务产品价格有利于扩大销售,提高竞争力,并从扩大销售中获得增值盈利。市场份额最大化的定价目标主要包括销售量的扩大和市场占有率的提高。销售量的扩大,往往是通过降低单位服务产品的价格来实现的,较低的价格可以吸引客户,使本企业服务产品在同类产品中具有较强的竞争力,从而扩大销售量,使企业获取更多的利润。当本企业销售量的扩大速度快于同行业竞争对手时,企业就提高了市场占有率,从而可能获得更多的发展机会和利润。

4. 稳定价格

稳定的价格通常是获取一定的目标收益的必要条件。当公司拥有较丰富的后备资源,打算长期经营时,就需要一个稳定发展的目标市场和行业市场。当市场上企业众多,并需要有一个稳定的价格水平来稳定市场时,往往由大型公司先制定服务产品的销售价格,其他公司的服务产品价格与之保持一定的比例关系。这种价格又被称为"领导者价格"或"价格领袖制"。这样定价可以使价格稳定在一定的水平上,保证大型公司在长期的经营中获得稳定的利润,同时也能维护公司形象。良好的公司形象是无形的资源和财富,是公司成功运用市场营销组合取得的客户信赖,是长期积累的结果。有些行业的市场供求变化频繁,但行业中的大公司为维护信誉,往往采取稳定价格的做法,不会随波逐流,能给客户以财力雄厚、靠得住的感觉。所以,对大型公司来说,这是一种稳妥的保护政策。对中小型公司来说,由于大型公司不随意降价,中小型公司的利润也可以得到保障。采取这种定价目标,可以避免不必要的价格竞争或价格骤然变化的风险。

5. 适应价格竞争

价格竞争是市场竞争的重要方面。因此,处在激烈市场竞争环境中的公司经常采用适应价格方面的竞争作为定价目标。实力雄厚的大型公司利用价格竞争排挤竞争者,借以提高市场占有率。例如沃尔玛总是以极低的价格来阻止竞争者的进入。经济实力弱小的公司则追随竞争者的价格或以此为基础做出抉择。在低价冲击下,一些企业被迫退避三舍,另辟蹊径开拓新市场。因此,许多公司在确定价格时,主要着眼于在竞争激烈的市场上,应付或避免发生价格竞争。通常是以对服务产品价格有决定影响的竞争者的价格为基础,在广泛收集资料、审慎比较及权衡以后,确定本企业的服务产品价格。

在领导者价格制度下,新公司要想进入目标市场,只能采取不高于竞争者价格的策略。

而小型公司要想在目标市场上占有一席之地,一般可以将价格定得略低于领导者公司的价格。公司只有在具备特殊优越条件(如实力雄厚、服务产品质量优越、服务水平高等)下,才有可能将服务产品价格定得高于主要竞争者的价格。

6. 基于客户服务绩效的全新定价目标

物流服务营销的特殊性,要求企业的定价目标应该以关系营销为理论基础,即定价以建立连续、长期、稳定和互利的伙伴关系为目标。关系营销要求以维持老客户来获得更多的市场利益,老客户的维持必须以不断提高客户服务绩效为前提,特别是客户价值和客户满意度。

客户价值是用客户购买的总价值和支付的总成本的比值来表示的。要提高客户满意度离不开创造与交付优异的客户价值。一是增大客户购买的总价值;二是降低客户支付的总成本。从价值决定价格这一基本经济规律来看,无论是客户购买到的总价值提高,还是购买时的总成本下降,客观上都要求在价格上有所体现,即当总价值较高时,只要总成本能够吻合总价值,或者是总成本较高时,总价值也能够吻合总成本,就总能保持较高的客户满意度。同时,客户满意度还受到诸如客户期望和客户体验等因素的影响。以客户服务绩效为定价目标,要求企业必须随时测算客户满意度等绩效指标对企业经营的影响。例如,满意度的提高往往伴随着企业经营成本的潜在上升,企业必须在客户的总价值和企业的总利益之间做出权衡,以便使企业的长期收益达到最大化。同时客户满意度的定价目标,还有助于企业更清醒地认识自己行为的特点和本质,有助于企业营销战略的实现,为企业定价提供了更广阔的空间。

7. 以服务质量领先为目标

这是物流企业经常采用的一种定价目标。企业利用其领先质量,制定很高的价格,用来补偿服务产品高质量和研究与发展的成本。在市场上,质量是树立企业形象的"利器",它直接影响着服务产品的物流量、市场占有率、利润的高低及竞争能力的强弱。因此,不论企业定位于什么形象,都应该保证产品的质量。以高质量的产品为依托,定价往往就会比一般服务产品的价格相对高一些。把产品的高质量作为企业定价的依据,同时又把价格作为树立企业形象的关键,这也是企业可以选择的一种比较好的定价策略。

当然,选择不同的定价目标,还受许多其他因素的影响,如国家的经济政策和方针政策、同类市场上的竞争情况、企业自身的生产经营能力以及战略愿景等。西方经济学者认为,服务产品的价格归根结底是各类市场中供求之间相互作用的结果。市场结构不同,需求曲线及企业在相互关系中的地位也就不同。因此,企业的定价目标也各不相同。企业应根据自身产品的成本、需求、质量以及在产业中所处的地位等因素,灵活地选择产品的定价目标。

4.2.3　物流定价策略分析

1. 服务产品的价格构成

价格是以价值为基础形成的,是价值的货币表现。因此,价格构成应是价值构成的反映,是价值构成的货币表现。服务产品的价值由三部分组成:第一部分,已消耗的生产资料转移到服务产品中的价值;第二部分,劳动者为自己创造的价值;第三部分,劳动者为社会创造的价值。流通过程是生产过程的继续,服务产品的价值也包括流通过程中的劳动消耗和追加劳动创造的价值。价格构成与价值构成的一致性如图 4-2 所示。

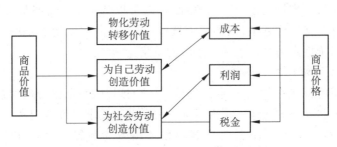

图 4-2 商品价格与商品价值的一致性

构成物流服务产品价值的各个部分，在货币形态上转化为构成价格的四个因素，即物流服务产品的成本、流通费用、税金以及利润。用公式表示如下：

$$物流服务产品价格＝物流服务产品的成本＋流通费用＋税金＋利润$$

1) 物流服务产品的成本

一般来说，成本是指为了达到特定目的所失去或放弃的资源。这里所说的"资源"包含物质资源以及人力资源；"失去"是指资源被消耗，如汽油、汽车在使用中被磨损等；"放弃"是指资源交给其他企业或个人，如用货币支付工资或加工费；物流企业的"特定目的"是物流服务。物流服务产品的成本一般有两种分类方式。

（1）按经济性质分类。物流服务产品包括运输服务、配送服务、仓储服务、包装服务、装卸搬运服务、流通加工服务等，涉及国际物流的服务还包括报关商检代理、货运代理等服务。物流服务产品虽然看不见、摸不着，但与生产产品一样，同样消耗资源。按经济性质分类，物流服务产品的成本构成包括以下几种。

① 外购材料。指耗用的一切从外部购入的原料及主要材料、半成品、辅助材料、包装物修理用备件、低值易耗品和外购服务产品等。

② 外购燃料。指耗用的一切从外部购入的各种燃料。

③ 外购动力。指耗用的从外部购入的各种动力。

④ 工资。指企业应计入生产成本的职工工资。

⑤ 职工福利费。指按照工资总额的 14% 提取的职工福利费。

⑥ 折旧费。指企业提取的固定资产折旧费。

⑦ 税金。指应计入生产成本的各项税金，包括房产税、印花税、土地使用税、车船使用税等。

⑧ 其他支出。指不属于以上要素的耗费，如差旅费、邮电通信费、租赁费、外部加工费等。

（2）按成本生产中的分类。生产成本包括四个项目：直接材料、直接人工、燃料和动力、制造费用。以托盘生产成本为例，直接材料是指直接用于产品生产、构成产品实体的原料及主要材料（如木板、木条）、外购半成品，有助于产品形成的辅助材料（如铁钉）以及其他直接材料；直接人工是指参加产品生产的工人工资以及按生产工人工资总额和规定的比例计算提取的职工福利费；燃料和动力是指直接用于产品生产的外购和自制的燃料及动力费（如煤、燃油、电力等）；制造费用是指为生产产品和提供劳务所发生的各项间接费用（如生产管理人员工资、福利费、生产场所设备的折旧、公用的电力等）。

2) 流通费用

流通费用是指为了转移产品所有权而发生的各种资源的消耗，包括物流总成本和商业企业的盈利。物流总成本包括客户服务成本、库存管理成本、运输成本、批量成本、仓储成本、订货处理和信息成本;商业企业的盈利是指其收入和支出相抵后的差额。

如果说生产成本是定价的第一经济依据,那么流通费用就是定价的第二经济依据,它是定价的重要因素。

3) 税金

税金包括增值税、营业税、消费税、城建税、教育附加费、所得税等。

4) 利润

这里的利润是指合理的利润。

2. 定价方法

物流企业定价的基本依据是生产经营成本和市场供求状况。应当根据其经营条件建立、健全内部价格管理制度,准确记录与核定服务产品的生产经营成本。

1) 以总成本为基础的定价方法

当企业只提供一种服务产品时,可以采用以总成本为基础的定价方法,其公式如下:

$$价格 = \frac{预计总成本 + 目标利润}{预计物流量}$$

上式中,总成本按相应的服务产品成本加上其间成本确定,目标利润也可以事先确定,此方法的关键是预测出正确可信的预计物流量。

在提供多品种的条件下,若仍沿用此法,则应将有关固定成本合理地分配给各种服务产品,以确定各服务产品的总成本,当然也要求将目标利润在各种服务产品之间分配。

2) 以单位成本为基础的定价方法

以单位成本为基础的定价方法有:按单位成本加成定价法、按单位产品成本及相关收益比率定价法、目标贡献定价法。

(1) 按单位成本加成定价法。按单位成本加成定价法即成本加成定价法,是以服务产品的单位成本加上应纳税金和预计利润作为售价的方法。售价与成本的差额占成本的比例即为加成。其公式如下:

$$价格 = \frac{单位商品完全成本}{1 - 税率 - 利润率}$$

这种方法简便易行,成本资料直接可得。"将本求利"的把握较大。对买卖双方相对公平。这种方法适用于竞争不甚激烈的服务产品。其主要缺点是:没有考虑不同价格下需求量的变动情况,不能确切测定服务产品的销售量。同时,对市场竞争的适应能力较差,定价方法不灵活。

(2) 按单位产品成本及相关收益比率定价法。该法是指在单位服务产品成本及相关收益比率的基础上进行定价的一种方法,简称收益比率定价法。在完全成本法下,可按以下公式定价:

$$价格 = \frac{单位服务产品成本}{1 - 销售毛利率}$$

$$= \frac{单位材料成本 + 单位加工成本}{1 - 销售毛利率}$$

在完全成本法下,由于单位产品成本受到产品物流量的制约,按此法所确定的价格其精确度要差一些。在变动成本法下,可按下式定价:

$$价格＝\frac{单位变动成本}{1-贡献边际率}$$

由于单位产品成本和有关收益率可借鉴历史资料或利用有关规划目标等现成资料,因而此法比较简单,尤为适用于临时定价。

(3) 目标贡献定价法。目标贡献定价法又称为可变成本定价法,即以单位变动成本为定价基本依据,加入单位服务产品贡献,形成服务产品的价格。其计算公式如下:

$$价格＝单位可变成本＋单位服务产品贡献额$$

3) 服务产品竞争导向定价

竞争导向定价以市场上相互竞争的同类服务产品价格为定价基本依据,以随竞争状况的变化确定和调整价格水平为特征,主要有通行价格定价法、主动竞争定价法、密封投标定价法等。

(1) 通行价格定价法。通行价格定价法是竞争导向定价方法中广为流行的一种定价法。定价是使服务产品的价格与竞争者的平均价格保持一致。这种定价法的目的有三点。

第一,平均价格水平在人们观念中常被认为是"合理价格",易为客户接受。

第二,试图与竞争者和平相处,避免激烈竞争产生的风险。

第三,一般能为公司带来合理、适度的盈利。

这种定价适用于竞争激烈的服务产品,如托盘、货架、人力搬运车辆等价格的确定。在完全寡头垄断竞争条件下,也普遍采用此种定价方法。

(2) 主动竞争定价法。与通行价格定价法相反,主动竞争定价法不是追随竞争者的价格,而是根据公司服务产品的实际情况及与竞争对手的服务产品的差异状况来确定价格。此方法一般为富于进取心的公司所采用。定价时首先将市场上的竞争服务产品价格与共同估算价格进行比较,分为高、中及低三个价格层次。其次将公司服务产品的性能、质量、成本、式样、产量等与竞争公司的服务产品进行比较,分析造成价格差异的原因。再次根据以上综合指标确定公司服务产品的特色、优势及市场定位,在此基础上,按定价所要达到的目标,确定公司服务产品的价格。最后跟踪竞争服务产品的价格变化,及时分析原因,相应调整公司服务产品的价格。

(3) 密封投标定价法。密封投标定价法主要用于投标交易方式。投标价格是公司根据对竞争者的报价估计确定的,而不是按公司自己的成本费用或市场需要来确定。公司参加投标的目的是中标,所以它的报价应低于竞争对手的报价。一般来说,报价高,则利润大,但中标机会小,如果因价高而招致败标,则利润为零;反之,报价低,虽中标机会大,但利润低,其机会成本可能大于其他投资方向。因此,报价时,既要考虑实现公司目标利润,也要结合竞争状况考虑中标概率。最佳报价应是使预期利润达到最高水平的价格。

4) 服务产品需求导向定价

需求导向定价以客户的需求强度及对价格的承受能力作为定价依据,这类定价法是公司在新的营销观念及市场条件下而产生的新型定价方法,主要有理解价值定价法和需求差异定价法。

(1) 理解价值定价法。理解价值定价法也称觉察价值定价法,是以客户对服务产品价值的感受及理解程度作为定价的基本依据。把买方的价值判断与卖方的成本费用相比较,定价时更应侧重考虑前者。因为客户购买服务产品时总会在同类产品之间进行比较,选购那些既能满足其消费需要又符合其支付标准的产品。客户对服务产品价值的理解不同,会形成不同的价格限度。这个限度就是客户宁愿付货款而不愿失去这次购买机会的价格。如果价格刚好定在这一限度内,客户就会顺利购买。为了加深客户对服务产品价值的理解,提高其愿意支付的价格限度,公司定价时首先要做好服务产品的市场定位,拉开本企业服务产品与市场上同类服务产品的差异,突出服务产品的特征,并综合运用营销手段,加深客户对服务产品的印象,使客户感到购买这些服务产品能获得更多的相对利益,从而提高他们接受价格的限度。公司则据此提出一个可销价格,进而估算在此价格水平下服务产品的物流量、成本及盈利状况,最后确定实际价格。

（2）需求差异定价法。需求差异定价法是指以不同时间、地点、服务产品及不同客户的消费需求强度差异为定价的基本依据,针对每种差异决定其在基础价格上是加价还是减价。需求差异定价法主要有以下几种形式。

① 因地点而异。相同的物流服务在物流据点、物流中心、物流基地的价格比在其他场所的价格要低。

② 因时间而异。在每年国庆节后至来年三月的商业旺季,因物流任务繁重,物流服务的价格会比淡季的价格高。

③ 因服务产品而异。有的物流服务因附带贴标签、代收款等增值服务内容,其收费也会比较高。

④ 因客户而异。对于客户的个性化需求,一般收费也会比较高。

实行差异定价要具备以下条件:市场能够根据需求强度的不同进行细分;细分后的市场在一定时期内相对独立,互不干扰;高价市场中不能有低价竞争者;价格差异适度,不会引起客户的反感。

5）以特殊要求为导向的定价决策方法

（1）生存定价法。生存定价法也称保本定价法。如果企业产能过剩,或面临激烈竞争,或试图改变客户需求,则需要把维持生存作为主要目标。为了确保企业有货运,企业必须定价较低,并希望市场是价格敏感型的,利润比起生存来要次要得多。许多企业通过大规模的价格折扣来保持企业活力。只要其价格能弥补可变成本和一些固定成本,企业的生存便可得以维持。

（2）保利定价法。保利定价法就是利用本量利分析原理中实现目标利润的价格计算公式进行定价的方法。

（3）最低极限价格定价法。企业出于经营上的某种需要或考虑有时要制定最低的价格作为物流服务价格的下限。在企业生产能力有剩余且无法转移时,追加订货的最低极限价格就是单位变动成本。对于那些实在难以找到销路的超储积压物资和产品,甚至可以它们在一定时期内平均负担的仓储保管成本和损耗费以及有关的资金占用成本的合计数作为确定极限价格的依据。只要服务价格不低于这种极限价格,就是有利可图或能使蒙受的损失降到最低。

6）捆绑定价法

捆绑定价是指把独立的服务捆绑在一起,或把可以互补的几种服务捆绑在一起而制定有吸引力的价格。捆绑在一起的服务中包括一些单独出售时客户可能不需要的服务,捆绑价格使这些服务与其他服务结合在一起并被更有效地购买。例如,仓储管理系统（软件）,将软件使用费、升级费、培训费、维护费以及数据管理服务等捆绑在一起打包定价。再如,可将运输服务、仓储服务、流通价格服务、配送服务等一起打包定价,甚至可以整合收款、代开发票、逆向物流等服务,共同打包定价。

7) 价值导向定价法

价值导向定价法的一个特点是,在计算客户感知价值时必须同时考虑非货币成本的作用。如果服务需要花费时间,造成不便,增加心理和信息搜寻成本,必须相应降低货币价格以做出补偿。如果服务节省时间,提供便利,减少心理及信息搜寻成本,客户会愿意支付较高的货币价格。

3. 定价程序

定价程序是指企业将影响定价的诸多因素仔细考虑并适当安排与组织,结合具体情况决定或调整产品价格的一系列步骤。

企业定价程序可概括为:确定定价目标,客户需求分析,成本核算,价格信息的收集整理和价格预测,竞争者状况分析,选择定价战略,选择定价方法,价格的执行与调整,价格的管理和监督八个基本步骤。

4. 制定合理物流服务价格的前提

物流服务价格与物流需求市场、物流标准化成本信息、物流系统等有极大的关系。制定合理的物流服务价格必须从以下几方面着手。

(1) 大力开发物流服务的需求市场。目前我国物流服务面临的主要问题是需求不足,众多客户还没有认识到物流外包的极大优势,不肯割让自己的物流业务,致使市场上的物流服务处于明显的供大于求的状况。为解决目前物流服务市场在实际运作中的各种问题,必须力争以物流需求为导向,加大对现代物流管理的宣传。引导企业调整经营组织结构,剥离低效的物资部门,逐渐实现物流活动的社会化,为物流产业培育广泛而坚实的市场基础。同时,完善物流服务的市场运行和监管机制,加快培育物流服务市场,在政策和相关行业管理的支持下,为物流服务市场的建立创造有利条件。

(2) 合理规划物流系统,确定物流企业的服务水平。自物流系统建立后,便有某一层次的物流服务水平与之对应。因此,要想在既定的服务水平下尽可能地降低物流成本,必须从一开始就合理规划物流系统,既要保证物流系统的现实操作性,又要注意物流系统的可完善发展性。

(3) 制定物流服务的标准化。目前我国的标准化服务体系尚未建立起来,还处于"条块分割,服务水平参差不齐,各自执行自身一套服务标准"的状态,这显然成为制定合理的物流服务价格的极大障碍。而制定统一的物流服务行业标准无疑能减少物流服务的无效作业,提高物流服务水平。因此,必须以物流服务信息化、智能化、个性化为目标,在物流用语、物流计量、物流技术及数据传输等多方面加强物流服务的标准化建设,促进物流服务业的健康快速发展。

课后案例分析

定价策略分析资料 1

曾经有人经营了一家家庭餐馆。餐馆菜单上的菜单无标价,广告牌上有五个字:"随你给多少。"他规定:"让顾客根据饭菜和服务的满意程度自定价格,给多给少,悉听尊便;若不满意,也可分文不付。"他的这一"绝招",使好奇的食客闻风而至,餐馆收入大增,许多食客心甘情愿付出比实际价格高许多的价款,最终使餐厅主人腰缠万贯。

定价策略分析资料 2

20 世纪 30 年代,被誉为"世界胶鞋大王"的著名华侨陈嘉庚先生,在胶鞋刚刚问世的头几年,用大大低于成本的价格对市场进行渗透,以赢得大量消费者,迅速打开销路,直到他的胶鞋成为名牌产品时,才逐步把价格提高,最后仍然赚了大钱。

陈嘉庚先生是运用什么定价方法打开市场的?有何特点?给人们何种启示?

定价策略分析资料 3

第二次世界大战结束时,美国雷诺公司生产了一种笔,趁当时世界上第一颗原子弹爆炸的新闻热潮,取了一个时兴的名字——原子笔(即现在的圆珠笔)作为圣诞礼物投入市场。加上通过各种宣传为之披上了种种神秘外衣,该笔"身价"倍增,成本仅 50 美分,售价却高达 20 美元,公司一下子就发了大财。等到这种商品的神秘外衣被不断揭开,其"身价"一落千丈时,"资本家"已带着快要被撑破的钱包去经营更新的商品去了。

美国雷诺公司运用的是什么定价方法?有何优点?给人们何种启示?

实训操作项目

【实训内容】

针对以下港口货运的定价策略进行分析,并以小组为单位,合理针对其他货运方式进行定价分析并讨论。

(1)定价前的成本计算是前提和基础。要认真核算每个货类装卸的单位总成本、固定成本以及可变成本,以成本为基础合理定价。

(2)适应市场和客户需求,尽量简化费用和计费手续,简明费率标准和规则,对外仅报一个简单的包干价。

(3)对有强大竞争对手的货类,因其市场需求弹性较大且竞争激烈,宜采取竞争导向定价法,依据竞争形势和竞争对手的价格,在价格上对竞争对手做出及时反应。在定价技巧上,竞争激烈时可适时采取折扣定价、以量定价等办法,以达到扩大市场份额的定价目标。

(4)对处于垄断地位的货类,因其市场需求弹性较小,宜采用成本加成。

(5)从货物运输总成本角度或从货物全程供应链入手,确定码头费率价格。考虑到港口装卸费用在货物全程物流运输费用和贸易成本中所占的比重不大,使货物运输总成本最低。对部分货物也可适当应用增量分析定价法(实质即降价促销)吸引货源,或用功能折扣技巧,如对长期合作的大宗货主增加服务内容或减免部分库存费用。对库存时间较长、影响港口企业库场使用的货类,采取"果计制"到期限后,库存费率适当增加,促使货主尽快提货,减少港口企业的机会成本。

【实训要求】

(1) 提前布置,让学生早做准备,避免讨论时冷场,提高课堂讨论的效果。

(2) 精心进行定价策略知识和相关资料准备。

(3) 讨论踊跃,神态自然,口齿清楚,语言流利。运用所学知识深入分析,展开讨论,要言之有理。

(4) 分析讨论中的收获及存在的问题,回答指导老师提出的问题。

(5) 课堂讨论随教学内容灵活穿插安排,时间以 10~15 分钟为宜。

(6) 授课老师须精心准备,善于引导,充分调动学生的积极性。

任务 4.3　物流分销策略分析

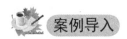 案例导入

中国家电分销渠道的演变路径

2014 年,奥克斯借助第三季《中国好声音》黄金时段广告位优质资源,并在节目中量身定制出"奥克斯大乐透"全民竞猜互动免费抽奖活动的环节,以时尚化、年轻化、多元化的营销推广手段,引爆新媒体互动营销方式,成为 2014 年家电行业新媒体平台最火爆的互动营销活动。此时的奥克斯可谓是空调行业的鸡肋品牌。对于专业化的空调品牌来说,格力所具备的核心技术,美的所具备的渠道优势,以及因为规模的稳定而打造出来的服务体系,可以说,奥克斯一个都没有打造出来。单靠低价吸引消费者,没有足够的利润吸引经销商,似乎就是竭泽而渔。市场份额不够,规模不足,在营销费用高涨的情况下,奥克斯只能另辟蹊径:一方面,将空调以外的品类做品牌租赁;另一方面,将空调的营销模式转向格力和美的并不看好的网络平台。

2016 年 7 月,淘宝天猫大家电热销品牌排行榜中,奥克斯以 1.14% 的交易增长幅度排名第一。奥克斯进驻电商平台的第一阶段将销量从 287 万套快速攀升至 650 万套。

2016 年,仅 1—6 月间,奥克斯空调内销增幅达到 36.5%;电商出货量增幅超 100%;7 月行业排产总量同比下滑 9.7%,奥克斯排产总量 73 万套,同比增长 83%。由此可见,奥克斯电商平台发展在 2016 年优势明显,并占有领导地位。

很快,奥克斯意识到,网络的优势不仅仅在于消费者购物习惯的改变带来的零售红利,其在供应链整合及渠道效率上也优于传统模式。奥克斯终于再次出台了更大的动作。此举的意义甚至远胜于在电商平台卖空调这么简单。

2017 年下半年以来,奥克斯与京东展开物流和信息化的深度合作,即借助京东物流和信息化系统,重塑自身薄弱的供应链体系,施行网批战略:压缩渠道层级、线上线下"一盘货",加速零售终端周转率,提升资金运营效率。显然,在零售上获益的奥克斯,认识到了京东物流与系统的强大,借助京东销售网点实现渠道的快速下沉。

2017 年以来,电商增速从野蛮成长回归理性,奥克斯主动转型——向京东开放生产、销

售数据,借助京东的技术输出实现多渠道库存共享统一调配,实现"一个品牌一套库存,一条供应链",实时跟踪和控制渠道库存。这样一来,代理商不用为库存担忧,可以将更多资源投入到市场运作及品牌推广中。

奥克斯的"一盘货"模式,简单说从厂家到末端零售店中间没有代理商,物流、仓储均依靠京东平台。奥克斯的互联网直卖从消费者转向了县乡市场的零售老板。奥克斯借助强大的技术支持,取消原来的省市代理商向区域内县乡市场做分销的模式,厂家的货通过京东的仓储直接配送到县乡镇的零售店里。由于去掉了中间商,奥克斯基本上实现线上线下同价,让原本已经被瓜分殆尽的区域市场资源再次重组,奥克斯用互联网撕出来一条新的模式,使自己成为空调行业的互联网带头人,其进化、变革的价值得到了极大的认可,甚至对整个家电渠道产生了巨大的震动。

奥克斯是在渠道信息透明的基础上做出的明智之举。传统模式下,代理商是依靠信息不透明获利。互联网时代下,信息变得迅捷、公开、透明,尤其是移动互联更是颠覆了消费者的购买模式。打开手机就能快速比价,以格力为代表的传统层级代理营销模式下,层级加价被消费者所诟病,没有人愿意因为自己住在乡镇就应该为渠道的复杂而埋单。一盘货模式让已经铸就渠道壁垒的格力模式瞬间被瓦解。很多人一面质疑奥克斯模式革了代理商命的同时,也对奥克斯的创新表示了认可。奥克斯的一盘货模式一方面得到了消费者、电商平台的支持,另一方面摆脱了客户的拖累,自然顺风顺水。

2019年,在空调产业动荡之际,奥克斯取得了"618"全网销售行业第一的业绩,成为2019年空调行业逆势增长的品牌之一。

奥克斯的一盘货既是自己的渠道模式创新,也是互联网环境下电商平台的又一个里程碑。

资料来源:朱东梅.网批推动下中国家电分销渠道的演变路径[J].现代家电,2020(7):19-21.

4.3.1 物流分销渠道基本认知

1. 分销渠道

分销渠道是指产品或服务从制造商流向消费者(用户)所经过的各个中间商联结起来的整个通道。

分销渠道是让产品以正确的数量、正确的时间和正确的地点运送。实体分销渠道特别符合网络营销。电子制定订单和通过因特网提高交流速度的能力,减少了营销渠道的低效、成本和过剩。同时分销渠道加快了传送速度和提高了顾客服务水平。因特网的互动本性使公司能与供应链的成员发展紧密的合作关系。准许供应商获取顾客交易的数据,有利于促进营销渠道更好地协调。通过电子方式了解公司的顾客订购了什么,供应商可以知道什么时候运送原料来满足需求,使之减少手头的库存,这就降低了公司的运输成本,使其更具有竞争力。例如,沃尔玛与宝洁公司和其他生产商交换有关库存量和产品获取性的数据,因而建立了伙伴关系,使其所有供应链成员的竞争优势机会最大化并获取利益。由于因特网提供了必需的积极合作和沟通,供应链的管理得到了加强。

2. 物流分销渠道

物流企业营销的产品主要是无形的服务,其内涵与有形产品的分销渠道有所不同。物流企业分销渠道是指物流服务通过交换从生产者手中转移到消费者手中所经过的路线。物流分销渠道涉及的是物流服务从生产向消费转移的整个过程。在这个过程中,起点为生产者出售物流服务,终点为消费者或用户购买、使用物流服务,位于起点和终点之间的为中间环节。中间环节包括参与从起点到终点之间物流服务流通活动的个人和机构,主要包括车站、码头和机场等站场组织;航运代理、货代代理、航空代理、船务代理以及受物流公司委托建立的售票点、揽货点等代理商;铁路、公路、水路和航空运输公司等联运公司。

1) 物流分销渠道的特点

(1) 层次少。物流服务作为物流企业的产品,由于其具有与其他产业的产品不同的特点,即产品的生产与消费同时发生,因此在分销渠道层次上,物流服务的分销渠道大多数为零渠道,即直接分销渠道(产品从生产者流向最终消费者的过程中不经过任何中间商转手的分销渠道)。同时,即使存在中间商,其作用也是非常有限的。

(2) 可控性强。物流分销渠道具有层次少的特点,所以在日常的运作过程中,物流企业可对自身产品的营销进行直接的控制,不像其他产品的营销活动受外界影响过大,致使销售行为不能达到初始的营销期望。

2) 物流分销渠道的类型

一般而言,分销渠道是指产品从生产者向消费者转移所涉及的一系列公司和中间商。分销渠道的类型,即分销渠道的基本类别和形态,可以从不同的角度按不同的标准进行分析和区分,一般按企业在其分销活动中是否通过中间商来划分,可分为直接渠道和间接渠道等。

(1) 直接渠道。直接渠道就是产品从生产领域转移到消费领域不经过任何中间商转手的分销渠道。这是一种最简单、最直接,也最能反映物流服务基本特点的渠道。

直接渠道的有利因素:企业能较好地控制物流服务的供应和质量;实行个性化物流服务方式,提供差异化的特色服务。以真正个人化服务方式,全面周到地为顾客提供服务,产生有特色服务产品的差异化,并能防止假冒伪劣产品对企业的影响;可以减少佣金折扣,便于企业控制物流服务价格;便于与顾客的双向沟通。通过直接接触,能快速具体地了解消费者的需要,及时做出反应,改善服务,对市场保持较好的控制。同时从顾客接触中可直接反馈顾客需求的变化及关于竞争对手产品内容的意见等信息。

直接渠道的不利因素:对于大多数物流企业来说,公司必须承担全部财务风险;公司中很少有当地市场的专家,公司知道业务市场,但是不知道全部的顾客市场。当公司扩张进入另一种文化或另一个国家时,尤其如此。在这些条件下,自有渠道公司几乎总是更愿意合伙或风险共担。

直接渠道应注意的问题是:如果采取直接销售方式,物流服务的接触就非常重要,必须让每一个员工知道服务的特点,强调围绕顾客的语言、动作、环境和心理设计服务的重要性。

(2) 间接渠道。间接渠道是指生产者利用中间商将商品供应给消费者或用户,中间商介入交换活动。间接分销渠道的典型形式是:生产者—批发商—零售商—个人消费者(少数为团体用户)。现阶段,我国消费品需求总量和市场潜力很大,且多数商品的市场正逐渐由卖方市场向买方市场转化。与此同时,对于生活资料商品的销售,市场调节的比重已显著增加,工商企业之间的协作已日趋广泛、密切。因此,如何利用间接渠道使自己的产品广泛分销,已成为现代企业进行市场营销时研究的重要课题之一。随着市场的开放和流通领域的搞活,我国以间接分销的商品比重增大。企业在市场中通过中间商销售的方式很多,如厂店挂钩、特约经销、零售商或批发商直接从工厂进货、中间商为工厂举办各种展销会等。

　　间接分销渠道的优点:有助于产品广泛分销。中间商在商品流转的始点同生产者相连,在其终点与消费者相连,从而有利于调节生产与消费在品种、数量、时间与空间等方面的矛盾。既有利于满足生产厂家目标顾客的需求,也有利于生产企业产品价值的实现,更能使产品广泛的分销,巩固已有的目标市场,扩大新的市场。缓解生产者在人、财、物等力量上的不足。中间商购走了生产者的产品并交付了款项,就使生产者提前实现了产品的价值,开始新的资金循环和生产过程。此外,中间商还承担销售过程中的仓储、运输等费用,也承担着其他方面的人力和物力,这就弥补了生产者营销中的力量不足。消费者往往是货比数家后才购买产品,而一位中间商通常经销众多厂家的同类产品,中间商对同类产品的不同介绍和宣传,对产品的销售影响甚大。此外,实力较强的中间商还能支付一定的宣传广告费用,具有一定的售后服务能力。所以,生产者若能取得与中间商的良好协作,就可以促进产品的销售,并从中间商那里及时获取市场信息,有利于企业之间的专业化协作。现代机器大工业生产的日益社会化和科学技术的突飞猛进,使专业化分工日益精细,企业只有进行广泛的专业化协作,才能更好地迎接新技术、新材料的挑战,才能经受住市场的严峻考验,才能大批量、高效率地进行生产。中间商是专业化协作发展的产物。生产者产销合一,既难以有效地组织商品的流通,又使生产精力分散。有了中间商的协作,生产者可以从烦琐的销售业务中解脱出来,集中力量进行生产,专心致志地从事技术研究和技术革新,促进生产企业之间的专业化协作,以提高生产经营的效率。

　　间接分销渠道的缺点:可能形成"需求滞后差"。中间商购走了产品,并不意味着产品就从中间商手中销售出去了,有可能销售受阻。对于某一生产者而言,一旦其多数中间商的销售受阻,就形成了"需求滞后差",即需求在时间或空间上滞后于供给。但生产规模既定,人员、机器、资金等照常运转,生产难以剧减。当需求继续减少,就会导致产品的供给大于需求。若多数商品出现类似情况,便造成所谓的市场疲软现象。可能加重消费者的负担,导致抵触情绪。流通环节增大储存或运输中的商品损耗,如果都转嫁到价格中,就会增加消费者的负担。此外,中间商服务工作欠佳,可能导致顾客对商品的抵触情绪,甚至引起购买的转移。不便于直接沟通信息。如果与中间商协作不好,生产企业就难以从中间商的销售中了解和掌握消费者对产品的意见、竞争产品的情况、企业与竞争对手的优势和劣势、目标市场状况的变化趋势等。在当今风云变幻、信息爆炸的市场中,企业信息不灵,生产经营必然会迷失方向,也难以保持较高的营销效益。

4.3.2　物流分销渠道行为分析

1. 确定分销渠道的模式

　　分销渠道的模式是指企业采用直销渠道还是采用间接销售渠道,如果选择间接销售渠道,还要确定销售渠道的长度和宽度。对销售渠道模式的考虑应建立在对企业实力、市场状况以及其他外部因素权衡的基础上。

2. 选择中间商的三种策略

　　企业如果选择通过间接销售渠道进行物流服务产品的销售,那么中间商的选择至关重要。根据中间商的销售能力以及物流企业对目标市场覆盖面的要求,选择中间商的策略有以下三种。

（1）广泛分销渠道策略。广泛分销渠道策略是指企业同时选择众多的中间商来推销自己的产品。采用广泛分销渠道策略可以充分利用中间商的销售渠道，最大化地扩展企业产品的市场覆盖面，赢得更多的潜在客户，同时也有良好的广告效果。这种策略的缺点就是中间商过多，有些中间商的效率较低，使得企业的分销成本可能上升；中间商之间的盲目竞争甚至可能出现互相抢占市场的局面，难以有效控制。

（2）选择性分销渠道策略。选择性分销渠道策略是指选择在某一地区有一定实力和知名度的中间商销售其产品。采用这种分销策略能够有效保证分销渠道的运作效率，降低企业营销成本，提高利润，同时能加强企业与中间商的合作关系，提高企业对分销渠道的控制力。

（3）专有分销渠道策略。专有分销渠道策略是指物流企业在某一地区只选择一家中间商进行产品的独家销售，要求中间商的营销能力能有效满足该地区的市场需求，有充足的营销经验和市场知名度。这种分销策略更体现了物流企业与中间商密切的合作关系，两者通过签订合同确定双方之间的权利和义务，物流企业对渠道的控制力最强，中间商的销售积极性较高。

3. 物流分销渠道设计

物流企业在进行分销渠道设计时，必须全面考虑产品、客户、厂商控制渠道的愿望与能力以及竞争等影响因素，在此基础上进行分销渠道的设计。有效的渠道设计应以企业的目标市场为起点。事实上，市场选择和渠道选择是相互依存的，有利的市场加上有利的渠道，才可能使企业获得利润。

物流分销渠道设计

1）确定渠道模式

确定渠道模式即确定分销渠道的长度。物流企业对分销渠道进行选择时，不仅要求保证货物及时送到目的地，同时也要求选择的分销渠道必须顺畅、效率高且成本低，才能取得最好的经济效益。所以，企业在对分销渠道进行选择时，必须先决定采用哪种类型的分销渠道，其中主要看是否需要通过中间商，如果需要的话，要通过的中间商属于什么类型和规模等。

2）确定中间商

（1）确定中间商的数目。确定中间商的数目就是要决定渠道的宽度。物流企业在决定采用中间商时，应考虑每一个分销环节中应选择多少个中间商，这就要求物流企业根据所提供的物流产品、市场容量和需求面的宽窄来决定。可考虑采用以下几种策略。

① 广泛分销渠道。广泛分销的目的在于，通过尽可能多的中间商向客户提供物流服务，求得最大的销售量。采用该种策略常常是由于竞争激烈，物流服务产品供过于求，或者在物流服务产品的需求面广、量大的情况下使用。采用这种策略的缺点是不便于对中间商进行控制。

② 专有分销渠道。专有分销渠道即在每个区域只选择一家或少数几家中间商进行分销，并要求中间商只经销本物流企业的物流产品。专有分销渠道的目的是提高物流服务产品的市场形象，提高售价，并促使中间商进行销售，加强对中间商定价、促销等各种物流服务的控制。采用这种分销策略的物流企业，虽然得不到广泛分销的那些好处，但可以通过对物流服务质量的严格控制获得客户的信任，从而增加物流服务的销量。

③ 选择性分销渠道。处于广泛分销与专有分销之间的是选择性分销。选择性分销策

略既兼顾了前两种策略的长处,又避免了前两者的短处。其目的在于加强本物流企业与中间商的联系,提高渠道成员的销售量,使本物流企业的物流服务产品有足够的销售面。该种方式与广泛分销渠道相比,能够降低成本,并能够加强对渠道的控制。

(2)选择中间商的条件。中间商是物流企业分销渠道的重要组成部分。企业对中间商的选择应考虑以下条件。

① 中间商的市场范围。这是选择中间商最关键的因素。中间商的经营范围应该与物流企业的服务内容和服务范围基本一致,能够协助物流企业在目标市场开展营销活动。

② 中间商的资金、财务和声誉。资金雄厚、财务状况良好、声誉口碑好的中间商,有利于形成物流企业与中间商的联合。否则,不利于物品与服务的有效传递,增加了经营风险。

③ 中间商的营销管理水平和营销能力。中间商经营管理水平高,工作效率高,则营销能力就强,可提高对用户提货的服务能力。

④ 中间商对物流企业产品的熟悉程度。中间商对企业的产品越熟悉,就越容易把产品介绍给顾客,从而提高产品的市场占有率。

⑤ 其他方面。中间商的促销策略和技术、中间商的地理环境和位置以及中间商预期合作程度等,都是物流企业在选择中间商时所要考虑的因素。

(3)明确渠道成员的权利与义务。物流企业通过某种形式与渠道成员建立合作关系,必然要明确规定与渠道成员之间的权利与责任。涉及的主要内容有价格政策、销售条件、中间商地区权利,以及双方的权利与责任等内容。

① 价格政策。物流企业通常根据制定出的价目表和折扣明细表,对不同类型的中间商按照其任务完成情况,给予一定的价格折扣或优惠条件。例如海运企业一般根据代理商代理的订舱数量给予一定比例的订舱佣金,如 2.5%、4.25%、5%、7%等。

② 销售条件。付款条件是销售条件中的重要部分。对于提前付款或按时付款的中间商,物流企业可以根据付款时间给予不同的折扣。在航运界,按惯例除付款放单外,基本是规定在船舶开航一个月内或代理商收到航运企业运费账单后若干天、一个月内支付运费。

③ 中间商地区权利。物流企业应当对中间商的地区权利予以明确,中间商关心在同一地区或相邻地区物流企业所选择的中间商的数目。物流企业应该为中间商提供相关信息(航班、船期、配舱、运输工具动态等)。

④ 双方的权利与责任。物流企业和中间商应通过一定形式,明确双方的权利与责任,例如业务范围、责任划分、人员培训、信息沟通、广告宣传等。

(4)对渠道设计方案进行评估。物流企业要确定最优的分销渠道,必须对可供选择的渠道方案进行评估,根据评估结果来选择对企业长远目标有利的渠道方案。分销渠道方案的评估可从以下三个方面进行。

① 经济效益。物流企业要考虑各渠道的销量与成本之间的关系。首先要考虑是选择直接分销渠道可获得较高的销量,还是选择中间商能获得较高的销量。其次还要考虑不同的分销渠道,销量不同时所支付的成本是多少。通过不断分析、比较,选择能带来最高效益的渠道。

② 控制能力。一般来说,直销渠道比利用中间商更有利于企业对渠道系统的控制。因为中间商是独立的商业组织,他们所关心是如何使自己的经济效益最大化。另外,代理商不能完全有效地掌握物流企业服务产品的全部细节,这都给物流企业控制渠道带来了难度。

因此,应根据物流企业对中间商可控制的程度,对分销渠道进行选择。

③ 适应能力。物流企业与中间商在签订长期合约时要慎重,因为在签约期间,企业不能根据需要随时调整渠道成员。这会使企业的渠道失去灵活性和适应性。因此,设计长期承诺的渠道方案,只有在经济效益和控制力方面十分优越的条件下,企业才可能考虑。一般来说,对于实力雄厚、销售能力强、企业同其业务关系历史较长、已经建立起相互信任的中间商,企业宜与之签订较长期的合约。如果中间商并非如此,而且销售业绩较差,企业不仅不可与其签订长期合约,而且应保留在某些情况下撤销该中间商的权利。

4.3.3　物流渠道成员认知与管理

物流企业在对各种影响因素进行分析并选择渠道模式后,就要对分销渠道实施有效管理。分销渠道管理策略主要包括对渠道成员(中间商)的选择、激励、评价及对渠道进行必要的调整四个方面。

1. 选择渠道成员

建立分销渠道的目标明确之后,这些目标就被转换成选择分销商的原则,成为指导分销商选择工作的纲领。一般来说,应遵循以下几个方面的原则。

(1) 把分销渠道延伸至目标市场原则。这是建立分销渠道的基本目标,也是选择分销商的基本原则。企业选择分销商、建立分销渠道,就是要把自己的物流服务产品打入目标市场,使客户能方便地接受物流服务。

(2) 分工合作原则。分工合作原则,即所选择的中间商应在经营方向和专业能力方面符合所建立的分销渠道功能的要求。尤其在建立短分销渠道时,需要对中间商的经营特点及其能够承担相应的分销功能进行考察,组成一条完整的分销通路。

(3) 树立形象的原则。在一个具体的局部市场上,显然应当选择那些目标客户或二级分销商愿意光顾甚至愿意在那里出较高价格获得物流服务的分销商。这样的分销商在客户心中具有较好的形象,能够烘托并帮助物流企业提升品牌形象。

(4) 同舟共济原则。联合分销商进行服务产品的分销,不仅对物流企业、对客户有利,对中间商也有利。分销渠道作为一个整体,每个成员的利益来自成员之间对彼此合作和共同的利益创造活动。只有所有成员具有共同愿望、共同抱负,具有合作精神,才有可能真正建立一个有效的运转分销渠道。在选择分销商时,要注意分析有关分销商分销合作的意愿、与其他渠道成员的合作关系,以便选择到良好的合作者。

上述原则是从实现建立分销渠道的目标提出来的。它们是一个有机整体,反映着建立物流服务产品分销系统、双方共同合作、共享繁荣的要求。按照这些原则来选择物流服务的分销商,将可以保证所建立的分销渠道成员的素质和合作质量,提高分销渠道的运行效率。这些原则也是分销渠道成员达成合作协议的基础。

2. 激励渠道成员

物流企业对其选择出来的渠道成员要采取适当的激励措施,以使其能完成销售任务。为了有效激励渠道成员,物流企业首先要了解中间商的需求和目标,善于从对方的角度考虑问题。通过给予中间商合理的盈利额度、价格政策、销售激励等手段,鼓励中间商积极经营。

同时,物流企业应避免激励过分和激励不足两种情况的发生。一般来说,对中间商的激励水平,应以交易关系为基础。处理好生产商和中间商的关系非常重要。通常根据不同情况可采取以下三种方案。

（1）与中间商建立合作关系。物流企业一方面对中间商采用高利润、特殊优惠、合作推销折让、销售竞赛等方式，以激励他们的销售热情和工作；另一方面对工作消极的中间商可采取降低利润率、推迟装运或终止合作关系等方法。

（2）与中间商建立合伙关系，达成协议。物流企业首先要明确自己对于中间商的职责，与此同时，中间商也要明确自己的责任。如市场覆盖面和市场潜量，以及应提供的咨询和市场信息。物流企业可根据协议的执行情况对中间商支付报酬。

（3）经销规划。经销规划是一种较为先进的方案，是一种将物流企业和中间商的需求融为一体、有计划、有管理的纵向营销系统。物流企业在其市场营销部门中设立一个分部，专门负责同中间商关系的规划，其任务主要是了解中间商的需要和问题，并做出规划，以帮助中间商实现最佳经营。双方也可共同规划营销工作，如共同制定销售目标、存货水平、陈列计划、广告和营业推广的方案以及培训计划等，并定期评估销售渠道成员，来测量中间商的绩效（评价）。

总之，物流企业应尽力和中间商站在同一立场，作为分销渠道的一员来考虑问题，从而减少并且缓和产销之间的矛盾，双方密切合作，共同搞好营销工作。

4.3.4　中间商的评价与物流企业分销渠道的完善

定期评估销售渠道成员是物流企业对销售渠道进行管理的一项重要内容，其中主要是测量中间商的绩效。

1. 分销渠道调整的原因及步骤

（1）分销渠道调整的原因：①现有分销渠道未达到发展的总体要求；②客观经济条件发生了变化；③企业的发展战略发生变化。

（2）分销渠道调整的步骤：①分析分销渠道调整的原因；②重新界定分销渠道目标；③进行现有分销渠道评价；④组建新分销渠道并进行管理。

2. 分销渠道调整的策略

（1）增加或减少某些分销渠道成员。在调整时，既要考虑由于增加或减少某个中间商对企业赢利方面产生的直接影响，也要考虑可能引起的间接反应，即分销渠道中其他中间商的反应。

（2）增加或减少某些分销渠道。市场环境各方面的变化常常使物流企业认识到，只变动分销网络成员是不够的，有时必须变动整个分销网络才能解决问题。企业可以根据市场变化，削减某条不再能发挥作用的分销渠道。

（3）整体分销渠道系统调整。即重新设计分销渠道。由于企业自身条件、市场条件、商品条件的变化，原有分销渠道模式已经制约了企业的发展，就有必要对它进行根本的实质性的调整。

（4）调整渠道成员功能。即重新分配分销成员所应执行的功能，使之能最大限度地发挥自身潜力，从而实现整个分销渠道效率的提高。

（5）调整渠道成员素质。即通过提高分销渠道成员的素质和能力来提高分销渠道的效率。

课后案例分析

联想物流智慧云仓

联想是全球领先的智能设备及企业 IT 解决方案提供商，作为全球智能设备的领导品牌，每年为全球用户提供数以亿计的智能终端设备，包括计算机、平板和智能手机等。2018 年，联想首次提出"转型四大赛道"的概念，即智能物联、智慧行业、智慧渠道和智慧服务，其中智慧渠道重点是发力智慧零售"来酷科技"和 B2B 电商平台"惠商科技"。由于联想原有的物流体系是建立在传统 TOB 模式上，属于大分销物流体系，无法满足新的全渠道智慧零售对物流体系的要求，联想物流创新性的提出在原有统仓共配 SEC 模式基础上，将现有全国 7 个中央仓（CDC）、31 个省仓（PDC）和 3 个城市仓（TDC）升级为智慧云仓体系。

智慧云仓是指通过互联网、大数据、云计算、人工智能、智能硬件、数字化管理等智慧化技术与手段，将全国各地建立的分仓通过总部一体化信息系统平台进行联网，整合资源，实现资源优化配置，从而达到全网库存共享和整体配送网络的快速响应的目标。在智慧云仓的管理模式中，云仓可通过总部统一的一体化信息管理平台直接将订单派发到离客户最近的有库存的仓库进行配送，极大地减少配送时长，提升客户体验。

联想物流自 2013 年年底推出统仓共配 SEC 模式，将联想分销的物流职能分离，由联想统一物流管理，统一配送，打通前后端环节，实现端到端库存共享。SEC 的中文意思是直达客户，是为支持联想中国区直供客户专门搭建的一套物流仓配一体运作体系，主要涵盖客户订单管理（分销和经销下单）、仓储单品管理（SN 出入库扫描管理和先进先出管理等）、配送计划管理、物流全程可视化管理、退货管理、费用结算管理、出入存和运作指标报表管理等服务功能。

实施 SEC 模式前的联想物流体系是先从联想中央仓（CDC）送货到省会仓（PDC），PDC再落地分拨到分销商仓，分销商接到订单需求后，再自行安排物流送到经销库房或门店。实施 SEC 模式后的联想物流体系是从联想 CDC 送货到 PDC，到了 PDC 就代表分销商已收货（分销商授权 PDC 代表收货），取消了分销的库房。经销商或最终客户有销售需求，分销商会发出货指令到 PDC，PDC 物流配送到经销商库房或最终的收货客户和门店，该模式把所有分销的货物集中由联想指定的物流公司统一进行仓储和配送管理，实现统仓共配。

为了更好地支持智慧零售业务模式，联想物流在现有物流体系的基础上，升级改造成全渠道物流支持体系，用一套体系来支持所有的业务模式，让物流成为联想智慧零售和全渠道业务核心竞争力，为智慧零售和全渠道业务保驾护航。

在运作体系上，联想物流针对智慧零售快速响应和极致客户体验的特点，联系物流制定针对性的解决方案，如同城极速达解决方案、针对不同业务场景制的 SOP 并确保物流商培训上岗。同时，从意识层面上对现有的体系进行改造，让物流真正做到实时在线，客户随时随地都可以找到对的人并得到快速的响应。

联想智慧零售业务已开足马力，全速前进，物流体系作为智慧零售业务的重要支撑，也做好了充足的准备，不断优化、迭代和升级物流体系，拥抱智慧零售和全渠道，给客户提供全新的物流效率和物流体验。

资料来源：中国仓储与配送协会.2020 中国仓储配送行业发展报告（蓝皮书）[M].北京：中国商业出版社,2020.

【讨论分析】

分析以上联想公司分销策略的优劣。

实训操作项目

【实训内容】

在教师指导下,分组展开讨论分析,然后推选代表进行角色扮演,在课堂上模拟物流企业分销渠道营销全过程。模拟内容如下。

物流公司召开中层以上管理人员会议,会议由总经理主持:同志们！我公司目前正面临一场严峻的挑战。半个月前,我公司附近又有一个新的物流公司开业,抢夺了我们大量的生意。另外,这半年多来,本地区小物流公司越来越活跃,已成为我公司原有市场的"蚕食者",这次会议主要研究应变对策,现在请公司主管经营的副总经理谈谈意见。

【实训要求】

（1）学生每 6～8 人分为一组。

（2）精心进行分销渠道知识和相关资料的准备。

（3）情景模拟神态自然,角色扮演逼真,口齿清楚,语言流利。

（4）角色扮演定位得当,分析有一定的深度和广度,所学知识运用自如,言之有理,逻辑性强。

（5）由学生组织评审团,评定分析情景模拟过程,让学生得到另一种身份的锻炼。

（6）各角色轮流扮演,力争让每位同学都有机会得到各种角色的锻炼,充分调动学生的积极性。

（7）教师点评分析,总结模拟的收获。

任务 4.4 物流促销策略分析

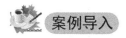 案例导入

承载信任,助力成功

德邦物流公司始创于 1996 年 9 月,秉承"承载信任,助力成功"的服务理念,重品牌、讲诚信,以每年 60％ 的发展速度在中国物流行业迅速崛起。德邦物流志在成为中国人首选的国内物流运营商,公司以"为中国提速"为使命,凭借一流水准的服务体系和持续完善的营业网络,竭诚为广大客户提供快速、安全、专业的服务。

德邦在厦门大学开设了德邦物流奖学金,鼓舞学生勤勉学习、刻苦研究,并踊跃参加社会实践。为了获取丰厚的人才资源,德邦物流与高校展开了合作,并为高校大学生提供大批

实习就业岗位,这些都在表现德邦的营销手段,也有很好的社会效应,建立一支高效的推销队伍进行直接的人员推销,在高素质队伍的建设中,积极建立品牌形象推广渠道,直接与需求企业沟通对话,取得更多的市场信赖和市场占有率。通过自建网站,除了发布包括公司简介、业务介绍等信息外,还开辟了众多栏目来满足网络用户对德邦快递物流公司文化资源的访问需求,通过吸引众多厂商对公司网站的访问来宣传公司品牌及业务的营销效用,提高供应对象对公司及物流业务的知名度、美誉度、忠诚度等。其开设的栏目有网上服务、产品推荐、动态新闻、人力资源等,突出德邦快递公司网站所独有的信息资源。

每年数百万名应届生面临着从校园慌忙"入海",开始摸索着在社会中构建自己人生思考的现实境况,也面临着"毕业回不了学校,行李怎么办"的问题。德邦快递作为校园大件快递领头羊,深度洞察到应届生的情感诉求,全面开启"毕业搬校托"活动,旨在帮助毕业生解决大件寄送问题。德邦快递找准和年轻人的沟通支点,进而解决这种诉求,完成品牌年轻化价值的输出,这无疑给其他物流企业带来了一些新的启示。

4.4.1　物流促销基本认知

1. 物流服务促销的含义

物流服务促销是指物流企业利用各种措施和手段将企业所能提供的服务信息,向目标客户传递的一种经营活动。就物流企业提供的物流服务信息而言,主要包括服务的内容、方式、特色、价位等。通过物流服务促销活动,客户可以对物流企业有了一个清晰的了解,进而才有可能接受物流企业提供的各项服务。

从这个概念不难看出,物流服务促销具有以下几层含义。

(1) 物流服务促销本质是一种告知、说服和沟通活动。促销工作的核心是沟通信息。物流企业与客户之间达成交易的基本条件是信息沟通。若物流企业未能将自己的物流服务相关信息及时传递给目标客户,而目标客户对此一无所知,却去购买其物流服务产品是不可想象的。只有将企业提供的物流服务等信息传递给目标客户,才能引起目标客户的注意,并有可能使客户产生购买欲望。

(2) 物流服务促销的目的是引发、刺激目标客户的购买行为。在购买能力既定的条件下,目标客户的购买欲望决定其购买行为。而目标客户的购买欲望又与外界的刺激和诱导密不可分。促销正是针对这一特点,通过各种传播方式把物流服务等有关信息传递给目标客户,以激发其购买欲望,使其产生购买行为。

(3) 物流服务促销方式分人员促销和非人员促销两类。人员促销也称直接促销或人员推销,是物流企业的推销人员向目标客户推销物流服务的一种促销活动。这种促销主要适用于目标客户数量少又比较集中的情况。非人员促销又称间接促销或非人员推销,是物流企业通过一定的媒体传递物流服务等相关信息,以促使目标客户产生购买欲望、发生购买行为的一系列促销活动,包括广告、公关和营业推广等。非人员促销适用于目标客户数量多又比较分散的情况。通常,物流企业在促销活动中会将人员促销和非人员促销结合运用。

2. 物流服务促销的特点

从物流服务促销概念出发,物流服务促销可以演绎出以下特点。

(1) 变无形为有形。现代物流企业一方面向客户提供运输、仓储、配送、装卸、搬运等服务,另一方面向客户提供更为重要的增值服务和信息服务等。这些物流服务都具有一定的非实体性和不可储存性的特点。针对物流服务的这些特征,在进行促销活动时,一定要注重把物流服务的无形化尽量有形化,使目标客户和受众对物流服务的感受看得见、摸得着,这样才能让物流服务的需求者更好地了解企业的产品,也才能更好地勾起他们购买产品的欲望。

(2) 满足个性化需求。以客户为导向的物流促销活动越来越具有针对性,甚至一对一。目标较为单一,易于弄清客户的满意度。例如,宝供物流公司就是伴随着宝洁公司在中国的发展而崛起的。其服务网络建设一开始就是根据宝洁公司的市场营销策略来配置的。宝洁的货销往哪里,宝供物流的服务网络就设在哪里,促销活动就延伸到哪里。因为在当前以客户关系为中心的市场经济社会,标准化服务虽成本低、运作快,但已逐渐失去市场发展空间。总之,物流服务促销现在十分注重有的放矢,更贴近目标客户和受众。

(3) 促销过程长期性。由于物流企业提供的服务不像其他产品那样容易被客户感知,所以物流服务产品促销需要一个长期的过程。也只有这样才能使物流服务产品的理念逐步潜移默化,更加深入人心。同时需要物流企业在促销过程中做长期的积累和不断的努力,从而取得预期的促销效果。

3. 物流服务促销的目标

物流服务促销目标就是向目标客户传递物流服务信息,以提升形象,促进销售,提高业绩。但物流企业在不同时期也有不同的目标,具体包括以下几种。

(1) 扩大市场份额。市场份额的高低是确定物流服务市场占有率的关键性数据。物流企业大多数的促销活动是围绕提高市场份额进行的,特别是多家物流企业展开激烈的市场竞争时,会千方百计地保住份额和市场占有率,巩固自己的市场地位。

(2) 提高利润额。物流企业与其他企业一样,终极目标不是占领市场,而是获取利润,这是企业生存和发展的基础。因此,作为一家成熟的物流企业,常常把提高利润额作为促销目标。

(3) 增加客户数。从某种意义上说,增加客户数就是提升人气,扩大市场份额。按照"企业 80%的利润来源于 20%的客户"法则,物流企业应充分关注少数重要客户(关键客户),把增加客户数,特别是重要客户数作为重点促销目标。

(4) 提升认知度。有人说现代经济就是注意力经济,可见,增进对现有物流产品和新的物流产品乃至企业整体形象的认知十分重要,它是目标客户认购物流服务的前提条件。因此,物流企业应在客户心目中树立良好的形象,培养良好的信誉,这样才能实现企业的长期发展目标。

4.4.2 物流促销组合认知

物流企业在制定促销策略时,一般会考虑各方面因素,综合运用人员推销、广告、营业推广和公共关系四种方式,这就形成了促销方式的组合。

1. 促销组合的含义

促销组合也可称为"市场营销信息沟通组合",是一种组织促销活动的策略思路,它主张把广告、公共关系、营销推广及人员推销四种基本促销方式组合为一个策略系统,使企业的全部促销活动相互配合、协调一致,最大限度地发挥整体效果,从而顺利实现促销目标。

促销组合是一个重要概念，它体现了现代市场营销理论的核心思想——整体营销。这一概念的提出，反映了促销实践对整体营销思路的需要。

2. 促销组合策略

所谓促销组合策略，是指物流企业对各种促销方式的选择，即在组合中侧重使用某种促销方式的策略。一般来说有三种组合策略。

（1）推动策略。推动策略是物流企业以人员推销为主要手段，首先争取中间商的合作，利用中间商的力量把新的商品或者服务推向市场，推向消费者。推动策略常用的方式有：派出推销人员上门推销产品，提供各种售前、售中、售后服务等。

【举例】

某公司是全球快递及物流服务商，旗下拥有超过138 500名雇员，服务网络遍及200多个国家。该公司进入我国，致力于在物流和快件等方面提供一应俱全的产品和服务。目前，其服务已覆盖我国200多座城市、网点超过2 000个。现正式推出特许加盟项目，由中国总部进行操作，加盟该公司的加盟金为10万元、保证金为10万元、特许权使用费为营业额的6%，再加上客户销售及服务费用，大约2年可收回成本，即加盟商只需投入50万～100万元就可以获得该公司5年的品牌授权。

同时，该公司向加盟商提供一系列配套服务，加盟商可以拥有其独特的经营和运作模式、全球跟踪查询系统以及国际和国内运输网络的支持等。此外，公司还专门针对加盟商提供相关培训活动，如总部或各站点的完整培训，启动培训（包括营运、销售、客户服务，计算机系统、财务管理等），日常营运过程中持续的指导与再培训等。

（2）拉引策略。拉引策略一般是指物流企业先通过广告等直接面向最终消费者的强大促销攻势，把新的商品或者服务介绍给最终市场的消费者，使之产生强烈的购买欲望，形成急切的市场需求，然后"拉引"中间商纷纷要求经销本企业的产品或服务。

（3）推拉结合策略。通常，物流企业也可以把上述两种策略配合起来使用，在向中间商大力促销的同时，通过大量的广告刺激市场的需要。

4.4.3　如何进行促销策略组合

1. 人员推销策略

所谓人员推销，是指物流企业派出销售人员（销售代表）或委派专职推销机构寻找现实的和潜在的顾客，通过采用口头陈述与宣传、面对面谈话的方式，运用一定的推销方法和技巧接近顾客、与顾客面谈、处理异议以致最终成交的、促进产品销售的活动过程。

如何进行促销
策略组合

2. 广告

广告策略在物流企业的促销策略中占有重要的地位，得到物流企业的普遍重视和广泛应用。

狭义的广告：又称经济广告、商业广告，是指广告主体有目的地通过各种可控制的有效大众传播媒体，旨在促进商品销售和劳务提供的付费宣传。狭义的广告是商品经济的产物。

广义的广告：凡是能引起人们注意、告知某项事物、传播某种信息、宣传某种观点或见解的都可以称为广告。例如，政府公告、宗教布告、公共利益宣传、教育通告，各种启示、标语、口号、声明等都是广告。广义的广告是社会生产和社会生活需要的产物。

3. 公共关系

1) 公共关系的概念

公共关系(public relations, PR)是指组织在经营管理过程中运用信息传播沟通媒介,促进组织与相关公众之间的双向了解、理解、信任与合作,为组织机构树立良好的公众形象,简称公关。

世界上各国学术界对公共关系的定义不下千种,但其基本精神是一致的:在现代社会,任何组织的生存和发展都离不开公众和舆论的支持。公共关系就是为了协调社会上的各种公众关系,争取社会舆论支持的一种传播沟通活动。

物流企业公关是指物流企业利用各种传播手段,沟通内外部关系,塑造自身良好形象,为企业的生存和发展创造良好环境的经营管理艺术。

公共关系由社会组织、社会公众和媒介三大要素组成。其中,社会组织是公共关系的主体,社会公众是公共关系的客体,媒介是公共关系的桥梁。

2) 公共关系的特征

公共关系作为物流企业的四大促销手段之一,与其他促销手段相比有所不同,其基本的特征如下。

(1) 公共关系涉及的不是一种产品或一个时期的销售额,而是有关企业形象的长远发展战略。

(2) 公共关系采用的传播手段很多,既可以通过新闻、宣传等传播媒介进行间接传播,也可以通过人际交往形式进行直接传播。

(3) 公共关系的作用面相当广泛,其作用对象包括物流企业的顾客、厂商、经销商,新闻媒体、政府机构、内部员工以及各方面的社会公众。

4. 营业推广

1) 营业推广的含义

所谓营业推广,是与人员推广、广告和公共关系相并列的四大基本促销手段之一。营业推广又叫特种推销或销售促进,是指企业为了刺激需求、扩大影响,运用各种短期诱因,要求迅速产生销售效果而采取的特殊而短暂性的措施。

营业推广是物流企业销售的开路先锋与推进器,历来被各企业视为促销利器,若运用得当,则经济效益、效果显著;若运用不当,则影响企业的经济效益,有损企业和产品的形象。

2) 营业推广的特点

(1) 形式多样。营业推广的方式多种多样,如优惠券、竞赛和抽奖、加量不加价、折价优待、包装促销、免费样品、POP 广告等,各有长处和特点。物流企业可以根据不同的产品特点、不同的市场营销环境、不同的消费者心理等条件,灵活地加以选择和运用。

(2) 即期效应。营业推广往往是在特定的时间里,针对某方面的消费者或中间商提供的一种特殊优惠的购买条件,能给消费者强烈的刺激作用,给消费者急切抛售产品的感觉,可能会促使消费者抓住机会购买相对已经廉价的产品。

(3) 非连续性。营业推广一般是为了某种即期的促销目标专门开展的一次性促销活动,往往着眼于解决一些更为具体的促销问题,是非规则、非周期性的使用和出现。营业推广给消费者以机会难得、不该错过甚至永不再来的感觉,敦促消费者改变观望、无所谓的态度,直接促进销售。

课后案例分析

解读德邦年报：大件快递这门生意到底怎么样

"大件快递"这个概念算是德邦快递独创。自 2018 年改名之后，德邦快递一头扎进已成"红海"的快递市场，似乎是一种"孤注一掷"的态度。行业中关于德邦快递与顺丰、"三通一达"等企业的对比的讨论不断，但是，德邦快递的"基因"毕竟与这几家企业不同，"大件快递"的行业属性也不同于传统小件快递。大件快递与传统小件快递相比，究竟有何异同？德邦做快递到底是转型还是升级？

1. 大件快递与传统小件快递是不是同一种生意

早在 2011 年，德邦就感受到头部客户的需求逐步发生了改变。受电商发展与企业内部的成本压力管控升级的影响，客户发货的包裹越来越小，同时发货频率增加，零担市场呈现碎片化的趋势。

客群不同是德邦大件快递与传统小件快递的第一个差异点。其大件快递的货主以中小型制造企业为主。据了解，德邦快递业务收入中，电商的贡献只占 40% 左右。场景化的定制需求是德邦大件快递与传统小件快递的第二个差异点。中小型制造企业的行业属性是很强的，比如说家具家电，有送装、开箱验货等需求；汽配与精密仪器，核心诉求是时效和包装等。当然，行业间的差异在传统小件快递中也存在，但因为传统快递包裹小，标准化的操作将这种差异抹平了。此外，针对分散在全国的专业市场，比如家具、水产品、生鲜水果等，快递公司通过包装的改造与时效的提升等场景化方案，为客户提供更具性价比的服务。

正是因为比较明显的行业属性，大件快递的货主除考虑运输价格外，还看重场景化、定制化的服务，更看重性价比。德邦快递每年的单价下滑远低于行业的平均水平，在保证单价比较稳定的情况下，2020 年扣除一季度数据，后三季度快递营业收入同比增长了 21.16%，毛利率也得到稳步修复。这个结果也反向印证了大件快递与传统小件快递的市场之间存在相当大的差异。

2. 一手抓快递，一手抓快运

大件快递与传统小件快递之间的差异除了上文提到的客群与服务的差异外，还在于大件快递因中转环节自动化程度较低、末端上门服务要求高等因素，规模效益要弱于传统小件快递业务。尤其是对于目前的德邦快递来说，因为快递业务量整体偏低，中转及末端效能利用不饱和，规模优势仍有较大发挥空间。所以，德邦快递业务最重要的经营方向依然是提高业务量，增加市场份额，从而摊薄单个包裹的成本。

德邦快递作为直营模式公司，业务定位于中高端市场，客户对服务的诉求较高，主要涉及"末端服务"和"时效"两方面。但快递业务上，过去公司更加关注的是末端服务，而客户高时效需求并没有充分得到满足。

快运业务是德邦快递的成熟业务，拥有行业领先的网络布局、市场渠道、服务体验、精益管理模式和运营模式，收入及毛利率水平稳定。2020 年，德邦快运业务实现营业收入 100.48 亿元，同比下滑 6.50%，其收入下滑主要受疫情影响。零担快运业务是德邦快递现阶段利润的主要来源。也正是因为如此，过去的两三年中，为了最大限度地保障利润，德邦快递在快运业务上的投入和资源配置是偏保守的。

而其在 2020 年度报告中明确提到,随着大件快递业务逐步成熟,德邦快递将根据市场竞争及客户需求变化,调整快运业务运作模式并加大资源投入,提高快运业务末端的运营能力,保持自身在公路快运领域的领先地位。

2019 年年末,公司推出全新升级的快运产品——"重包入户",为 60 千克以上的大件包裹寄递客户提供服务。相比传统零担复杂的报价方案,该产品采用清晰明了的首续重报价模式,包接包送,并提供大件上楼、拆包装、打木架等多种增值服务,取得了良好的反响。

除了产品升级,德邦快递还会加强快运的核心运营能力,未来会在核心节点城市建设重货分部,提高末端客户响应效率。

【讨论分析】

分析大件快递与零担快运的促销组合该如何设计。

实训操作项目

某产品目标市场定位设计

【实训内容】

分组进行,各小组选择一种物流产品,在市场调研与分析的基础上,确定并描绘自己的客户,调研内容如下。

(1) 描述当前客户:年龄段、性别、收入、文化水平、职业、家庭大小、民族、社会阶层、生活方式、来自何处(本地、国内、国外)。

(2) 他们买什么(产品、服务、附加利益)。

(3) 他们每隔多长时间购买一次(每天、每周、每月、随时、其他)。

(4) 他们买多少(按数量、按金额)。

(5) 他们怎样买(赊购、现金、签合同)。

(6) 他们怎样了解你的企业(网络、广告、报纸、广播、电视、口头、其他)。

(7) 他们对公司、产品、服务怎么看(客户的感受)。

(8) 他们想要你提供什么(他们期待物流企业能够或应该提供的好处是什么)。

(9) 市场有多大(按地区、人口、潜在客户)。

(10) 在各个市场上,自己的市场份额是多少,管理者想让市场对自己的公司产生怎样的感受。

根据以上资料,确定这一产品的市场定位,并拟出市场定位设计报告。

项 目 5

物流营销活动管理

知识目标

（1）了解物流服务营销。

（2）理解物流营销计划、组织与控制。

能力目标

（1）能够对现实生活中物流营销计划进行发现并分析。

（2）能够进行物流服务营销策划。

课程思政

（1）培育社会主义核心价值观。

（2）培养良好的职业素养和社会责任。

（3）树立正确的文化自信、法制意识、爱国情怀。

任务 5.1　物流营销计划、组织与控制

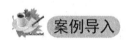

天长大达物流组织变革

一、天长大达物流组织变革的原因

企业发展是一个动态变化的过程，经营环境也在不断地变化，企业组织由于要适应企业发展需要，因而也是一个不断调整的过程。企业组织变革的主要动因受企业内外部环境的影响，以下将从天长大达物流内外部环境分析企业变革的原因。

（1）外部环境。天长大达是江苏大达直营网点，江苏大达早期业务发展立足于江浙沪，通过五年的发展，公司业务有了很大提升，公司在江浙沪区域的业务竞争力很强。2017年，江苏大达调整了企业发展战略，要从区域性物流企业向全国性物流企业发展。企业制定了加盟政策，以加盟的方式获得资金支持。天长地区被加盟商加盟后，由加盟商自行自营，天长大达物流组织发生了变革。

（2）内部环境。企业自身发展需求加盟商接手天长大达后，对直营时期天长大达经营情况进行了分析，发现公司每月亏损，主要原因在于公司部门繁多，并设置了两个网点，人员

工资开支大,日常物资浪费严重。加盟商从自身需求出发,对天长大达组织结构进行调整,使其适应当前公司的发展需要。人员条件发生变化,天长大达原组织结构是总公司制定的,各部门的设定也是为了方便总公司管理。企业多个部门的经理直接向总公司汇报,如财务部门,日常多与总公司财务汇报财务,日常给客户开票也是总公司负责;再如运输部门,日常车辆维修、年审、保险等都是与总公司联系。这样的组织结构已不能适应现在公司的发展需要,天长大达变革后加盟商成为最高领导,公司各部门直接向加盟商汇报情况,这也是组织变革的原因之一。

二、天长大达物流组织变革的主要过程

(1)经营主体变更。加盟商了解加盟相关事项后,签订相关协议,打款给江苏大达,公司指定负责人到网点交接工作,核实合同中核定的相关固定资产及客户信息等,核实后完成交接,最后到工商部门变更经营主体。

(2)人事变革过程。天长大达组织变革后,企业人事自上而下也发生变化,主要包括权力关系、协调机制、集权程度、职务与工作再设计等,企业对员工的工作内容、技能、期望、认知和行为上进行调整。企业负责人由加盟商担任,公司员工除会计和司机外全部离职。

(3)企业管理变革过程。天长大达的管理工作由江苏大达管理转变为加盟商管理,加盟商负责日常的营销、财务、售后服务、运输业务流程等,加盟商按照自身需求取消了企业原有的多项制度,为了维护客户,企业大客户账款由月结变为几个月结一次,减少售后服务人员,由售前人员同时负责售后服务工作,司机接货过程为节约时间也去除了许多原有规范性操作等。

(4)企业经营变革过程。天长大达原有的网点和经营方式也发生变化,加盟商通过市场调查后,减少了营业网点,企业也按照自己的方式经营。

资料来源:董政.天长大达物流组织变革应对策略研究[D].兰州大学,2019.

5.1.1　物流营销活动计划

市场营销计划(marketing plan)是市场营销活动方案的具体描述,规定了企业各项营销活动的任务、策略、目标和具体措施,使企业的市场营销工作按照既定的计划有条不紊地进行,从而最大限度地避免营销活动的混乱和盲目性。物流企业在实施各项营销活动前也要先制订科学合理的营销计划,确保营销活动有序进行。

物流企业制订的营销计划是为物流营销活动目标所制订的一系列对未来营销活动的安排和规划,体现物流企业发展的目标和如何达到这些目标。计划必须从企业总体经营的战略高度来编制,企业的营销战略要明确企业的任务和目标,目标的实现有赖于计划的制订与实施。物流营销计划是物流企业总体计划的组成部分,制订营销计划的目的主要包括以下几点。

(1)明确当前的经营形势。

(2)明确公司面临的问题和机会。

(3)确定目标。

(4)明确为达到目标所必需的策略和方案。

(5)明确为达到总体目标应承担的关键性职责。

（6）确定实现目标的时间表。

（7）鼓励认真的和训练有素的思考。

（8）确定是顾客导向还是竞争导向。

1. 制订市场营销计划

企业的各项营销活动,通常要按产品或服务做出具体安排和规划,即市场营销计划。市场营销计划是企业整体战略规划在营销领域的具体化,是企业的一种职能计划。

2. 实施市场营销计划

市场营销计划的实施过程包括:制订详细的行动方案;建立合理有效的组织结构;设计相应的决策和报酬制度;开发并合理调配人力资源;建立适当的企业文化和管理风格。

3. 营销计划控制

营销计划控制系统是为了解决计划执行中的意外情况,保证企业营销目标的实现。主要包括:年度计划控制、盈利能力控制、战略计划控制三个子系统。

5.1.2　物流营销活动组织

执行物流营销计划,是将物流营销计划转变为具体物流营销行动的过程,即把物流企业的经济资源有效地投入企业营销活动中,完成计划规定的任务、实现既定目标的过程。物流企业要有效地执行营销计划,一方面,要合理安排营销力量,协调物流企业营销人员的工作,提高营销工作的有效性;另一方面,要协调各部门积极合作,所有员工同心协力,千方百计地满足目标顾客的需要,使客户满意,获得意外的惊喜。高效合理的营销组织和德才兼备的营销人员是执行计划的必备条件。

1. 物流企业营销组织建立的原则

物流企业建立营销组织要遵循以下几个原则。

（1）整体协调原则。协调是管理的主要职能之一。物流企业建立市场营销机构,一要能够对企业与外部环境,尤其是与市场、顾客之间关系的协调发挥积极作用;二要能够与企业内部其他组织机构相互协调,并能协调各个部门的关系;三要使得部门内部的人员、机构,以及层次设置相互协调,以充分发挥市场营销机构的整体效应。

（2）目标性原则。营销组织机构的设置与规模,要同所承担的任务与规定达到的目标相一致。

（3）责、权、利相统一原则。市场营销部门要有与完成自身任务相一致的权利,包括人权、物权、财权、发言权和处理事务权等。只有这样才能做到责、权、利相结合,促使营销组织积极主动、有效地完成各项营销任务。

（4）统一领导原则。强调组织机构要实行统一领导,必须是一个统一的有机整体。

（5）精简原则。强调组织机构设置要齐备,但要精简、划分得当、层次合理、运作流畅,切忌臃肿庞大。因为最佳的营销组织机构,就是既能完成工作任务,组织形式又最为精简的机构。

（6）灵活性原则。营销组织要有一定的灵活性和权变性,能够使企业迅速捕捉有利机会,求得更大更快发展。

2. 影响营销组织形式的因素

市场营销组织是为了实现企业目标,实施营销计划,面向市场、面向顾客的职能机构,是企业内部联系其他部门,使企业经营一体化的核心。

从对影响营销组织模式的因素看,营销组织的模式和运行程序,最重要的是要适应市场环境的变化并不断进行调整,在调整的过程中要注意三个方面。

(1)宏观环境和国家经济体制。宏观环境是企业发展的前提,采取什么样的组织模式,一定要同国家宏观环境相适应;而国家经济体制制约着企业的组织模式,必须依据经济体制的特点建立企业的组织模式,这也就决定了营销组织的模式。

(2)企业的市场营销观念。不同的营销观念会产生不同的理念、不同的营销组织模式。处于某阶段营销观念下的企业,其营销组织模式要与之相适应,要是理念与行动相统一的结合体。

(3)企业所处的发展阶段、经营范围、业务特点。企业营销组织模式要与企业的发展阶段相一致,模式决定于企业现状。同时,经营范围的广度和深度也要求产生与之相适应的体制,而业务特点更决定了企业营销的组织模式。

除此以外,还应考虑企业规模、产品、市场特点和人员素质等。

3. 营销组织机构的形式

随着管理科技、市场需求的变化,营销部门的组织模式也在不断演化、进步。与其他类型企业一样,物流企业的营销组织模式也有基本组织模式。总体来讲,所有的营销组织都必须与如下基本营销活动相适应,即职能的、地域的、产品的、市场的和事业部的营销活动。

营销组织机构
的形式

1) 职能式组织模式

职能式组织模式是传统的也是较普遍的营销组织形式。职能式组织模式是根据市场营销组织需要完成的工作或职能来设立机构,属于直线职能制,根据职能设立部门,各部门的经理通常由一些专家担任,直接对营销副总经理报告,而营销副总经理主要负责协调职能部门之间的活动。

职能式营销组织的主要优点是层次简化、分工明确、管理集中性高、可以大大简化行政管理。但是,随着产品的增多和市场的扩大,其弱点也会暴露显现,失去其有效性,这种模式拓展到具体的产品或每一个市场时,其责任和权力会分辨不清,大好的市场机会被浪费。同时又会滋生本位主义,在利益面前互相争执,内部协调性差。

一方面,职能式平行结构使各个部门都争相要求自己的部门获得比其他部门更多的预算和更重要的地位,由此带来的问题是决策层如何协调各部门之间的关系。另一方面,企业产品的多样化发展,使销售经理对每个产品和市场的关注在一定程度上更分散。销售经理所面临的窘境是要么把产品分出主次,把精力集中到主要产品上,但这样做会使其他产品的营销进程受阻或者搁置;要么把所有产品同等对待,多线并进,但这样做会带来企业产品或计划的不完善,不利于突出主要产品,导致企业营销效率低下。

2) 地域式组织模式

地域式组织模式是根据企业用户的发布区域设置营销组织模式的形式。此模式一般适用于规模较大、市场分布区域广泛的企业,它就是将销售人员按地域划分,层层负责,以大概小,这种形式比较适合物流企业,与物流企业的特点较为相符。物流企业的网点往往比较分散,连接又较紧密,需要一套从上到下的流畅机构。

这种层层控制的模式可以有效监督下级销售部门完成任务的情况,提高经济效益。这种模式可因地制宜，也可以和其他类型组织模式相结合。该模式结构简单、分工明确，便于考核营销人员的业绩，但存在费用高、机构分散、各布点间不易协调的缺点。

3) 产品式组织模式

产品式组织模式就是按产品或产品系列划分物流企业的市场营销组织机构。此模式适宜产品差异、品种、数量都很大的企业，一般是指定专人负责某项产品或某一品牌产品的综合营销活动。

产品式组织模式需要建立产品经销经理制度，即设置产品专职经理来负责这一类产品的综合营销管理活动，也可以继续自上而下设立几个产品大类经理和几个品牌经理，但需要制订切实可行的策略和计划，并监督和执行。产品经理的任务是：制定产品的长期发展战略；制订产品年度销售计划和销售预测；采取相应措施实施计划，包括激励机制和销售鼓励等；时刻关注市场环境的变化，运用市场调研等方法了解新情况、新问题和存在的不足，以便抓住机会，改革产品，满足市场需求。

产品式组织模式的优点：可以协调开发产品市场的各方面力量，并对市场变化快速做出反应；专人负责，兼顾周全，专业打造会加速能力的培养。

其缺点主要有三点：第一，产品主管经理的设置会产生一些冲突或摩擦。一般来说，产品主管经理没有足够的权力去有效地行使其职责，而经常需要先争取其他部门的配合才能进行下一步的工作。第二，产品经理往往只能成为自己所经营产品的专家，而很难成为其他职能的专家，当他们做完一个项目后很可能"跳槽"到其他公司；即使仍留在本公司，也会由于自身相对的独立性而被调到其他产品项目中去，这使公司产品的营销计划过于短小，不利于建立长期优势。第三，类别和品牌的细化会导致行政人员的增加，随之带来的工资支出必然增加。另外，产品的相互独立性也必然带来其他相关费用的增加，如广告费、包装设计费等。

4) 市场式组织模式

市场式组织（又称顾客式组织）模式是指由专人负责管理不同市场的营销业务，企业按照产品的不同销售市场设置营销机构。当客户可以按购买行为或产品偏好分类别时，应该运用市场式组织模式，对于物流企业而言，这种组织模式比较适合。

采用市场式组织模式，有利于企业更好地了解市场情况，针对各市场的特殊需要和市场规律来组织营销活动，从而可以使企业的产品能更好地满足用户的需要，使企业与用户关系更加密切和稳定，同时也有利于培养新客户，扩大市场的覆盖面。其缺点是：随着市场的扩大，需要增加市场管理人员和管理费用。

5) 事业部式组织模式

事业部式组织模式是指企业的部门按照产品（或服务）的类别来设置市场营销组织机构，多用于规模大、部门多的企业，设立不同的事业部，各事业部再设置自己的职能部门和服务部门，建立自成体系的事业部营销组织结构。其职能也分散到各事业部。

事业部式组织结构对环境的适应性较强，在中度和高度变化的环境中依然能够很好地发展。因为其目标是追求外部效益和适应满足不同客户的需求，这是与职能式组织结构相反的地方。采用这种组织模式，总公司应在市场营销方面有效控制程度上予以权衡。其主要取决于以下因素：最高决策者的管理水平，最高决策层使用市场营销导向作为经营思想的程度，总公司市场营销参与部门的人员组成及其综合水平等。

事业部式组织结构最突出的优势在于：具有高度的产品前瞻性。一是每种产品都是一个分部，面对不同的客户，有利于提高外部效益（为不同的客户和地区提供特定的产品和服务）。二是事业部生产经营的针对性和特定性，每个事业部内部的各部门之间会形成良好的沟通和协调。三是每个事业部都是针对一种产品或服务的分部，能够规划自己的发展方向，满足不同客户的特定需求，所以能够适应环境的高速变化。四是事业部的分权式结构，企业的高层领导能够摆脱繁重的日常行政事务，而专心致志于战略决策的制定和企业的整体经营规划，各事业部也能够发挥创造性，因此能够提高企业的整体效益。事业部的经理负责领导一个独立经营的部门，有利于培养其全面的管理经营能力。

　　事业部式组织结构的主要不足是：一是与职能式结构相反，每个事业部都是一个相对独立的机构，因此机构的重复建设相当严重，许多资源无法共享，从而造成很大程度的资源浪费，这种资源的分散和浪费使企业失去了规模经济。二是每个事业部的独立经营，使得不同事业部之间的沟通效果极差，带来横向协调的困难。比如惠普公司就拥有许多事业部，但因为事业部之间缺乏必要的协调，有时甚至出现软件事业部生产的程序无法与计算机事业部生产的计算机相兼容的尴尬局面。三是缺乏技术专门化。因为职员是按产品而非按职能专业来分配的，每个人都从特定产品的角度出发，即使有所成就也难以推广到整个企业。

5.1.3　物流营销活动控制

　　控制是确保企业按照管理目标或预期目标运行的过程，是物流企业管理的重要职能之一。物流企业市场营销控制是通过检查与监控物流企业各级营销活动的实际过程，考察营销实际发生与原计划之间的偏差，分析其中的原因，采取措施，以保证营销目标的实现。物流企业营销控制方法关系到控制工作的质量，控制方法是一个不断更新和发展的过程。根据控制的目的、侧重点和运用范围的不同，营销控制主要有年度计划控制、盈利能力控制和物流营销效率控制三种。

　　1. 年度计划控制

　　1）年度计划控制的目标

　　年度计划控制是指由企业高层管理人员负责的，旨在发现计划执行中出现的偏差，并及时予以纠正，帮助年度计划顺利执行，检查计划实现情况的营销控制活动。一个企业有效的年度计划控制活动应实现以下具体目标。

　　（1）促使年度计划产生连续的推动力。

　　（2）使年度控制的结果成为年终绩效评估的依据。

　　（3）发现企业潜在的问题并及时予以解决。

　　（4）企业高层管理人员借助年度计划控制监督各部门的工作。

　　2）企业年度计划控制的内容

　　年度计划控制是一种短期控制形式，目的在于确保物流企业实现年度计划中预定的营业额、利润和其他目标，一般通过制定标准、绩效测量、因果分析和改进完善四个步骤来完成，其主要内容如下。

　　（1）营业分析。营业分析是指对照营业目标和评价营销实际来进行控制，具体可分为差距分析和个别分析两种。差距分析是指检查不同因素对营业实绩同计划指标相比产生的偏差及相对影响。个别分析是在差距分析的基础上，对引起销售差异的各因素进行分类考察。

　　(2) 市场占有率分析。通过对市场占有率进行分析,可以考察企业在竞争中的地位。如果企业的市场占有率升高,表明它处于优势地位。市场占有率可用总体市场占有率、可达市场占有率和相对市场占有率来衡量。

　　(3) 营销费用率分析。年度营销计划控制的一个方面就是要确保公司为达到销售目标的费用不能超支。营销费用率主要有五种比值:营销人员费用与营业额之比;广告费用与营业额之比;促销费用与营业额之比;市场调查费用与营业额之比;销售管理费用与营业额之比。这些比值因各种随机因素的影响,经常会有可以忽略的小波动,通常也允许存在一个正常的偏差值。但当波动超过正常范围时,企业要加以关注,查找问题的原因。

　　(4) 客户满意度分析。客户满意度分析属于营销控制手段之一,主要是采取服务质量典型调查,定期走访客户,收集客户的意见和建议等方式来进行,通过客户的信息反馈来评价企业营销绩效和服务水平。在这一过程中,一旦发现客户态度发生变化,物流企业需要积极采取行动。

　　2. 赢利能力控制

　　除了年度计划控制外,物流企业还需要衡量不同产品、不同区域、不同渠道和不同促销规模等方面的实际获利情况,这就需要通过赢利能力控制来测定。

　　赢利能力控制一般由物流企业内部负责监控营销支出和活动的营销主管人员负责,旨在测定物流企业不同服务产品、不同销售地区、不同顾客群体、不同销售渠道和促销方式的收益情况。赢利能力控制包括各营销渠道的营销成本控制、各营销渠道的营销净损益和营销活动贡献毛收益(销售收入-变动性费用)的分析,以及反映企业赢利水平的指标考察等内容。

　　赢利能力是指企业利用现有资源或资产获取利润的能力。企业一定要对直接推销费用、促销费用、仓储费用、折旧费、运输费用、其他营销费用进行有效控制,全面降低支出水平。盈利能力的衡量指标包括资产收益率、销售利润率和资产周转率、现金周转率、存货周转率和物流服务周转率等。物流企业通过对相关财务报表和数据的分析,把所获利润划分到产品、地区、渠道、顾客等方面,以便比较每个因素对企业最终获利的贡献大小以及其获利能力的高低。

　　3. 物流营销效率控制

　　1) 销售队伍效率控制

　　营销过程的外部活动主体依靠销售队伍,控制销售队伍的效率,包括以下四方面内容。

　　(1) 理念效率。理念控制着人的行为,理念效率涉及两方面的内容,一是销售队伍能否与企业或产品的文化保持一致;二是销售员是否具有现代的销售意识,从而成为顾客可信赖的助手和诚实的朋友。

　　(2) 行为效率。销售行为集中反映了企业的意愿,其效率的取得依赖于科学合理的销售程序和销售行为,要求销售队伍具备团队合作精神。任何"无准备的销售"或者"单挑独斗"都会削弱效率的提高。

　　(3) 成本效率。成本的投入和销售效率的提高,有时成正比的关系,有时并不成同方向的变化,关键在于确定合适的销售人员标准和考核标准,形成一种激励机制。销售工程师标准是可选择的人员标准和考核标准。

　　(4) 组织效率。销售队伍作为企业的资源,使它能够有产出,是要耗费成本的,这种成本包括组建成本、结构维持成本等,其中主要支出部分就是培训费用。因此,在执行销售队伍效率控制时,健全培训制度是必要和适宜的。

2)广告效率控制

广告效率的衡量在于准确地应用广告,其公式为

$$广告有效率 = \frac{企业广告额}{企业产品销售额}$$

或

$$广告有效率 = \frac{企业广告费用占同类全部广告比例}{企业产品占同类产品市场绝对占有率}$$

除此之外,广告效率的控制还可从以下方面着手。

(1)媒体评价指标体系应用。

(2)接收到广告的顾客心理感受度测定。

(3)正常条件下广告前后的产品销售量比较。

需要指出的是,为了取得广告效率,营销控制过程中广告的前期工作包括对定位、目标、媒体选择等要素进行分析、监督和检测。

3)促销效率控制

促销活动包括众多的方法和途径,但任何一个企业的促销方案并不一定具有普遍适用性。因此,企业的促销效率控制所要做的基本工作就是准确地记录和分析哪一种促销方案更符合企业的哪一种产品、哪一种场合、哪一种对象……所以,促销效率的控制,除了那些经济分析(成本与回报分析)的要求之外,还在于建立有根据的促销活动的数据资源库,便于应用和修正。

4)分销效率控制

分销行为本身在于选择有利的渠道和配置相适应的分销工具。因此,企业分销效率的控制实质在于提高流通的生产力。其基本任务包括:一是建立信息网络和销售网络;二是改善商品流程和流通技术,使分销组织规范化和规模化;三是形成一个流程力、销售力和形象力"三合一"的动力源。总之,分销效率的控制在于解决分销的功能组合问题,这是其与其他营销效率控制的区别点。

营销效率控制,目的在于提高企业营销行为的有效性,其内容主要包括广告、促销、分销、销售队伍四个方面。简言之,营销效率控制是建立在一定制度环境中的分析和评判企业营销行为的工具。

课后案例分析

深圳共速达物流调整组织架构向跨区域物流服务商转型

深圳共速达公司进入物流业的初期,定位为立足深圳面向珠三角的区域性物流服务商。其主要从事传统的第三方物流服务,服务网络局限在珠三角范围内。该企业的组织结构如图 5-1 所示。

2003 年,深圳市政府出台大力发展现代物流业的产业政策,物流业发展前景向好,共速

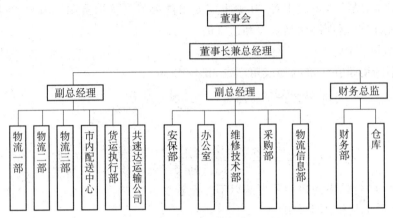

图 5-1 深圳共速达公司组织结构图

达公司开始谋划转型。转型的目标是,由区域性物流企业向跨区域物流企业转变。其战略任务包括以下几个方面。

(1) 引入策略性股东,筹集资金增强企业的资本实力。

(2) 建设"两网一基地"。

(3) 对企业的组织制度进行相应的调整。

组织调整的总体思路是,把共速达组织结构调整为母子公司制,又称为事业部制,即 M型结构。调整的重点如下。

(1) 企业治理层面,在引入新股东之后,实行决策与经营管理分开,适当加强董事会的决策权力,设立发展战略委员会、审计委员会和薪酬委员会,负责研究和制定重大决策,董事长一般不再兼任总经理。

(2) 按地区设立事业部。各事业部应提供独立的服务与市场,可以实行独立核算,下设相应的职能部门,各事业部还是分权单位。

(3) 设立营运总监,加强对各事业部的营运工作的服务、协调和监控。深圳共速达公司调整后的组织结构如图 5-2 所示。

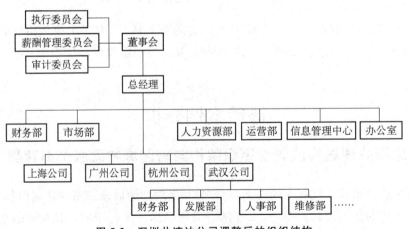

图 5-2 深圳共速达公司调整后的组织结构

新的体制在运行一段时间后,发现存在不少问题,于是又逐步进行调整。调整的重点是,为提高管理效率,决定设立首席执行官,同时对职能部门进行微调,将信息部合并至营运部。

经过近三年的努力,共速达公司发展战略取得明显成效,三年间共速达在全国设立12个子公司,建成了覆盖华北、华东、华中的服务网络,员工增加到 1 400 人,基本形成了覆盖全中国的物流服务网络。

【讨论分析】

(1) 共速达物流公司调整前的组织结构属于什么类型? 有何特点?

(2) 共速达物流公司调整后的组织结构有何特点?

(3) 共速达物流公司组织结构的调整对实现公司的经营战略有何作用?

实训操作项目

【实训内容】

设计某物流公司营销计划的编制。

【实训要求】

(1) 学生每 4～6 人分为一组,组内自行合理分工,并确定负责人。

(2) 可选择本校的合作物流企业进行模拟。收集该企业内部与市场营销有关的企业计划,包括企业整体计划、业务部计划、产品计划、品牌计划、市场计划等。

(3) 收集外部环境信息、客户需求及其变化、竞争对手的相关资料等。

(4) 在对上述资料进行综合分析的基础上,提出并确定计划指标和指标体系。编制一份季度营销计划。计划的内容应包括:计划摘要、当前市场营销状况、机会与问题分析、目标(由指标和指标体系构成)市场营销战略、行动方案(实施的主要步骤与措施)、预计损益、计划实施控制。

(5) 各小组完成公司营销计划的编制工作,并形成文字材料。

(6) 在全班组织交流和评议,最后从中评出优胜者。

任务 5.2　物流服务营销

 案例导入

苏州易高物流自 1999 年创立以来,从最初单一货物运输的缓慢成长阶段到现在,特别是 2003 年 4 月起到 2006 年采用 B2C 模式以来,营业额每年逐步递增,经营规模不断扩大。

【案例剖析】

苏州易高物流一直秉承"为客户提供优质高效的供应链——一体化物流服务、支持客户的持续发展"的经营宗旨,建立起现代化的管理体系和覆盖全国的服务网络并初具规模,在

国内首批获取"ILT 国际物流三级资质认证"殊荣。

【启发总结】

苏州易高物流的实践体现了物流服务的含义、分类与特点,它以客户为中心,为不同需求的客户提供差异化的物流服务,从而满足客户的个性化需求。在深刻理解物流服务内涵的前提下,苏州易高物流通过物流信息技术、规范的管理和优秀的员工保证了物流服务质量,同时以相关认证进行有形展示,吸引了更多的客户。

5.2.1　物流的服务营销基本认知

1. 物流服务营销的作用

物流服务营销的作用有以下几点。

(1) 提高物流服务能力。

(2) 降低物流服务成本。

(3) 提升企业形象。

2. 物流营销的特点

(1) 物流服务供求的分散性。在物流服务营销活动中,服务产品不仅供方覆盖了第一产业和第二产业,还包括第三产业的各个部门和行业,物流企业提供的服务广泛分散,而且需方涉及各类企业、社会团体和成千上万不同类型的消费者。物流服务的特殊性要求服务网点要广泛而分散,尽可能地接近消费者,由此造成了物流服务供求的分散性。

(2) 物流服务营销方式的单一性。物流生产与物流消费的统一性,决定物流服务营销只能采取直销方式,中间商不可能介入(虽然有第三方物流组织的存在,但是从物流本身来说第三方物流只是物流系统的一部分),储存待售也不可能。物流服务的需求者在购买物流服务之前一般不能进行检查、比较和评价,只能凭借经验、品牌和推销宣传信息来选购,同有形产品的营销方式(可以采取经销、代理和直销等多种营销方式)不同,物流服务营销只能采取单一的营销方式,在一定程度上限制了物流服务市场规模的扩大,给服务产品的推销带来了困难。

(3) 物流服务营销对象的复杂性。物流服务的购买者既可以是生产企业,又可以是消费者个人,而且购买服务的消费者的购买动机和目的各异,同一物流服务的购买者可能牵涉社会各界各业各种不同类型的家庭和不同身份的个人,造成了物流服务营销对象的复杂性。

(4) 物流服务消费者需求弹性大。物流服务需求受外界条件(如季节变化、气候变化、地理条件、突发事件以及科技发展的日新月异等)影响较大,同时企业对物流服务的需求与对有形产品的需求在总金额支出中相互牵制,也是形成物流服务消费者需求弹性大的原因之一。

(5) 服务质量评价的不确定性。物流服务者的技术、技能、技艺直接关系着服务质量。消费者对物流服务产品的质量要求也就是对服务人员的技术技能、技艺的要求。由于物流生产过程与消费过程同时进行,工业企业在车间进行质量管理的方法无法适用于物流企业。同一物流服务提供者提供的同一物流服务会因其精力和心情状态的不同而有较大的差异,而且服务业绩的好坏也与消费者的行为以及消费者对服务本身要求的差异性密切相关。因此,服务者的服务质量不可能有唯一的、统一的衡量标准,只能有相对的标准和凭购买者的感觉体会,因此服务质量评价具有不确定性。

5.2.2　物流客户服务

目前,物流服务的差异性越来越小,竞争对手越来越多,而客户的要求又开始千变万化。要想在激烈的市场竞争中脱颖而出,建立核心优势,就必须关注顾客的需要,建立完善的客户服务体系。

1. 从 CI 到 CS

CI 主要指运用整体传递系统,将企业经营观念和理念及时传递给社会公众,以形成一致的认同感和价值观。CI 可以说是一种企业差别或是一种形象传播,甚至是一种为企业改头换面、换血强身的方法。1956 年,美国国际商用机器公司的名字缩写(IBM)变形后,具有美感造型,塑造了一种开拓和创新的形象,使这个"蓝色巨人"在市场上大获成功,因而使 CI 逐渐在日本、韩国等国家和地区流行起来,逐渐发展成为一种工具性很强的营销理论。由此可见,CI 是将企业从表面视觉到深层次进行合理规划、重塑和整合的系统工程。

CI 战略之所以走向衰落,其根本原因在于:企业经营环境的发展变化导致不适应性的产生。也就是说,它已经由原来成功的适应战略,改变为不适应战略。企业导入 CS 系统是以 CI 导入为基础的,原来的 CI 三大系统变成了理念满意识别系统、行为满意识别系统、视听满意识别系统。有些企业做得很细,在上述三大识别系统的基础上,又延伸了产品满意系统、服务满意系统以及顾客满意管理系统。

从 CI 到 CS 最核心一点的转变就是,原来企业导入 CI 是"以企业为导向",而企业导入 CS 是以"顾客满意为导向"。但是,CS 也应吸收其中有效的经营理念和传播手段,实现 CS 与 CI 的有机结合,这样的实践效果会更好。

2. 如何让客户满意

1) 客户满意指标体系

要实现客户满意,就必须有一套衡量、评价、提高客户满意度的科学指标体系。

2) 建立客户满意指标体系的意义

客户满意指标首先是由设在美国密歇根大学商学院的国家质量研究中心和美国质量协会共同发起并研究、提出的一个经济类指数。

3) 建立客户满意指标体系的流程

在建立客户满意指标体系时,首先要对该行业有一个大致的了解,只有在对行业背景有大致理解后,项目执行人员才能明确需要进一步深入的问题。由于构建客户满意指标体系基本上是一个基于客户调查的过程,故对调查方法的选择将直接影响最终结果的客观性与科学性。进行客户满意指标体系建立时,主要可以分为四个步骤。

(1) 提出问题。提出问题是进行客户满意指标体系建设的第一步,就是要明确影响客户满意的因素有哪些,同时还必须考虑如何将这些因素量化。

(2) 采集数据。采集数据的方法有很多种,建立不同的客户满意指标体系所侧重的采集方法也不同。

(3) 建立企业客户满意指标体系。在建立企业客户满意指标体系的过程中,一是在行业客户满意因素体系中剔除与其他因素高度相关的因素,使剩余的因素保持相对独立。例如,有两个客户满意因素,分别是"货品种类是否齐全"和"是否能够购买到您需要的货品",这两个指标的相关程度较高,只能选择一个作为满意指标。二是在行业客户满意因素体系中剔除对客户满意度指数影响较小的因素。这些因素对客户满意度指数有一定的影响,但是影响程度微乎其微,为了避免它们对其他重要因素的干扰,同时也从成本角度考虑,将它们剔除,仅保留与客户满意度指数关系紧密的因素作为满意指标。

(4) 建立行业顾客满意因素体系。通过分析、整理收集到的二手资料和内部(外部)访谈所获得的信息,建立客户满意因素体系表。对各类指标的属性进行充分分解,初步建立起客户满意因素集合,为下一步展开数据收集工作提供调研目标。

4) 客户满意度调查访问的实施

调研公司根据物流公司的调查结果出具调研报告。调研报告包括技术报告、数据报告、分析报告及附件。

5) 及时处理客户的抱怨

在竞争日益激烈的买方市场环境中,为了获得新客户,企业得付出更大的营销成本和心力,因此,留住老客户就显得更为重要了。培养员工树立积极的服务意识、掌握出色的沟通技巧、建立妥善的投诉处理机制,把濒临破裂的客户关系重新拉回双赢互利的正轨上来,一直是急需解决的问题。

5.2.3　物流服务营销组合策略分析

物流服务营销
组合策略分析

市场营销组合是现代营销学的重要概念,即企业针对目标市场的需要,将自己的可控制因素进行优化组合和综合运用,协调配合、扬长避短,以实现企业的战略目标。企业的营销工作是一门艺术也是一门科学,先进的营销理念将提高企业的市场业绩。从营销组合策略的角度讲,市场营销理念先后经历了 4P's—4C's—4R's—7R's 四个阶段。

1. 4P's

4P's 营销组合自 20 世纪 50 年代末由杰罗姆·麦卡锡提出以来,对市场营销理论和实践产生了深刻的影响,被营销经理们奉为营销理论中的经典。4P 是 Product(产品)、Price(价格)、Place(地点、分销或渠道)和 Promotion(促销)四个英文单词的第一个字母。这一理论认为,如果一个营销组合中包括合适的产品、合适的价格、合适的分销策略和合适的促销策略,那么这将是一个成功的营销组合,企业的营销目标也可以得以实现。

但是,简洁也常常意味着有所遗漏。如同一位欧洲学者所言:"营销组合的 4P's 模型被广泛接受的原因,恐怕并非由于其普遍适应性,而在于它是一个优美的理论。"

2. 4P's 的挑战者——4C's

随着市场竞争日趋激烈,媒介传播速度越来越快,4P's 理论受到越来越多的挑战。到 20 世纪 80 年代,针对 4P's 存在的问题提出了 4C's 营销理论。4C 分别是 Customer(顾客)、Cost(成本)、Convenience(便利)和 Communication(沟通)的第一个字母。

(1) 顾客。这里的顾客主要指顾客的需求。企业必须先了解和研究顾客,根据顾客的需求来提供产品。同时,企业提供的不仅是产品和服务,更重要的是由此产生的客户价值。

(2) 成本。这里的成本不单是企业的生产成本,也不是 4P's 中的价格,还包括顾客的购买成本,同时也意味着产品定价的理想情况,应该是既低于顾客的心理价格,也能够让企业有所盈利。此外,这中间的顾客购买成本不仅包括顾客的货币支出,还包括顾客为此耗费的时间、体力和精力以及购买风险。

(3) 便利。便利即所谓为顾客提供最大的购物和使用便利。4C's 理论强调,企业在制定分销策略时,要更多地考虑顾客的方便,而不是企业自己的便利,要通过好的售前、售中和售后服务来让顾客在购物的同时,也享受到便利。便利是客户价值不可或缺的一部分。

(4)沟通。沟通被用以取代 4P's 中的促销。4C's 理论认为,企业应通过同顾客进行积极有效的双向沟通,建立基于共同利益的新型企业—顾客关系。这不再是企业单向的促销和劝导顾客,而是在双方的沟通中找到能同时实现各自目标的方法。

总体来看,4C's 营销理论注重以消费者需求为导向,与市场导向的 4P's 相比,4C's 有了很大的进步和发展。但从企业的营销实践和市场发展的趋势看,4C's 依然存在以下不足。

(1)4C's 是顾客导向,而市场经济要求的是竞争导向,中国的企业营销也已经转向了市场竞争导向阶段。顾客导向与市场竞争导向的本质区别是:前者看到的是新的顾客需求;后者不仅看到了需求,还更多地注意到了竞争对手,冷静分析自身在竞争中的优劣势并采取相应的策略,在竞争中求发展。

(2)4C's 理论虽然已融入营销策略和行为中,但企业营销又会在新的层次上统一化。不同企业至多是程度的差距问题,并不能形成营销个性或营销特色,不能形成营销优势来保证企业顾客份额的稳定性、积累性和发展性。

(3)4C's 以顾客需求为导向,但顾客需求有合理性问题。顾客总是希望质量好,价格低,特别是在价格上要求是无界限的。只看到满足顾客需求的一面,企业必然要付出更大的成本,久而久之,会影响企业的发展。所以从长远看,企业经营要遵循双赢的原则,这是 4C's 需要进一步解决的问题。

(4)4C's 仍然没有体现既赢得客户又长期拥有客户关系的营销思想,没有解决满足顾客需求的操作性问题,如提供集成解决方案、快速反应等。

(5)4C's 总体上虽是 4P's 的转化和发展,但被动适应顾客需求的色彩较浓。根据市场的发展,需要从更高层次以更有效的方式在企业与顾客之间建立起有别于传统的新型的主动性关系,如互动关系、双赢关系、关联关系等。

3. 4R's 营销理论的最新进展

针对上述问题,美国唐·E.舒尔茨提出了 4R's(关联、反应、关系、回报)营销新理论,阐述了一个全新的营销四要素。

(1)与顾客建立关联。在竞争性市场中,顾客具有动态性,因此顾客忠诚度是变化的,他们会转移到其他企业。要提高顾客的忠诚度,赢得长期而稳定的市场,重要的营销策略是通过某些有效的方式在业务、需求等方面与顾客建立关联,形成一种互助、互求、互需的关系。

(2)提高市场反应速度。在今天相互影响的市场中,对经营者来说,最现实的问题不在于如何控制、制订和实施计划,而在于如何站在顾客的角度及时地倾听顾客的希望、渴望和需求,并及时答复和迅速做出反应,满足顾客的需求。

(3)关系营销越来越重要。在企业与客户的关系发生了本质性变化的市场环境中,抢占市场的关键转变为与顾客建立长期而稳定的关系。从交易变成责任,从顾客变成用户,从管理营销组合变成管理和顾客的互动关系。沟通是建立关系的重要手段,从经典的 AIDA 模型(注意—兴趣—渴望—行动)来看,营销沟通基本上可完成前三个步骤,而且平均每次和顾客接触的花费比较低。

(4)回报是营销的源泉。对企业来说,市场营销的真正价值在于其为企业带来短期或长期的收入和利润的能力。此外,4R's 营销理论有以下四方面的优势。

第一,4R's营销理论的最大特点是以竞争为导向。在新的层次上概括了营销的新框架。根据市场不断成熟和竞争日趋激烈的形势,4R's营销理论着眼于企业与顾客的互动与双赢。

第二,4R's营销理论体现并落实了关系营销的思想。通过关联、关系和反应,提出了如何建立关系、如何长期拥有客户、如何保证长期利益的具体操作方式,这是一个很大的进步。

第三,反应机制为互动与双赢,建立关联,提供了基础和保证,同时也延伸和提高了便利性。

第四,"回报"兼顾了成本和双赢两方面的内容。追求回报,企业必然实施低成本战略,充分考虑顾客愿意付出的成本,实现成本的最小化,并在此基础上获得更多的顾客份额,形成规模效益。这样,企业为顾客提供价值和追求回报相辅相成,相互促进,客观上达到的是一种双赢的效果。

当然,4R's营销理论同任何理论一样,也有其不足和缺陷。例如,与顾客建立关联、关系,需要实力基础或某些特殊条件,并不是任何企业可以轻易做到的。但不管怎样,4R's营销理论提供了很好的思路,是经营者和营销人员应该了解和掌握的。

4P's、4C's、4R's三者之间不是取代关系,而是完善、发展的关系。由于企业层次不同,情况千差万别,市场和企业营销还处于发展之中,所以至少在一个时期内,4P's还是营销的一个基础框架,4C's也是很有价值的理论和思路。因而,两种理论仍具有适用性和可借鉴性。4R's不是取代4P's和4C's,而是在4P's和4C's基础上的创新与发展,所以不可把三者割裂开来甚至对立起来。在了解体现了新世纪市场营销的新发展的4R's理论的同时,根据企业的实际,把三者结合起来指导营销实践,可能会取得更好的效果。

4. 7R's顾客服务评价方法

在营销过程中,时间、场合、价格、方式、产品、服务皆是企业的可控因素,企业根据需要进行自主搭配和组合,但这种自主权是相对的,企业在营销过程中不断受到自身条件、经营目标和营销环境等各种"不可控因素"的影响和制约。因此,一个企业的营销组合是否得当,主要看其是否与市场营销环境相适应。

市场营销环境是影响、制约企业营销活动的普遍因素,具有复杂、多变的特征。环境的每一次变化都会给企业造成新的机会和威胁,为了避免威胁、寻求机会,企业必须不断变化营销组合因素,而每一个因素的改变都是相互影响的,同时,一个因素又是另一个因素的潜在替代者,在大的因素之下还有小的因素。所以,营销组合是多层次的、动态的、整体的组合。

作为评价指标的7R's,首先需要明确回答的问题是7R's的评价主体、客体过程和内容是什么。顾客服务实际上是一个双向的互动过程。

一个过程是作为顾客服务的需求过程,其主体是顾客,即顾客通过供应链将其愿望、要求、感受由下向上直接或间接地传递给产品和服务提供者(零售商、批发商或销售商、制造商、物流商、供应商),通过产品和服务提供者的顾客关系管理系统将这些信息快速分散传递,启动顾客需求响应,直到顾客需求满足,价值实现。在这个过程中,顾客会先对各个环节要素(如需求时间、场合、价格、获得需求的方式、产品、服务及需求满足的整体感受)进行评价,此时顾客是顾客服务的评价者,评价的对象是具体化的产品、服务、服务人员及企业。

另一个过程是源于供应链上游的企业(供应商、制造商、物流商、销售商、零售商),会根据顾客需求响应信息为顾客提供产品和服务,或者根据部分顾客的信息及自身的判断对市场和顾客的需求进行预测,为潜在的顾客提供产品和服务,吸引他们产生需求欲望和实现需求。此时,它会根据市场营销数据的分析(如市场调研数据、市场占有率、覆盖率、不同时间和不同地域的消费数量变化,抱怨率、货损率等)来判断顾客服务质量,评价的对象首先是企业预测与实际的相符度,然后才是推导出顾客的满意度。

5.2.4　物流营销的客户关系管理

信息技术革命极大地改变着目前的商业模式,企业与客户之间的互动关系也产生了巨大的变化。现在已经进入以客户为导向的时代,深入了解客户需求,及时将客户意见反馈到产品、服务设计中,为客户提供更加个性化、深入化的服务,将成为企业成功的关键。在这种环境下,物流营销的客户关系管理应运而生。物流营销客户管理体现了"以客户为中心"的管理思想,其目的是提高物流客户的满意度,改善客户关系,从而提高物流企业的竞争力。

1. 客户关系管理(CRM)的内涵

客户关系管理是指通过管理客户信息资源,提供客户满意的产品和服务,与客户建立起长期、稳定、相互信任、互惠互利的密切关系的动态过程和经营策略,是衡量物流系统为客户创造时间和地点效用的能力的尺度,决定了物流企业能否留住现有的客户和吸引新客户。对于客户关系内涵的理解可以从以下几个方面来看。

(1) 客户关系管理是一种旨在改善企业与客户之间关系的新型管理机制。客户关系管理实施于企业的市场营销、销售、服务与技术支持等与客户相关的领域。通过向企业的销售人员和客户服务的专业人员提供全面、个性化的客户资料,并强化跟踪服务、信息分析的能力,使他们能够协同建立和维护一系列与客户和生意伙伴之间卓有成效的"一对一关系",使企业得以提供更快捷和周到的优质服务,提高客户满意度,吸引和保持更多的客户,从而增加营业额。

(2) 客户关系管理是一种管理技术。客户关系管理将最佳的商业实践与数据挖掘、数据仓库、一对一营销、销售自动化以及其他信息技术紧密结合在一起,为企业的销售、客户服务和决策支持等领域提供了一个业务自动化的解决方案,使企业有了一个基于电子商务的面对客户的平台,从而能顺利实现由传统企业模式到以电子商务为基础的现代企业模式的转化。

(3) 客户关系管理是一种管理理念。客户关系管理的核心思想是将企业的客户(包括最终客户、分销商和合作伙伴)作为最重要的企业资源,通过完善的客户服务和深入的客户分析来满足客户的需求,保证实现客户的终生价值。在引入客户关系管理的理念和技术时,不可避免地要对企业原来的管理方式进行改变,创新的思想将有利于企业员工接受变革。实际上,客户关系管理也是对传统管理理念的一种更新。

(4) 客户关系管理是一种企业商务战略。客户关系管理的目的是从以一定的让利笼络新顾客转向想方设法留住已有顾客,从取得市场份额转向取得顾客份额,从发展一种短期交易转向开发顾客的终生价值。总之,客户关系管理是从顾客利益和企业利益两个方面来实现客户关系价值的最大化。

2. 客户关系管理的关键因素

物流企业该采用什么样的CRM? 从系统建置流程、策略发展、客户需求、客户数据整合到风险管理等都可以包括在内。其关键因素要根据不同物流企业的经济文化环境、企业规模、CRM 项目大小,以及与其他物流企业的竞争情况而定。

(1) 评估物流企业内部参与方。了解决策者、各级主管、员工以及客户的个别需要,加以整合后根据这些因素拟定适当的 CRM 策略。

(2) 变革管理。积极推动客户服务转型,鼓励物流企业员工与管理层采用 CRM 流程与工具。

(3) 设定量化评估标准。以特定物流企业个案为案例,衡量 CRM 成效。特定案例除了可以帮助物流企业设定目标外,还可以量化数据追踪与评估 CRM 在不同阶段的运作状况,并随时调整 CRM 策略,使其满足物流企业的需求,这对于 CRM 的成效往往具有决定性影响。

(4) 发展适合的 CRM 策略,为 CRM 创造价值。必须精确评估物流企业现状、行业环境、客户与员工态度,并以此为根据,发展 CRM 营销、销售与客户服务策略,以确保 CRM 的发展符合物流企业战略。此外,物流企业还必须强调 CRM 的重要性,让 CRM 在企业内被广为采用。

(5) 流程变革。改善物流企业各部门工作流程,让员工充分参与 CRM 计划的设计与建设过程,将整个组织都转型为客户导向的服务模式。

3. 客户关系管理项目团体的建立与项目实施

1) 客户关系管理项目的实施

物流企业进行客户关系管理项目实施,一方面,进行企业管理的调整,以企业的客户为中心,审视与客户相关的业务运作流程,进行管理模式的调整和业务流程的重组。在不同的客户关系管理项目中,这些工作涉及的范围和力度都是不同的,却必不可少。其目标是通过管理的改善,建立与客户关系管理系统相适应的人的系统。另一方面,利用软件或采取定制开发的模式,进行客户关系管理软件系统的建设。要进行营销体系的管理,需要收集、处理和利用大量的信息。

2) 客户关系管理项目团体的建立

客户关系管理项目团体由物流企业内部成员和外部合作伙伴共同组成。内部人员主要是物流企业高层领导、相关实施部门的业务骨干和信息技术人员。其中业务骨干的挑选要十分谨慎,他们应当熟悉物流企业目前的运作,并对流程具备一定的发言权和权威性,必须全职、全程地参与项目工作。保证项目组成员的稳定性也是项目建立成功的关键因素之一。在项目团体实施初期,人员的调整带来的影响较小,随着项目实施进程的推进,人员的变动对项目带来的不利影响会越发突出。

最常见的问题是离开的人员曾经参与系统的各类培训,对系统的实现功能十分了解,且参与了新系统的流程定义过程,了解流程定义的缘由,了解新流程与现有流程的不同之处和改变原因。而新加入项目组的成员不但要花很长的一段时间来熟悉系统,同时对新系统流程定义的前因后果也缺乏深入理解,由此可能带来项目实施的拖延和企业内其他人员对项目实现结果和目标的怀疑。

如果不采用专门的客户关系管理信息系统,单凭人力是难以胜任的。没有信息技术的运用,客户关系管理只能是企业商业策略的一种转移,难以落到实处。

4. 客户关怀与沟通

1) 客户关怀

客户关怀来源于市场营销理论的基本概念。在以产品为中心的商业模式向以客户为中心的商业模式转变的情况下,客户关怀成为企业经营理念的重要组成部分。

(1) 客户关怀的产生。企业为了扩大售后服务(after sale server)的范围,在最初的时候,企业向客户提供售后服务是作为对特定产品的一种支持。原因在于这部分产品需要定期进行修理和维护。例如,家用电器、计算机产品、汽车等。纵观客户关系管理软件,售后服务部分是必不可少的。如在 Oracle 的客户关系管理软件中就有专门针对纠纷、交货和订单跟踪、现场服务管理、记录发生过的问题及其解决方案的数据库、维修行为日程安排及调度、服务协议及合同,以及服务请求管理等功能。

(2) 客户关怀的内容。客户关怀的内容包括客户服务(包括向客户提供产品信息和服务建议等),产品质量(应符合有关标准、适合客户使用、保证安全可靠),服务质量(指与企业接触的过程中客户的体验),售后服务(包括售后的查询和投诉,以及维护和修理)。比如在物流行业中,客户关怀为物流企业与客户之间关系的建立打开了一扇大门,为鼓励和促进客户选择物流服务做了前准。

在物流企业服务的过程中,客户关怀则与企业提供的产品或服务紧密联系在一起,包括订单的处理以及各种有关的细节,都要与客户的期望相吻合,满足客户的需求。在完成客户的物流服务以后,客户关怀活动集中于高效的跟进和及时处理客户的投诉等相关步骤,其目的是使客户能够继续与该物流企业合作。

(3) 客户关怀的评价。评价具有以下三个特征。

① 寻求特征(search property),指的是客户在购买之前就能够决定的属性,如产品的包装、外形、规格、型号、价格等。

② 体验特征(experience property),指的是在购买后或消费过程中才能够觉察到的属性,如口味合适、礼貌待人、安排周到和值得信赖等。

③ 信用特征(credence property),指的是客户在购买了产品或者消费了产品和服务后仍然无法评价某些特征和属性(原因在于客户难以具备这方面的专业知识或技巧),因此必须依赖提供该产品或服务的公司的职业信用和品牌影响力。

客户关怀的注意力要放在交易的不同阶段上,营造出友好、激励、高效的氛围。对客户关怀意义最大的四个实际营销变量是:产品和服务(这是客户关怀的核心)、沟通方式、销售激励和公共关系。客户关系管理系统的客户关怀模块充分将有关的营销变量纳入其中,使得客户关怀这个非常抽象的问题能够通过一系列相关的指标来测量,便于企业及时调整对客户的关怀策略,使得客户对企业产生更高的忠诚度。

2) 客户沟通

不管是营销还是客户关系管理,良好的沟通是基础。虽然语言沟通是人类最基本、最普遍的天性,但在此过程中要做到有效地与客户进行沟通并不是一件简单的事情。因此,在进行客户沟通时应注意几个原则。

(1) 坦诚相待。客户要跟企业合作,不外乎是对企业的信任和在合作中获得利益和好处,这也是相互合作的目的所在。在与客户沟通过程中要尊敬对方,才能获得与之沟通和交流的机会。

(2) 平时多联系。对每一个客户都应该保持或多或少的联系,企业可根据对客户的了解,定期或不定期地与客户进行联络与交流。

(3) 知己知彼。不管是发展新客户还是回访老客户,首先要对拜访的客户做一个初步的了解,这样在沟通的过程中才会更加融洽,也可以预防一些意外情况的发生。

（4）主题突出。不管是什么样的沟通,采取何种交流方式和活动,企业必须要明确目的。

课后案例分析

UPS 的物流服务工作

UPS(美国联合包裹运送服务公司)始建于 1907 年,从事信函、文件及包裹快速传递业务。历经百年的发展,UPS 目前在全球建立了 18 个空运中转中心,每天开出 1 600 个航班,使用机场 610 个;UPS 每日上门取件的固定客户已逾 130 万家。UPS 业务量巨大,经济效益可观,在全球快递业中可谓独占鳌头。

UPS 之所以取得巨大的经营成功,与其富有特色的物流服务是密切相关的。

1. 货物传递快捷

UPS 规定,国际快件 3 个工作日内送达;国内快件保证在翌日上午 8 时半送达。在美国国内,UPS 接到客户电话后即可在 1 小时内上门取件,并当场办妥托运手续。20 世纪 90 年代,UPS 开设的 24 小时服务的"下一航班送达",以"快递、可靠"的服务准则,获得"物有所值的最佳服务"的声誉。

2. 报关代理和信息服务

从 20 世纪 80 年代末起 UPS 投资数亿元建立全球网络和技术基础设施,为客户提供报关代理。UPS 建立了"报关代理自动化系统",使其承运的国际包裹的所有资料进入这个系统,这样,清关手续在货物到达海关之前即已办完。UPS 的计算机化清关为企业节省了时间,提高了效率。

3. 货物及时追踪服务

UPS 的及时追踪系统是目前世界快递业中最大、最先进的信息追踪系统。所有交付货物都能获得一个追踪条码,货物走到哪里,这个系统就跟到哪里,每天都有 1.4 万人次通过网络查询包裹的行踪。非电脑网络客户通过电话询问客户服务中心——路易斯维尔德服务中心,该服务中心昼夜服务,200 多名职员每天用 11 种语言回答世界各地的客户大约 2 万次的电话询问。

4. 先进的包裹管理服务

UPS 建立的亚特兰大信息数据中心可将 UPS 系统包裹的档案资料从世界各地汇总到这里。包裹送达时,员工借助传递信息数据中心,实现了无纸化投递操作。

5. 包装检验与设计服务

UPS 设在芝加哥的服务中心数据为快递包裹换上各种包装,如抗震的、抗挤压的、防泄露的等应有尽有。服务中心还曾设计水晶隔热层的包装方式,为糖果、巧克力的运输提供恒温保护:用坚韧织袋包装,为 16 万台转换器提供了经得起磨损的材料。这类服务为企业节省了材料和运费,被誉为"超值服务"。

【讨论分析】

总结 USP 的服务内容。

实训操作项目

【实训内容】

针对当地物流行业或个别企业在物流活动中产生的环境危害情况进行调查,了解企业是否制定了服务营销的发展战略、采取了怎样的措施。

【实训步骤】

(1)学生每 4～6 人分为一组,组内自行合理分工,并确定负责人。

(2)通过实地调研,或查阅图书馆、网络资源等获取所需资料。

(3)每个小组应体现团队合作精神,积极完成调查任务,必要时可进行书面和录音记录。

(4)对物流活动产生的环境问题进行归纳和总结。

(5)各小组进行讨论,分析服务营销的原因、方法、目的和效果。

(6)教师对讨论结果进行评价。

(7)以小组为单位,对项目实训进行回顾,完成总结报告。

参 考 文 献

[1] 菲利普·科特勒,凯文·莱恩·凯勒,亚历山大·切尔内夫.营销管理[M].陈雄文,等译.16版.北京:中信出版社,2022.

[2] 菲利普·科特勒,加里·阿姆斯特朗.市场营销原理(全球版)[M].郭国庆,译.16版.北京:清华大学出版社,2019.

[3] 路易斯·E.布恩,大卫·L.库尔茨.当代市场营销学[M].赵银德,等译.11版.北京:机械工业出版社,2005.

[4] 罗杰·J.贝斯特.营销管理[M].权小妍,等译.6版.北京:北京大学出版社,2017.

[5] 崔菁菁,等.市场营销基础[M].北京:清华大学出版社,2021.

[6] 吴健安.市场营销学[M].6版.北京:高等教育出版社,2017.

[7] 周建波.市场营销学:理论、方法与案例[M].2版.北京:人民邮电出版社,2019.

[8] 范丽君.物流与供应链管理[M].3版.北京:清华大学出版社,2021.

[9] 宋华.供应链与物流管理研究前沿报告(2020)[M].北京:中国人民大学出版社,2021.

[10] 陶欣,张海霞,卢琳.物流营销与客户服务[M].北京:中国人民大学出版社,2017.

[11] 袁炎清,范爱理.物流营销[M].4版.北京:机械工业出版社,2018.

[12] 胡延华.物流营销[M].3版.北京:高等教育出版社,2019.

[13] 董千里.物流市场营销学[M].4版.北京:电子工业出版社,2019.

[14] 刘徐方,梁旭,王凯,等.物流市场营销[M].2版.北京:清华大学出版社,2018.

[15] 叶靖,刘徐方,丁丽芳,等.物流市场营销[M].2版.北京:清华大学出版社,2018.

[16] 旷健玲,张小桃,李炫林.物流市场营销[M].2版.北京:电子工业出版社,2020.

[17] 曲建科.物流市场营销[M].3版.北京:电子工业出版社,2017.

[18] 李联卫.物流案例精选与评析[M].北京:化学工业出版社,2019.

[19] 崔爱平.物流服务营销[M].上海:复旦大学出版社,2022.

[20] 弗布克管理咨询中心.物流业务精细化管理工作手册[M].北京:化学工业出版社,2020.

[21] 张小林.物流部高效工作手册[M].广东:广东经济出版社,2009.

[22] 刘洁.市场营销环境[M].北京:机械工业出版社,2016.

[23] 柴庆春.市场调查与预测[M].4版.北京:中国人民大学出版社,2020.

[24] 王秀娥,夏冬,姚海波,等.市场调查与预测[M].2版.北京:清华大学出版社,2021.

[25] 迈克尔·所罗门.消费者行为学[M].杨晓艳,等译.12版.北京:中国人民大学出版社,2021.

[26] 王永贵.消费者行为学[M].2版.北京:高等教育出版社,2021.

[27] 蓝海林.企业战略管理[M].北京:中国人民大学出版社,2015.

[28] 彭于寿.市场营销案例分析教程[M].北京:北京大学出版社,2015.

[29] 张闯.营销渠道管理[M].大连:东北财经大学出版社,2012.

[30] 刘千桂.广告策划与管理[M].北京:科学出版社,2009.

[31] 乌尔瓦希·毛卡尔,等.客户关系管理[M].马宝龙,姚卿,译.北京:中国人民大学出版社,2014.